CASE
IN POINT

Case in Point : 11th Edition
Complete Case Interview Preparation
By MARC P. COSENTINO

Copyright © Burgee Press, 2020
All rights reserved including the right of reproduction in whole or in part in any form.

Korean Translation Copyright © Insightbay, 2020
This Korean edition published by arrangement with McGRAW HILL LLC

이 책의 한국어판 저작권은 McGrawHill과의 독점계약으로 인사이트베이가 소유합니다.
저작권법에 의하여 한국 내에서의 보호를 받는 저작물이므로, 무단전재와 복제를 금합니다.

CASE IN POINT
케이스 인 포인트

IB INSIGHTBAY

번역 및 내용과 관련된 Q&A는
카페 아이컨의 케이스인포인트 게시판을 이용해주세요.
주소 : http://cafe.naver.com/iloveconsulting

CONTENTS

번역자의 말	004
감수자의 말	006

1 : 들어가며   009

2 : 컨설팅 펌의 인터뷰   014

- 자기소개   017
- 당신에 대한 질문   017
- 주요 빈출 질문   019
- 왜 컨설턴트가 되고 싶은가?   022
- 질의응답   025
- 왜 당신을 채용해야 하나요?   028
- 1차 전형 - 전화 인터뷰   030
- 1차 전형 - 화상 인터뷰 (Skype/Zoom)   031
- 1차 전형 - 그룹 케이스 인터뷰   032
- 압박면접   032
- 자신감이 중요합니다   034
- 외국 학생들을 위한 조언   035
- 특정 산업군에서의 이직 희망자를 위한 조언   037

3 : 케이스 문제   039

- 컨설팅 펌이 찾는 인재   040
- 케이스 문제 준비   041
- 인터뷰 평가 항목   042
- 케이스 문제의 유형   044
- 시장 규모 추정 문제   045
- 요인 분석 문제   055
- 그룹 필기 시험 기반 인터뷰   058
- 문제를 풀다가 막혔을 때   067
- 숫자가 어렵다면?   068
- 메모의 요령   072
- 제안, 요약 및 최종 슬라이드   076
- 케이스 오답노트   081

4 : 아이비 케이스 시스템   083

- 케이스 문제를 푸는 최고의 방법론
  - 케이스 문제 풀이 전략 만들기   084
- 5단계 출발법   085
- 케이스 문제의 핵심에 접근하기   091
- 네 가지 주요 케이스 시나리오   095
- 다른 케이스 시나리오를 위한 주요 질문들   114
- 21가지 비용 절감 방법   122
- 21가지 위험 요인 : 통제 위험과 비통제 위험   124
- 11가지 시너지 요인   125
- 7가지 외부효과 요인   126
- 6가지 시장 변동 요인   127
- 케이스 유형별 반드시 기억해야 할 '만약에…' 시나리오   127

5 : 케이스 문제 실전 연습   130

- 할리 데이비슨   133
- 쿠어스   152
- 케이스 문제 접근법   167
  - 케이스 시나리오 1 :
    중국 생수 시장   169
  - 케이스 시나리오 2 :
    해커가드   171
  - 케이스 시나리오 3 :
    홍콩 비디오 게임   174
  - 케이스 시나리오 4 :
    이탈리아 태블릿 PC   176
  - 케이스 시나리오 5
    글로벌 자동차 제조업체   178
- 실전문제   181
  - 케이스 문제 리스트   181
  - 넷플릿스   182
  - 엑스헤드   191
  - 눈삽   203
  - 플랫라인   209
  - 잔디깎기   220
  - 일회용 컵   232
  - 자메이카 배터리   241
  - 파워스포츠   252
  - 레드로켓스포츠   261
  - 코카콜라   267
  - 담배회사   271
  - 카바나 핏   277
  - 이동통신사   287
  - 중개수수료   294
  - 빌 게이츠 재단   298
  - MUSIC TO MY EARS   306
  - IN THE RED   320

6 : 파트너 케이스   333

- 파트너 케이스 리스트   335
- 출제 가이드   335
- 피넛버터회사   338
- 철강회사   345
- GPS 앱   351
- 온라인 완구점   356
- KBO가전   363
- 방탄유리   368
- 스타틴 블루   377
- 생수   387
- 테덱스   394
- 렌터카   401

7 : 마무리   411

8. 파트너 케이스 자료   414

- 철강회사   416
- 스타틴 블루   416
- 생수   416

CASE IN POINT

긴 번역 작업을 마치며

번역 : 안현진
이메일 : introvert.scott@gmail.com

서울대학교 경영대학원에서 경영학(인사조직) 석사 과정을 밟고 있으며, 걱정과 불안 그리고 창의성에 대한 연구를 진행하고 있다. 펜실베니아주립대학교에서 Labor and Employment Relations를 전공했으며, 졸업 후 건설사와 외국계 소비재 기업 그리고 전략컨설팅 펌에서 근무했다. 내향성에 대해 새로운 시각을 제시한 '월요일이 무섭지 않은 내향인의 기술'을 펴내는 등 활발한 집필 활동을 하고 있다.

CASE IN POINT는 미국에서 독보적인 위치를 차지하고 있는 컨설팅 커리어 준비 서적입니다. 한국에서도 경영 컨설턴트를 꿈꾸는 많은 학생이 애써 원서로 찾아보기까지 하는 책을 번역하게 되어 매우 뿌듯합니다.

이 책을 번역하면서 원저자인 Marc P. Cosentino 선생님과 수차례 이메일을 교환했습니다. 조금이라도 애매한 부분이 있으면 확실하게 짚고 넘어갔고, 번역의 완성도를 끌어올리기 위해 고심했습니다. 좋은 번역은 문장을 읽었을 때 번역한 티가 나지 않아야 한다고 생각합니다만, 이 책을 번역하면서 가급적 의역을 배제하고 어색한 번역 투의 문장을 사용하게 되더라도 직역하는 것을 원칙으로 삼았습니다. 이는 논리적 판단과 데이터 분석이 중요한 비즈니스 케이스를 다루는 책인만큼 의역 과정에서 미묘한 뉘앙스 변화가 생기는 것을 예방하고자 했기 때문입니다. 책을 읽다가 다소 어색한 영어식 문장이 있어도 이해해 주시기 바랍니다.

아울러, 비즈니스 케이스 중 번역을 하지 않고 원문 그대로 실은 문제가 2개 있습니다. 맥킨지앤컴퍼니나, BCG, 베인앤컴퍼니, 혹은 올리버 와이만 같은 펌은 케이스 인터뷰 중 영어 질문이 출제되는 경우가 빈번하기에 영어 면접 준비에 도움을 주기 위해서입니다. 실전에서 그대로 쓸 수 있는 영어 문장이 포함된 문제를 선별하였으니, 영어 면접에 도움이 될 수 있을 거라 기대합니다.

부디 이 책이 전략적 사고력을 길러 경영 컨설턴트로의 첫 발을 내딛는 데 큰 도움이 되길 기원합니다.

CASE IN POINT

감수를 마치며

감수 : Abel 아이컨 카페장

외국계 컨설팅 펌에서 약 9년을 일했다. 이후 동료들과 국내 최대의 경영 컨설팅 카페인 아이컨을 운영하고 있다. 대기업과 중소기업을 위해 다양한 컨설팅 프랙티스를 공유하고 있으며, 강의, 서적 집필 활동 등을 하고 있다.

컨설팅 펌에서는 사람을 뽑을 때, 케이스 인터뷰의 결과를 아주 중요하게 봅니다.

케이스 인터뷰의 과정은 컨설팅 펌이 고객사에서 수행하는 3개월짜리 프로젝트를 30분으로 줄인 미니 프로젝트라고도 할 수 있습니다. 케이스 인터뷰를 잘 본다는 것은 단순히 면접을 잘 본다는 것을 넘어 컨설팅 프로젝트를 잘 할 수 있다는 것을 의미합니다. 이런 이유로, 컨설팅 펌에서는 케이스 인터뷰를 면접 도구로 오랫동안 활용하고 있습니다. 아무리 우수한 학벌을 가지고 있다고 하더라도, 케이스 인터뷰를 잘 보지 못하면 합격은 어렵습니다.

최근에는 대기업도 케이스 인터뷰를 보기 시작했습니다. "자신의 포부를 말해 봐라", "우리 회사에 대해서 아는 것을 말해 봐라." 등과 같은 단편적인 질문보다는 "우리 회사가 코로나 시대에 성장하려면 어떻게 해야 하는가?" 등과 같이 비즈니스 케이스를 물어보고 있습니다.

이 책을 통해 케이스 인터뷰를 준비한다면 컨설팅 펌 뿐만 아니라, 대기업 입사에도 도움이 될 것이라 봅니다.

케이스 인터뷰는 적지 않은 준비가 필요하며, 이 책은 매우 효과적입니다.

케이스 인터뷰를 잘 보려면, 대화의 방식, 접근 방법론, 다양한 프레임워크, 그리고 산업 지식을 공부해야 합니다. 이 책은 이런 내용들을 체계적으로 담고 있기 때문에 처음 케이스 인터뷰를 준비하는 이들에게는 아주 효과적인 지침서가 될 것입니다.

처음에는 일독을 하고, 두 번째는 문제만 보고 나만의 답을 만들어 보고, 세 번째는 책에 나온 답 이외에 더 나은 답이 없는지 고민하는 식으로 이 책을 이용하면 좋겠습니다.

더 나아가, 말하는 방법에 대한 연습도 필요합니다. 이 책은 놀랍게도 이런 연습을 위한 파트너 케이스라는 챕터를 두어 친구들과 연습하는 방안도 제시하고 있습니다. 그룹 스터디 때 활용하면 좋을 것입니다.

유의할 점도 말씀드리겠습니다.

미국의 케이스 인터뷰 방식과 한국의 그것은 그대로 본질은 같지만, 내용 면에서 약간의 차이가 있습니다. 미국의 것은 계량적인 접근숫자의 계산이 많은 반면, 한국은 계량적인 케이스도 있지만, 비즈니스 인사이트를 중심으로 만들어지는 케이스도 많이 있습니다.

CASE IN POINT

"코로나 시대, OOO 온라인 유통사가 매출은 늘고 있지만 이익은 줄고 있다. 어떻게 턴 어라운드 해야 하는가?" 등과 같이 주어진 숫자를 가지고 계산을 기초로 하는 것이 아니라, 유통사의 이익 구조, 고객 전략, 운영 방식을 알고 있어야 접근 가능한 문제들이 종종 나옵니다.

따라서, 경쟁력을 갖추기 위해서는 이 책을 기반으로 공부하고, 외국계 컨설팅 펌의 한국 사무소에서 묻는 다양한 질문에 대한 준비도 병행하면 좋을 것입니다. 아울러, 산업에 대한 인사이트, 즉 개별 산업이 이익을 추구하는 방식, 새로운 운영 방법, 신규 사업 전략 등도 공부할 필요가 있습니다.

아무쪼록, 이 책을 시작으로 더 깊이 있는 케이스 인터뷰 연습을 하시길 바라며, 여러분이 원하시는 경영 컨설턴트로의 커리어를 잘 만들어 가길 기원합니다.

항상 응원합니다.

1

들어가며
Introduction

1. 들어가며

우리의 고객은 스컬캔디Skullcandy입니다. 이 회사는 웨어러블 시장에 진출해야 하는지 아닌지, 진출해야 한다면 어떻게 진출해야 하는지 결정하기 위해 우리를 고용했습니다.

컨설팅 펌은 두뇌를 빌려주는 곳입니다. 컨설턴트는 대량의 이질적인 데이터를 취합한 뒤 무관한 정보는 걸러내고 클라이언트의 이슈에 대한 접근법을 구조화하여 주요 의사결정자들에게 논리적이고 창의적인 가설을 제안하는 대가로 수익을 창출합니다. 이것이 컨설팅 펌이 케이스 인터뷰에 그렇게 공을 들이는 이유입니다. 케이스 인터뷰를 통해 당신과 같은 예비 컨설턴트들이 얼마나 논리적이고 설득력 있게 논거를 들 수 있는지 평가할 수 있기 때문입니다. 본질적으로 케이스 인터뷰는 롤-플레이 평가입니다. 면접관은 당신에게 가상의 비즈니스 상황을 주고 풀어보라고 할 것입니다. 대부분의 케이스에서 단 하나의 정답만이 존재하는 것은 아니라는 사실을 명심하세요. 합의를 이루는 것보다는 대화가 항상 더 중요합니다. 당신은 클라이언트의 입장에서 생각하고 결과를 만들어 내야만 합니다. 케이스는 당신에 대한 내용이 아닙니다. 케이스는 클라이언트에 대한 내용입니다. 당신이 말하는 모든 것은 클라이언트의 입장에서 케이스를 앞으로 나아가도록 만들어야 합니다.

컨설팅 펌은 왜 케이스 인터뷰를 진행하는 것일까요? 케이스 인터뷰가 정말로 당신이 컨설턴트가 된 이후 수행하는 일들과 일치할까요? 정답은 '예'입니다. 컨설팅 펌은 지난 60년간 케이스 인터뷰를 진행해왔습니다. 아래 그림대로 컨설팅 프로젝트와 케이스 인터뷰는 그 과정이 매우 흡사합니다. 차이점은 오로지 시간입니다. 실제 프로젝트는 짧게는 3개월, 길게는 18개월 정도 소요되지만 케이스 인터뷰는 20분에서 40분 가량 소요될 뿐입니다.

케이스 인터뷰는 실제 컨설팅 프로젝트를 모방하여 만들어졌습니다.

	1	2	3	4
컨설팅 프로젝트	문제의 범위를 설정할 수 있는 능력	문제 분석 및 이슈 파악 능력	인사이트 도출	요약 및 의사 소통 능력
컨설팅 인터뷰	경청 및 명료화	구조화 및 이슈 파악	데이터 분석	요약 및 제안

케이스 인터뷰를 성공적으로 격파해내기 위해서는 실제 인터뷰에서 어떻게 행동해야 하는지도 알아야 하고 사전에 어떻게 준비해야 하는지도 알아야 합니다. 이 책은 이 두 가지 모두를 도와줄 것입니다. 우선 전반적인 컨설팅 펌의 인터뷰 과정을 짚어줄 것입니다. 그리고 어떻게 리서치를 수행하는지, 컨설팅 펌이 지원자들에게서 무엇을 찾고 있는지를 알려 주고, 케이스 인터뷰의 수많은 종류를 살펴본 뒤 아이비 케이스 시스템 Ivy Case System을 소개할 것입니다.

다양한 산업의 많은 회사들의 면접이 그렇듯 컨설팅 펌이 진행하는 케이스 인터뷰 또한 갈수록 복잡해지고 있습니다. 그렇기 때문에 학생들이 인터뷰를

1. 들어가며

준비하기 위해 기존에 사용했던 전통적인 프레임워크는 여전히 의미가 있긴 하지만, 갈수록 정교해지는 케이스 인터뷰를 풀기에는 더이상 충분하지 않습니다.

저는 정교한 케이스 인터뷰를 단순화할 수 있는 도구로서 아이비 케이스 시스템을 고안했습니다. 이 시스템은 케이스 인터뷰를 시작했을 때 어색한 침묵이나 머뭇거림 없이 성공적인 출발을 할 수 있도록 도울 뿐만 아니라 논리적으로 잘 정리된 방향으로 인터뷰를 풀어갈 수 있도록 도울 것입니다. 프레임워크와 시스템의 차이는 프레임워크는 하나의 도구에 불과하지만 시스템은 여러 가지 도구들이 들어있는 일종의 프로세스라는 점입니다. 아이비 케이스 시스템은 당신이 학습할 수 있는 가장 합리적이고 포괄적인 케이스 인터뷰 전략입니다.

케이스 인터뷰는 준비 과정에서 자기 자신을 돌아보게 하는 도구로서도 당신에게 도움을 줄 것입니다. 이런 종류의 일을 내가 정말 하고 싶은가? 이런 업무 환경이 내가 배우고 성장할 수 있는 곳인가? 스스로에게 물어보아야 합니다. "내가 정말 문제를 푸는 것을 좋아하나?, 내가 정말 이런 종류의 문제들을 즐기나?" 케이스 인터뷰는 재미있을 수 있고, 재미있어야만 합니다.

지금까지 이 책을 읽으면서 아마 조금은 위축되었을 수도 있습니다. 실제 케이스 인터뷰에서는 굉장히 촉박한 시간 안에 많은 것을 다뤄야 합니다. 그러나 이 세상에 완벽한 사람은 없습니다. 케이스 문제를 풀다가 다소 오류가 있어도 문제 없습니다. 면접관은 적절한 가이드를 줄 것이고, 그로부터 다시 나아갈 수 있습니다. 실수를 어떻게 만회해 나가는지가 관건입니다. 저는 모든 케이스 인터뷰에서 점수를 잘 따내지 못했지만 결국 최종 합격을 한 학생을 수천명은 알고 있습니다.

케이스 인터뷰를 준비하기 위한 최고의 방법은 이 책의 모든 페이지를 정독하는 것입니다. 그리고 컨설팅 펌 등이 주최하는 케이스 인터뷰 워크샵에 참여하세요. 마지막으로 당신의 교수님이나 룸메이트, 친구들 등 컨설팅 경험이 있는 사람들과 함께 연습해야 합니다. 그럼 이제 이 책을 읽어나가 보시죠.

2

컨설팅 펌의 인터뷰
The Interview

2. 컨설팅 펌의 인터뷰

당신이 생각했던 것보다 더 어렵겠지만, 일단 긴장을 푸세요. 컨설팅 펌의 인터뷰 기회를 얻고 일곱 개에서 열 개 정도의 케이스 인터뷰를 모두 잘 풀어낼 확률은 복권에 당첨될 확률과 비슷합니다. 그렇지만 당신이 지금 다니고 있거나 졸업한 대학에 붙을 확률은 더 낮았습니다. 그런데 당신은 붙었을 뿐만 아니라 학교 생활을 성공적으로 해내지 않았습니까? 그러니까 케이스 인터뷰에 성공할 확률을 생각하기 보다는 스스로에게 집중하세요. 때로는 당장 눈 앞에 닥친 일에만 집중해야 하는 순간이 있는데, 지금이 바로 그 때입니다. 무엇보다, 면접관은 지금 당신이 긴장했다는 것을 모릅니다. 굳이 우리가 먼저 긴장했다는 티를 낼 필요는 없습니다. 그러니까 편한 마음으로 인터뷰에 집중하면 됩니다.

이번 챕터에서는 1차 인터뷰 과정에 대해 살펴보고 각 단계를 준비하는 방법을 알려드릴 것입니다. 컨설팅 펌 대부분은 1차에서 두 명의 면접관이 각각 45분 동안 인터뷰를 진행합니다. 한 면접관은 주로 당신에 대한 질문과 짧은 케이스 인터뷰 하나를 물어보는데 집중하고, 다른 면접관은 당신에 대한 질문보다는 케이스 문제에 더 집중할 것입니다.

자기소개

당신의 이름이 불리면 땀으로 축축해진 손을 내밀고 거짓말을 할테죠. "인터뷰 기회를 주셔서 감사합니다." 마치 지난번 인터뷰처럼요. 제발 이번에는 그때보다 조금 더 잘 되길 바랍니다. 첫 인상을 잘 만들 수 있는 기회는 오직 한 번 뿐입니다. 아이콘택트, 살짝 머금은 미소, 자신감 있는 악수가 가장 중요합니다.

당신에 대한 질문

인터뷰 초반은 무엇보다 '당신이라는 지원자에 대해 알아가는 것'이 전부입니다. 맥킨지는 이것을 PEI Personal Experience Interview 라고 부르는데, 개인적 경험에 대한 인터뷰라는 의미입니다. 면접관들은 당신이 조직에서 영향력을 발휘했거나 조직을 설득시킨 경험, 또는 당신의 대인관계 형성 스타일, 인생의 목표, 회의를 성공적으로 이끌었던 경험들을 몇 가지 말해달라고 할 것입니다. 또한, 당신이 갈등 상황에 놓인 팀을 어떻게 이끌었는지, 당신이 프로세스를 개선한 내용과 그 결과는 무엇이었는지, 그리고 당신이 제안했던 창의적인 아이디어와 그로 인한 결과는 무엇이었는지 등의 예시를 들려 달라고 할 것입니다. 면접관들은 당신의 레쥬메를 기반으로 하여 몇 가지 질문을 더 할 것입니다. 레쥬메에 기재된 사항들은 모두 질문 대상입니다. 심지어 이런 질문을 할 수도 있습니다. "당신의 삶을 신문 기사라고 합시다. 그렇다면 헤드라인은 어떻게 될까요?"

면접관들이 이런 질문들을 통해 보고 싶은 것은 다음과 같은 것들입니다.
- 자신감과 편안한 태도, 뛰어난 커뮤니케이션 스킬 혹시 쉽게 긴장하는 편인가?
- 리더십과 업무주도력 동아리 회식 주선 같은 것은 해당되지 않는다.
- 팀 플레이어로서의 역량 다른 사람들과 원만하게 잘 어울리는가?
- 추진력, 포부, 열정, 도덕심과 윤리의식

'당신에 대한 질문'을 묻는 인터뷰 단계에서는 생각하는 것이 아니라 답변하는 것이 중요합니다. 생각하는 것은 케이스 인터뷰 풀이에서 질리도록 할 것입니다. '당신에 대한 질문'을 묻는 인터뷰를 위해서는 사전에 스스로에 대해 충분히 리서치하고 연구해야 합니다. 컨설팅 인터뷰 주요 빈출 질문의 리스트를 확인해보세요. 면접관이 이 질문들 중 하나도 물어보지 않을 수 있지만, 당신이 시간을 내어 각각의 답변을 작성해보고, 각 답변의 핵심 포인트들을 정리하다보면 지난 몇 년간 한번도 생각해보지 않았던 것들에 대해서 생각하게 될 것입니다.

"다른 사람들이 원치 않았던 일을 하도록 설득했던 경험을 말해주세요."라는 면접관의 질문에 대답했을 때 면접관이 "대단한 경험이네요. 또 다른 사례가 있나요?"라고 묻더라도 절대 놀라지 마세요. 동일한 질문에 대해 두세가지 사례를 요구하는 것은 꽤 흔한 일입니다. 한 가지 답변에 대해 생각할 때, 세 가지 정도의 이야기를 준비해두세요. 각 이야기를 스크립트 쓰듯이 일일이 준비하라는 의미가 아닙니다. 이야기의 핵심 포인트만 요약해서 정리해두라는 뜻입니다. 긴 스크립트를 모두 외우려고 하는 사람들이 있는데, 크리스챤 베일이 아니라면 어떻게 그렇게 긴 스크립트를 모두 외워 자연스럽게 전달할 수 있겠어요?

오직 구체적인 성취담만이 면접관의 머리 속에 남습니다.

아마 인생 처음으로 꼬리표가 붙고 싶을 것입니다. 가령, 영국 해협을 윈드서핑으로 건너간 이야기로 면접관을 사로잡는다면 나중에 그 면접관은 지원자 명단에서 당신의 이름을 봤을 때 윈드 서핑을 떠올리고 "윈드서핑 잘하는 사람!"이라는 꼬리표를 붙일 것입니다. 그리고 당신이 인터뷰 동안 했던 말들도 다시 떠오를 것입니다. 만약 면접관이 지원자 명단에서 당신의 이름을 보고도 '누구더라?'라고 하면, 끝난 것입니다.

주요 빈출 질문

인터뷰 직전에 다음 질문들에 대해 충분히 생각해 본다면, 막상 실제로 답해야 하는 순간이 왔을 때 훨씬 명료하게 대답할 수 있습니다. 준비가 되었다면, 친구에게 부탁해 당신의 답변을 동영상 촬영해보세요. 그리고 당신의 자세, 표정, 목소리에서 느껴지는 자신감에 대해 돌아보세요. 가령, "네!" 대신 "네에…"라고 대답하나요? 10초 만에 설명할 수 있는 것을 말하는데 20초가 걸리지는 않았나요?

- 자기 소개를 해주세요.
- 어떻게 지원하게 되었습니까?
- 왜 컨설팅을 하고 싶습니까?
- 왜 지금 다니는 또는 졸업한 학교를 선택했습니까?
- 컨설팅이 무엇을 하는 일이라고 생각합니까?
- 컨설팅이라는 일과 우리 회사에 대해 알고 있는 것을 말해주세요.
- 우리 펌을 선택한 이유가 무엇입니까?

- 수리 능력은 어떤 편입니까?
- 7/63은 몇 %입니까?
- 리더십을 발휘했던 경험을 말해주세요.
- 팀의 일원으로 활동했던 경험을 말해주세요.
- 다른 사람들에게 영향을 끼치거나 설득했던 경험을 말해주세요.
- 최근에 잘 대처해냈던 위기 상황이 있습니까?
- 실패한 경험을 말해주세요.
- 어떤 일을 주도적으로 시작한 경험을 말해주세요.
- 당신의 능력을 최대로 발휘하기 위해서, 어떤 종류의 일을 선호합니까?
- 현재 어떤 회사들과 면접을 보고 있습니까?
- 컨설팅 외에 어떤 산업에 관심이 있습니까?
- 살면서 가장 만족스러웠던 성취 경험이 무엇입니까?
- 우리 조직에서 가장 유용하게 발휘될 경험이나 기술이 무엇입니까?
- 당신을 채용해야 하는 이유가 무엇입니까?

어떻게 대답해야 할까?

가장 어려운 인터뷰 질문은 다음 세 가지입니다.
- 지금까지 실패한 경험이 있습니까?
- 현재 다른 펌과도 인터뷰를 진행 중입니까?
- 컨설팅 외에 어떤 산업에 지원하고 있습니까?

이런 질문을 받았을 때, 사실대로 대답해도 될까요?

▶ 질문 1 : 지금까지 실패한 경험이 있습니까?

"있습니다."라고 대답하셔야 합니다. 우리 모두는 어떤 일이든 한번쯤 실패를 겪게 됩니다. 그리고 그런 실패를 통해 배우게 됩니다.

이렇게 답변하세요. 실패의 경험과 동시에 그 실패로부터 무엇을 배웠는지 이야기하세요. 더 좋은 방법은 어떻게 실패하게 되었고, 그 실패를 통해 무엇을 배웠고, 그것을 어떻게 성공으로 전환시켰는지를 이야기하는 것입니다. 마이클 조던의 에피소드가 가장 좋은 예시입니다. 그는 고등학교 1학년 때 농구부에 들어가는 데 실패했지만 굴하지 않고 노력하여 전설적인 선수가 되었습니다. 면접관에게 들려줄 이야기를 찾아내고, 그것을 기억에 남도록 만드세요.

이렇게 답변하면 안 됩니다. 개인적인 실패 사례를 이야기하지 마세요. 그리고 면접관이 불편해 할 법한 이야기는 꺼내지 마세요. 예를 들어, "아버지가 돌아가시기 전에 관계를 개선하지 못했어요." 라든가 "여자친구에게 차였어요." 라든가 "학창 시절 경찰서에 드나들었어요." 같은 이야기들 말입니다. 면접관은 그런 이야기를 듣고 싶어하지 않습니다. 성적 관리에 실패한 이야기도 면접관이 듣고 싶어하지 않는 이야기입니다. 만약 어떤 과목의 성적 관리에 실패했다면 면접관이 먼저 발견하고 그에 대해 물어볼 것입니다.

▶ 질문 2 : 현재 다른 펌과도 인터뷰를 진행 중입니까?

다른 컨설팅 펌과 인터뷰를 진행 중인 것은 사실대로 말해도 문제 없습니다. 컨설팅 펌에 들어가는 경쟁은 매우 치열하기 때문에 하나의 펌에만 집중하는 것은 현명하지 못합니다. 그러나 왜 해당 펌이 당신의 첫번째 선택인지, 다른 펌에 비해 왜 해당 펌에 비해 더 끌리는지 말할 수 있어야 합니다.

▶ **질문 3 : 컨설팅 외에 어떤 산업에 지원하고 있습니까?**

컨설팅은 서로 다른 업계 간의 공조 활동입니다. 인터뷰를 보면서, 당신이 투자 은행이나 사모 펀드 또는 전략기획 같은 분야에 관심이 있다고 언급하는 것은 문제없습니다. 이런 업계들은 유사한 역량과 자질을 가진 인재를 원합니다. 사실, 채용 시장에서 맥킨지와 BCG의 최대 경쟁자는 서로가 아닌 골드만 삭스입니다.

왜 컨설턴트가 되고 싶은가요?

면접관이 당신에게 왜 컨설턴트가 되고 싶은지 물으리라는 사실은 당신도 잘 알고 있을 것입니다. 여기서 중요한 점은 즉각 답변하는 것뿐만 아니라 면접관의 눈을 똑바로 보고 답해야 한다는 것입니다. 다른 곳을 쳐다본다는 것은 그 문제에 대해 생각 중이라는 뜻이 되고, 그렇게 되면 인터뷰는 그 순간 끝난 것과 마찬가지입니다. 이 질문에 대한 답은 사전에 충분히 오랫동안 생각해둬야 합니다. 답변을 통째로 암기하라는 것이 아닙니다. 대신 핵심 요점만 외우면 됩니다. 핵심 요점만 외워 두면, 답변의 집중도가 높아질 뿐만 아니라 답변이 적절한 길이로 간결해 집니다. 방향을 잃고 횡설수설해서는 안 됩니다. 컨설턴트가 되고자 하는 좋은 이유를 몇 가지 준비한 것만으로는 충분하지 않습니다. 무엇을 말하고자 하는지 보다 어떻게 전달하는지가 중요합니다. 가장 중요한 것은 면접관들이 어떻게 받아들이냐는 것입니다. 당신의 목소리에서 진지함과 열정이 느껴져야 합니다. 컨설턴트가 되고자 하는 이유 몇 가지는 다음과 같습니다.

• 대단히 우수하고 유능한 사람들과 함께 일하며 그들로부터 배울 수 있습니다.

- 훌륭한 환경에서 일하며 광범위한 영역의 유용한 기술들을 익힐 수 있습니다.
- 끝 없는 배움을 경험할 수 있습니다.
- 기업 내 엘리트들의 생각, 행동 그리고 문제를 분석하는 방식을 엿볼 수 있습니다.
- 여러 업계를 골고루 경험할 수 있으며, 팀의 일원으로 일합니다. 또한 여행을 많이 합니다.

면접관은 또한 "왜 이 컨설팅 펌이어야만 하는지? 우리 컨설팅 펌에 입사하고 싶은 이유가 무엇인지?"를 물어볼 것입니다. 당신은 수많은 컨설팅 펌들의 차이점을 알아 둬야 합니다. 어디서든 통용될 수 있는 대답은 탈락으로 이어집니다. 어떻게 해야할까요? 미리 조사하세요. 인터넷에서 각 컨설팅 펌들과 근무하는 사람들, 프로젝트 등에 대해 찾아보세요. 컨설팅 펌 현직자 또는 과거에 종사했던 적이 있는 사람들과 대화를 나누고 채용박람회 등에 적극 참가하여 컨설팅 펌의 조직 문화에 대해 미리 알아두세요.

면접관은 당신의 계산 능력을 테스트할 수도 있습니다. "100을 7로 나누면 얼마입니까?" 또는 "9/72는 몇 %입니까?" 처럼 간단한 계산 문제를 질문하는 것입니다. 어렵지 않은 질문이지만, 순간적으로 당황스러울 수 있습니다. 플래시 카드 문제를 푸는 것과 비슷할 수 있습니다.

인터뷰 전반부 동안 당신은 계속 면접관의 평가를 받습니다. 면접관은 당신과 함께 업무를 수행하고 출장을 가고 싶은지 끊임없이 자문할 것입니다. 당신이 재미있는 사람인지, 협조적인 사람인지, 유머감각이 있는 사람인지 되뇌어 볼 것입니다. 이것은 이른바 '공항 테스트'라고 하는데, 다음 질문에서 유래된 이름입니다. "만약 폭설이 내려 버팔로 공항에 이 지원자와 함께 9시간 동안 갇혀 있어야 한다면 어떨까? 많은 이야기를 나누게 될까, 아니면 대화하고 싶지 않아서 자는 척 하게 될까?" 한 가지 기억해야 하는 사실은 마치 비행기가 뜨고 공항에 착륙하듯이 면접 또한 상호적이라는 것입니다. 면접관이 당신을 평가하고 판단하려 하는 만큼 당신 또한 면접관을 평가하고 판단해야 합니다.

나아가 면접관은 "내가 이 지원자를 데리고 클라이언트를 만났을 때 괜찮을까?"라고 자문하며 당신의 인간적 성숙도, 평정심, 커뮤니케이션 스킬을 평가할 것 입니다. 성숙도를 재는 과정 중 중요한 점은 '먼저 생각한 뒤 대답하는지' 여부를 보는 것입니다. 3/17이 몇 %냐는 질문에 아무런 생각 없이 바로 80%라고 대답한 학생이 있었습니다. 어떻게 대학에 입학할 수 있었는지 이해가 되지 않았습니다. 그 학생의 인터뷰는 바로 거기서 끝난 것과 다르지 않습니다. 차라리 스스로 자리에서 일어나 퇴장하는 것이 더 나았을 지도 모릅니다. 그 이후로 어떤 훌륭한 대답을 내놓아도 결과는 달라지지 않을테니까요. 그 학생의 답이 틀렸기 때문에 그런 것이 아닙니다. 대답을 하기 전에 생각해보지도 않았다는 사실이 명백하게 드러났기 때문입니다. 인터뷰에서 그렇게 행동한다면, 클라이언트 앞에서는 어떨까요? 그런 학생은 신뢰하기 어렵고, 신뢰하기 어려운 사람이라면 채용하지 않습니다.

인터뷰 중반부는 케이스 문제인데, 이것은 대단히 큰 비중을 차지합니다. 앞서 언급한 '공항 테스트'를 통과하더라도 케이스 문제에서 실수하면 그것으로 끝입니다. 반대로 홈런을 날리듯 케이스 문제를 완벽하게 풀어내더라도 심슨처럼 대인 관계 능력이 심각히 떨어진다면, 취업이 문제가 아니라 더 심각한 상황입니다. 케이스 문제에 대해서는 챕터 3에서 보다 자세하게 다루겠습니다.

질의응답

인터뷰 후반부에 진행되는 질의응답 시간을 준비하기 위해서는 해당 업계와 회사에 대해 사전에 충분히 조사해야 합니다. 또한, 만약 누가 당신의 면접을 진행할지 미리 알 수 있다면, 그 사람이 어떤 논문을 쓰고 어떤 글을 기고했는지 검색해봐야 합니다. 면접관 또한 마찬가지로 당신에 대해 구글링해 볼 것입니다.

당신이 면접관에게 물어볼 수 있는 좋은 질문 하나는 "모든 사람들이 이 곳에서 일하는 것이 만족스럽다고 하는데, 면접관님께서 느끼시기에 일하면서 아쉬운 점이나 힘든 점은 무엇입니까?" 입니다. 면접관은 솔직하게 대답해 줄 것입니다. 면접관 또한 스스로에 대해 이야기하게 되는 것을 좋아하는데, 이것은 결국 나중에 당신을 떠올렸을 때 긍정적으로 작용할 것입니다. "일반적으로 프로젝트를 수행할 때 가장 큰 어려움이 무엇입니까? 그리고 신입 컨설턴트가 처음 프로젝트에 투입되었을 때는 어떤 점이 가장 힘들까요?" 또한 좋은 질문이며, "컨설턴트로 성공적인 커리어를 쌓아 가기 위해 신입에게 필요한 자질이 무엇입니까?" 라는 질문 역시 면접관에게 물어볼 만합니다.

인터뷰를 대비한 리서치를 할 때, 예비 질문에 대한 답을 찾아 나가야 합니다. 이 과정에서 답을 찾을 수 없는 질문이 바로 면접관에게 해야 할 질문입니다. 그러나, 당신이 질문을 하기에 앞서 인터뷰 도중 기회가 없어 말하지 못한 중요한 내용이 있다면 그것 먼저 말해야 합니다. 그냥 간단하게 말하면 됩니다. "제가 질문을 드리기에 앞서 이러한 것들에 대해 먼저 말씀드리고 싶습니다." 면접장을 나오기 전에 꼭 말해야 합니다. 그렇지 않으면 집으로 돌아가는 내내 후회하게 될 것입니다. 당신이 미처 말하지 못한 말이 인터뷰 결과를 완전히 뒤집을 수 있었을지 아무도 모르는 일입니다.

▶ 인터뷰에 앞서 사전조사가 필요한 질문들(예비질문)
- 어떤 종류의 컨설팅을 하며, 특화된 산업 영역이 있습니까?
- 규모가 어느 정도입니까? 국내외 지사와 소속 컨설턴트의 수가 얼마나 됩니까?
- 신입 컨설턴트를 위한 트레이닝 및 멘토링 프로그램이 있습니까?
- Associate 컨설턴트는 1년 차에 클라이언트와 어느 정도 접촉합니까?
- 프로젝트 팀은 어떻게 정해집니까?
- 업무 평가는 얼마나 자주 진행됩니까?

예비질문의 답을 찾기 위한 최적의 사전조사 방법

▶ 취업설명회에 참석하여 담당자와 이야기를 나누세요.

사전에 준비한 질문 리스트를 꺼내서 서너 가지를 물어봅니다. 중요한 것은 딱딱한 질의응답의 형태를 대화의 형태로 자연스럽게 이어가는 것입니다. 마지막에는 담당자가 시간을 내준 것에 대해 감사 인사를 한 뒤 명함을 요청하고 궁금한 점에 대해 전화나 이메일로 물어볼 수 있는지 물어봐야 합니다. 이런 자리에서 담당자들은 당신이 컨설팅 펌에 대해 얼마나 알고 있는지를 바탕으로 당신을 평가하지 않습니다. 그들은 회사를 홍보하고 필요한 정보를 제공하기 위해 나온 것이니까요.

▶ 회사 홈페이지를 샅샅이 들여다보세요.

회사 홈페이지를 꼼꼼하게 읽어보면 해당 회사가 추구하는 현재와 미래의 모습을 볼 수 있습니다. 또한, 대부분의 회사들이 홈페이지에 인터뷰 과정에 대해 상세히 밝혀 둡니다.

▶ **지망 회사에서 일했던 선배 및 친구들과 이야기를 나누세요.**

교내 경력개발센터는 특정 산업에 종사하는 졸업생들과의 만남을 주선하기도 합니다. 해당 회사의 과거 재직자와 이야기를 나누는 것은 큰 도움이 됩니다. 그들은 30분만에 당신이 인터넷에서 두 시간 동안 리서치하는 것보다 더 많은 것을 말해줄 것입니다. 나아가, 그들로부터 인터넷에서는 절대 찾을 수 없는 것들을 들을 수 있습니다. 무엇보다 그들은 회사를 홍보해야 할 필요가 없기 때문에 철저하게 객관적인 입장에서 이야기할 것입니다.

▶ **기업 정보를 얻을 수 있는 네트워킹 모임에 참석하세요.**

회사 관계자들에게 당신의 이름과 얼굴을 자주 비추세요. 그러면 그들은 이력서를 받았을 때 당신을 떠올리게 될 것입니다. 이들이 당신을 채용할 권한이 있는 것은 아니지만, 적어도 인터뷰 리스트에는 올려줄 수 있습니다. 탑-티어 펌의 경우 100명을 뽑는 서류 전형에서 대략 400통의 이력서를 받습니다. 때문에 시간이 있을 때마다 회사 관계자들과 관계를 형성하여 인터뷰 기회를 확보하세요.

취업설명회 등에서 회사 관계자들의 눈에 띄는 비결은 일찍 가는 것입니다. 만약 설명회가 오후 6시에 시작된다면, 미리 5시 40분쯤까지 도착하도록 하세요. 대부분의 학생들이 6시에 딱 맞춰 오거나 조금 늦게 올 것입니다. 반면 회사 관계자들은 행사장 준비 상태를 확인하기 위해 5시 30분까지는 와 있습니다. 만약 당신이 일찍 도착한다면, 회사 관계자들에게 좋은 인상을 심어 줄 뿐만 아니라 적어도 5분 정도는 그 중 한 명과 이야기를 나눌 수 있게 됩니다. 행사가 끝난 뒤 90초 동안 이야기를 나누는 것보다 미리 가서 5분 동안 이야기를 나누는 편이 관계자 입장에서 훨씬 기억에 남는 것은 당연합니다. 그리고 대화를 나누며 명함을 요청하고 행사 종료 후 이메일 보내는 것을 잊지 마세요.

▶ **온라인 기사를 검색해보세요.**
월스트리트 저널이나 블룸버그 등에서 온라인 기사와 정보를 검색해보세요. 이를 통해 회사의 최신 뉴스를 숙지하고 있어야 합니다.

▶ **회사정보 공유 사이트(네이버 카페 아이컨 ICON 등)를 활용하세요.**
면접장에 들어갈 때는 이렇게 조사한 정보와 수치에 대한 질문을 적어서 갖고 들어 가세요. 이것은 당신이 인터뷰를 위해 얼마나 열심히 준비했는지 보여주는 증거가 될 것입니다. 게다가, 만약에 인터뷰 중에 너무 긴장해서 얼어붙더라도, 그렇게 적은 메모가 눈 앞에 있다면 괜찮을 겁니다.

왜 당신을 채용해야 하나요?

인터뷰야말로 스스로를 빛내고 세일즈할 수 있는 절호의 기회입니다. 다만, 당신의 뛰어난 능력과 역량을 줄줄이 늘어놓기에 앞서 단순히 컨설턴트가 되고 싶으니까 채용해주셨으면 한다고 말하고 싶을지 모릅니다. 만약 그렇다면, "왜 컨설턴트가 되고 싶습니까?"라는 질문을 받았을 때 대답했던 이유들을 다시 언급해 봅시다.

컨설팅 펌은 '위험 부담이 낮은 지원자'를 찾습니다. 당신이 만약 컨설팅 업계를 경험해봤거나, 컨설팅 업무가 좋아서 다시 돌아오고 싶어하거나 또는 컨설팅 업무에 대해 미리 사전 조사를 충분히 했다면, '위험 부담이 낮은 지원자'에 속합니다. 당신은 컨설팅 업무가 팀으로 프로젝트를 수행한다는 것, 출장이 잦다는 것 등을 알고 있을 테니까요. 컨설팅 펌이 가장 우려하는 것은 막대한 비용과 시간을 들여 채용과 훈련을 진행한 신입 사원이 6개월 만에 컨설팅이 기대와는 다르다는 이유로 퇴사하는 것입니다. 채용 담당자가 당신이 정말 컨설팅을 하고 싶어한다는 확신을 갖지 못한다면, 당신의 능력이 아무리 뛰어나도 무용지물입니다. 당신이 정말 컨설팅을 하고 싶어하는 것이 아니라면 일자리를 제안하지 않을 것입니다.

컨설팅 펌에 최종 합격하는 학생들의 네 가지 이유

1. 면접관에게 컨설팅을 진심으로 하고 싶어한다는 확신을 주고, 컨설턴트의 라이프스타일, 조직 생활 등에 대해 잘 알고 있다.
2. 성취 지향적 행동을 보인다.
3. 케이스 문제를 풀 때, 데이터로부터 결론을 이끌어내는 뛰어난 분석적 역량을 보인다. 이것은 우리가 이제부터 달성하고자 하는 목표입니다.
4. 자신의 생각을 명확하게 표현하고, 긍정적인 태도를 보이며, 면접관의 압박에 공격적으로 반응하지 않고 잘 방어한다.

이제 당신은 컨설팅 펌 입사를 위한 1차 전형을 전반적으로 이해했을 것입니다. 후속 인터뷰들도 별반 다르지 않습니다. 만약 여름 인턴쉽 프로그램에 지원했다면, 지원 전형은 통상적으로 2차까지 진행됩니다. 2차 전형은 보통 회사 오피스 또는 근처 호텔에서 진행되는 경우가 많으며, 두 번에 걸쳐 각각 60분 동안 케이스 문제 풀이에 집중하는 인터뷰를 실시합니다. 정규직의 경우, 3차 전형은 본사 오피스에서 역시 60분간 케이스 문제 풀이에 초점을 맞춘 인터뷰를 5회에 걸쳐 진행합니다. 모든 전형의 매 인터뷰에서 많은 차트를 분석하게 될 것입니다. 또한, 몇몇 컨설팅 펌에서는 차트를 분석하는 것 뿐만 아니라 당신의 케이스 문제 풀이 근거를 보충할 차트를 직접 만들어 볼 것을 요구합니다.

1차 전형이 다른 방식의 인터뷰로 진행되는 경우도 있습니다. 몇몇 컨설팅 펌은 전화 인터뷰를 실시하기도 하고, 어떤 회사는 그룹 케이스 인터뷰를 진행하기도 합니다.

1차 전형 - 전화 인터뷰

1차 전형이 전화 인터뷰로 진행되는 경우가 있습니다. 때로는 정식 인터뷰에 앞서 사전에 부적격자를 걸러내기 위한 목적이기도 하지만, 가끔은 전화로 케이스 문제를 내기도 합니다. 반드시 기억해야 할 사항이 몇 가지 있습니다. 가능하면 조용하고 사적인 공간에서 전화를 받아야 합니다. TV도 끄고 문도 잠가야 전화 인터뷰를 방해받는 사태가 벌어지지 않습니다.

가장 중요한 것은 당신의 목소리가 당신을 대변한다는 점입니다. 이것은 전화를 받고 있는 모든 사람에게 적용됩니다. 당신의 목소리는 쾌활하고 열정에 가득 차 있어야 합니다. 또박 또박 자신감 있게 그러나 거만하지는 않게 말하세요.

마지막으로, 계산기는 멀리 치워두세요. 물론 계산기를 옆에 두고 싶은 마음은 이해합니다만, 만약 당신이 정답을 순식간에 말하거나 전화기 너머의 면접관이 계산기를 두드리는 소리를 듣는다면 인터뷰는 그걸로 끝입니다.

1차 전형 - 화상 인터뷰 (스카이프/Zoom)

위에서 설명한 전화 인터뷰에 대한 내용에 덧붙여, 스카이프나 Zoom을 통해 화상 인터뷰에 참여할 때는 실제 대면 인터뷰처럼 옷을 갖춰 입어야 합니다. 종종 허리 위로는 근사한 수트와 셔츠를 입고 밑으로는 파자마나 반바지 또는 운동복을 입고 인터뷰를 봤다는 이야기를 듣습니다. 당신이 인터뷰 도중 어떤 물건을 가지러 일어날 일만 없다면, 이렇게 입는 것은 큰 문제가 되지는 않습니다. 옷차림 이외에 주변 환경에도 신경 써야 합니다. 컴퓨터 스크린 너머의 면접관이 무엇을 보게 될까요? 만약 부적절한 포스터가 벽에 걸려 있다면, 그것을 치우거나 보이지 않도록 화상 카메라 앵글을 수정해야 합니다. Zoom을 통해 전 세계 곳곳의 학생들과 만나게 되는데, 아파트이든 기숙사이든 그들의 화상 인터뷰 환경은 대단히 흥미롭습니다. 그들의 성격과 정리정돈 능력에 대한 부가적인 정보를 제공해 주죠.

점점 더 많은 취업 관련 센터들이 당신이 보다 전문적으로 보이는 환경에서 개인적으로 인터뷰를 진행할 수 있는 공간을 제공하고 있습니다.

1차 전형 - 그룹 케이스 인터뷰

맥킨지를 비롯한 몇몇 펌들은 1차 전형 중 MBA 출신이 아닌 지원자들을 대상으로 그룹 인터뷰를 진행하기도 합니다. 그룹 인터뷰에서 면접관은 그룹이 어떤 답을 도출하는지 보다 그룹 내부의 상호 관계에 더 초점을 맞춥니다. "이 지원자가 대인관계를 잘 형성하며 공감하는 능력이 있고 팀 워크를 잘 발휘하는가?"를 생각한다는 의미입니다. 그런데 당신은 한편으로 그룹 내 다른 사람들의 경쟁자이면서 동시에 팀원이기도 합니다. 공격적인 태도를 보이고 대화를 독점하려는 지원자는 통과하기 어렵습니다. 반드시 기억하세요. 컨설턴트는 팀으로 일합니다. 팀워크를 잘 발휘할 수 없다면, 실격입니다.

저 또한 제가 가르치는 비즈니스 수업에서도 다른 학생이 발언하고 있을 때 손을 드는 학생에게는 절대 발언권을 주지 않습니다. 왜냐하면 그렇게 손을 든다는 것 자체가 동료의 이야기에 귀 기울여 듣지 않고 자신이 하고 싶은 말만 하려고 한다는 뜻이기 때문입니다. 경영대학원의 케이스 스터디 수업처럼 당신은 다른 사람들이 말한 것을 토대로 논의를 진전시켜야 합니다. 당신이 짚고 넘어가고 싶은 포인트가 있다고 해서 의도적으로 그쪽으로만 이야기를 이끌어 가거나 자꾸 딴길로 새서 논의 자체를 뒷걸음질 치게 해서는 안 됩니다.

압박 면접

인터뷰를 진행하다 보면 A와 B 둘 하나를 골라야 하는 상황이 옵니다. 만약 A를 고른다면 면접관은 그 즉시 당신의 눈을 똑바로 쳐다보면서 "자, 이제 당신의 답이 틀린 이유를 말씀드릴게요." 라고 말할 것입니다. 설령 B를 골랐다고 하더라도, 면접관은 역시 같은 태도를 보이며 같은 말을 할 것입니다. 어떤 대답을 골랐건 간에, 면접관은 당신이 틀린 이유를 말해줄 것입니다. 다시 말하지만, 이런 면접은 당신이 어떻게 반응하는지 보고자 하는 의도입니다. 혹시 얼굴이 빨개지지는 않는지, 이를 악물지는 않는지, 눈썹을 치켜뜨지는 않는지, 공격적으로 되받아치지 않으면서 답변을 잘 방어하는지, 침착하게 전문가다운 모습을 잘 유지하는지, 공격이 쏟아지는 상황을 잘 대처하는지 아니면 그대로 무너지며 울음을 터뜨리지는 않는지를 확인하고자 합니다.

클라이언트들은 당신의 생각에 대해 끊임없이 이의를 제기할 것입니다. 면접관은 당신이 실제로 이런 비판을 들었을 때 잘 극복해낼 수 있을지 알고 싶어 합니다.

면접관이 당신이 고른 답이 틀린 이유를 설명할 때, 그 설명에 별로 설득력을 느끼지 못했다면 단순히 이렇게 말하면 됩니다. "굉장히 흥미로운 지적입니다만, 충분히 설득력 있는 것 같지는 않습니다. 그래서 처음 말씀드린 A 안을 고수하고 싶습니다." 면접관은 당신이 스스로의 선택이 맞다고 확신한다면 끝까지 고수하길 바랍니다. 물론 신경질적인 태도를 보이지 않는 것이 중요합니다.

만약 면접관이 당신이 미처 생각하지 못한 부분을 지적하고, 그에 대해 생각해 본 결과, 당신의 주장을 완전히 뒤집을 만큼 설득력 있다면 당신이 틀렸다는 것을 인정해야 합니다. 이렇게 말하세요. "대단히 설득력 있는 이야기입니다. 솔직히 말씀드리면 재고 문제에 대해서는 생각해 보지 못했습니다. 면접관님의 말씀이 옳은 것 같습니다. 저도 B가 올바른 답이라고 생각합니다." 당신이 생각한 답이 틀렸을 때, 답을 바꾸는 것은 전혀 부끄러운 일이 아닙니다.

이것은 당신이 객관적이며 합리적인 이유를 열린 마음으로 수용한다는 뜻이기 때문입니다. 기업들이 컨설팅 펌을 고용하는 이유 중 하나는 컨설팅 펌이 제시하는 객관적인 의견 때문이라는 점을 기억하세요. 당신이 스스로의 답에 대해 객관성을 유지할 수 있다면, 컨설턴트가 되는 것에 한 걸음 더 다가선 것입니다. 면접관이 가장 원하지 않는 태도는 틀렸다는 말 한 마디에 곧장 답을 바꾸는 것입니다.

▶ **압박 면접 대응의 기초**
- 인터뷰 동안 면접관이 하는 말을 감정적으로 받아들이지 마세요. 그들은 모든 지원자에게 똑같이 합니다.
- 당황하지 마세요.
- 유연하게 대처하세요.
- 횡설수설하지 마세요. 당신이 하는 모든 말은 인터뷰와 관련 있어야 합니다.
- 자신감을 잃지 마세요.

자신감이 중요합니다.

당신은 이렇게 압박 면접이 진행되는 동안 설사 자신이 없더라도 자신감이 넘치는 것처럼 들려야 합니다. 만약 당신이 자신감이 하나도 없어 보이면, 면접관들은 당신이 하는 말 한 마디 한 마디를 붙잡고 늘어질 것입니다. 명문대학생들을 풍자하는 이런 말도 있지 않습니까? "그들도 자주 틀린다. 그러나 항상 당당하다." 인터뷰에 임할 때는 이런 마음가짐을 가져야 합니다. 확신이 없다 하더라도 항상 자신감 있고 당당한 태도를 지키세요.

외국 학생들을 위한 조언

저는 하버드대학교에서 18년 이상 근무하면서 컨설턴트를 희망하는 수 천 명의 외국인 학생들에게 조언해 주었습니다. 이 학생들 중 대부분은 모국으로 돌아가기 전에 미국에서 커리어를 시작하고 싶어 했습니다. 많은 학생들이 미국인 학생들처럼 취업에 성공했습니다만, 대부분은 그렇지 못했습니다. 컨설턴트는 경쟁이 굉장히 치열하며 대단히 많은 학생들이 바라 마지않는 직업입니다. 외국인 학생들을 위해 추가적인 조언 세 가지를 말해드리고 싶습니다.

▶ **1. 자신의 커뮤니케이션 능력을 솔직히 인정하세요.**
인터뷰의 많은 부분은 커뮤니케이션 능력에 좌우됩니다. 정말 영어를 유창하게 구사할 수 있나요? 독특한 억양이 있지 않나요? 발음이 어색하지는 않은가요? 몇 년 전, 저는 아주 뛰어난 중국인 학생에게 조언해 준 적이 있습니다. 그는 제가 실시한 모의 케이스 면접에서 굉장히 뛰어난 성적을 받았습니다만, 그의 영어 실력, 특히 발표는 엉망이었습니다. 영어를 읽고 듣고 이해하는 수준은 대단히 높았음에도 불구하고 말하기와 쓰기 실력은 한참 더 개선될 필요가 있었지요. 제 조언에도 불구하고 그는 보스턴 지역에 있는 탑-티어 펌들에 지원했습니다. 서류전형은 통과했지만 1차 전형은 단 한 곳도 통과하지 못했습니다. 미국에서 태어나고 자란 명문대학교 출신 학생들과의 경쟁에서 이길 가망이 없다는 점을 그때서야 깨닫게 되었지요.

▶ **2. 장기적인 관점에서 생각하고, 자신의 강점을 적극적으로 활용하세요.**
한번 러시아 여학생을 도와준 적이 있습니다. 그녀는 그녀의 생각을 조리 있게 표현할 수 있고, 소위 말하는 '비즈니스 영어' 또한 훌륭하게 구사할 만큼 영어 실력이 뛰어났습니다. 그녀의 억양에는 동유럽 액센트가 남아 있긴 했지만, 다른 이들이 알아 듣는데 전혀 지장이 없었습니다. 학업 성적, 인턴쉽 경험, 대외활동 경력도 괜찮은 수준이었습니다. 그러나 특별히 뛰어난 편은 아니었기에 미국 본토 학생들과 치열하게 경쟁해야 했습니다. 그녀는 뉴욕에서 일자리를 찾고 싶어 했는데, 서류 전형을 통과하는 것이 어려웠습니다. 우리는 이 문제에 대해 장기적인 관점에서 접근했습니다. 그녀가 만약 뉴욕의 일자리에만 집중하는 것보다 모스크바 지사에 지원한다면, 채용 가능성이 훨씬 높아질 것은 분명했습니다. 그녀는 러시아어가 모국어이며, 모스크바의 문화와 경제에 대해서도 잘 알고 있을 뿐만 아니라 미국의 명문대학교에서 학위까지 취득했습니다. 모스크바에서 2년 정도 근무하고 다시 미국으로 돌아올 수 있는 일이었죠. 그리고 나중에 그녀는 실제로 그렇게 했습니다.

▶ 3. 방학 기간 동안 케이스 문제 풀이를 완벽히 익히세요.

여름 인턴쉽 기회를 잡는 것은 결코 쉽지 않습니다. 그러므로 여름 인턴을 하지 못하게 되었다고 하더라도 실망할 필요는 없습니다. 저는 여름 인턴쉽을 하지 못했지만 졸업할 때 컨설턴트 정규직에 합격한 사례를 수없이 많이 알고 있습니다. 여름 인턴쉽 기회보다 정규직의 기회가 훨씬 더 많다는 의미입니다. 여전히 엄청나게 치열한 경쟁을 거쳐야 하지만요. 그렇기 때문에 여름 방학을 낭비해서는 안 됩니다. 방학이 끝나고 새로운 학기가 시작될 때까지 훨씬 더 경쟁력 있는 지원자로 거듭날 수 있도록 준비해야 합니다. 그 첫 걸음은 컨설팅 펌에서 근무할 때 배울 수 있는 스킬과 유사한 것을 배울 수 있는 곳으로 일자리를 찾아야 합니다. 두 번째는 방학 내내 케이스 문제 풀이를 열심히 연습하는 것입니다. 카리브 해 출신 학생이 한 명 있었는데, 기업 실무 경험은 없었지만 좋은 리더십 경험이 풍부했습니다. 그는 네 기업의 여름 인턴십 서류 전형을 통과했고, 그 중 두 군데는 2차 전형까지 올라갔으나, 최종 합격에는 실패했습니다. 그러자 그는 그가 졸업 이후 살고 싶어했던 워싱턴에 있는 대형 국제금융 에이전시의 일자리를 구했습니다. 그는 그렇게 방학을 보내면서 대형 컨설팅 펌의 워싱턴 지사에 있는 선배들과 식사도 하고 맥주도 한잔하곤 했습니다. 그렇게 각 회사의 정보를 얻고 회사 내부에 네트워크를 만들어 갔습니다. 그리고 커피나 맥주를 마실 때마다 선배들에게 케이스 문제를 하나씩 던져줄 것을 부탁했습니다. 그가 이렇게 방학을 보내고 학교로 돌아왔을 때, 그는 이미 케이스 문제를 푸는 것에 능숙해졌고, 회사 내부에 그를 지원해줄만한 튼튼한 네트워크를 형성한 상태였습니다. 결과적으로 맥킨지와 BCG로부터 채용 제의를 받을 수 있었습니다.

▶ **요점을 정리하자면 다음과 같습니다.**
- 커뮤니케이션 능력을 강화하라
- 장기적인 관점에서 생각하고 강점을 활용하라
- 방학 기간 동안 케이스 문제풀이에 충분히 능숙해져라

특정 산업군에서의 이직 희망자를 위한 조언

만약 당신이 경력직으로서 컨설팅 펌으로 이직을 원한다면, 몇 가지 명심해야 하는 사실이 있습니다. 주요 컨설팅 펌이 채용하는 인원의 대부분이 대졸 신입이지만, 타 산업 경력자 채용 또한 증가하고 있습니다. 물론 대졸 신입 채용과 타 산업 경력자 채용의 비율은 여전히 4:1 정도입니다. 특정한 산업에서 몇 년간 경험을 쌓았다는 것이 항상 장점만 있는 것은 아닙니다. 예를 들어, 당신이 헬스케어 산업에서 10년 동안 경력을 쌓았다면, 몇몇 컨설팅 펌은 당신이 이미 어떤 산업

에 대해 편견이나 고정관념을 갖고 있을 수 있다는 우려 때문에 당신을 채용하는 것을 망설일 수 있습니다. 당신이 어떤 문제를 발견했을 때, 기존에 일하던 산업계 방식 그대로 문제에 접근할까 걱정스러운 것이지요. 컨설팅 펌은 편견 없이 문제를 객관적으로 바라볼 수 있는 사람을 원합니다. 그럼에도 불구하고 컨설팅 펌은 산업분석 자료를 만들 때 당신의 지식을 활용하고자 할 것입니다. 그러므로 만약에 당신이 처음에 새로운 산업 영역 프로젝트에 배정받더라도 놀라지 마세요.

경력직 채용 절차는 대졸 신입 채용 절차와 유사합니다. 만약 당신이 맥킨지에 지원한다면, MBA 출신이 아닌 지원자들이 응시하는 필기 시험을 봐야할 것입니다. 1차 전형은 세 번의 1시간짜리 인터뷰로 이뤄지는데, 각각은 케이스 문제 풀이와 개인적 경험을 모두 물어봅니다. 당신이 기존에 속했던 산업에 대한 케이스 문제를 출제하는 것은 드문 일입니다. 면접관이 보고 싶은 것은 당신의 산업 지식이 아니라, 당신이 생각하는 방식과 구조화 역량입니다.

컨설팅 펌은 당신에게 대졸 신입 지원자보다 훨씬 프로페셔널하고 자신감 있는 모습을 기대합니다. 한 가지 더 기억해 둬야 하는 것은 당신이 많은 클라이언트들을 데려오지 않는 이상 이제 막 MBA를 취득한 사람과 비슷한 포지션으로 입사하게 될 것이라는 점입니다. 다시 말해 당신보다 몇 살 어린 후배에게 보고해야만 하는 상황이 올 수도 있습니다.

그러나 컨설팅 펌의 문화는 능력주의이며, 능력이 출중하다면 빠르게 승진할 수 있다는 점 또한 잊지 마세요. 사실 당신이 원하는 곳에 도달하게 되면, 매사 눈 하나 깜짝 하지 않으며 자신을 성장시키는 시간이 올 것입니다. 그리고 이제 드디어 본격적으로 케이스 문제를 풀어볼 시간입니다.

3

케이스 문제
Case Question

3. 케이스 문제

컨설팅 펌이 찾는 인재

컨설턴트는 출장지 또는 고객사에서 많은 시간을 씁니다. 작은 팀으로 일하기도 하고, 때로는 고객사의 직원들로 구성된 팀을 이끌어야 할 때도 있습니다. 예측 불가능한 변수로 둘러 쌓인 환경에서 해결할 수 없을 것 같은 문제를 풀려고 하다 보면 극심한 스트레스에 시달리는 경우도 잦습니다. 따라서 스트레스가 가득한 상황 속에서 항상 침착함을 유지하고 고객사의 심기를 건드리지 않으며 논리적이고 분석적인 주장을 펼칠 수 있는 사람이 필요합니다. 컨설팅이란 다시 말하지만 두뇌를 빌려주는 일이며, 이런 두뇌의 소유자는 호감 가는 태도와 자신감을 갖추고 있어야 합니다. 그렇기 때문에 당신이 케이스 문제를 푸는 동안, 면접관은 당신이 다음과 같은 점을 갖췄는지 살펴볼 것입니다.

- 여유 있고, 자신감 있으며 성숙한 태도를 갖췄는지?
- 상대방의 말을 경청하는지?
- 커뮤니케이션이 명료한지?
- 호감이 가고, 열정이 있으며, 지적 호기심이 있는지?
- 사교성이 있고 발표 능력이 뛰어난지?
- 예리하고 통찰력 있는 질문을 던질 수 있는지?
- 무엇이 핵심인지 분별할 수 있는지?
- 정보를 효과적으로 정리하고 분석을 위한 논리적 틀을 세울 수 있는지?

- 가설을 명확하게 세우는지?
- 주어진 문제의 다양한 측면을 충분히 고려하는지?
- 숫자와 논리에 근거해 자신의 논지를 강화하는지?
- 상식과 비즈니스 감각을 두루 갖추고 있는지?
- 창의적으로 사고하는지?
- 유연하게 대처할 수 있는지?
- 공격적으로 반응하지 않으면서 자신을 잘 방어하는지?

케이스 문제 준비

케이스 문제는 준비와 연습을 통해 어렵지 않게 풀어낼 수 있습니다. 절대로 인터뷰와 시험을 동일선상에 두고 싶지 않습니다만, 준비를 하면 할수록 더 잘 해낼 수 있다는 점은 확실한 공통점입니다. 시험을 정말 철저하게 준비해서 교수님이 시험지 나눠주는 것을 기다리기조차 힘들고 당장이라도 시험지에 달려들고 싶었던 적이 있었을 것입니다. 케이스 문제도 마찬가지입니다. 면접관은 당신의 눈동자에 어린 '당장이라도 달려 들고 싶은' 기색을 보고 싶어 합니다. 이것이 바로 자신감이라 불리는 것입니다.

제가 가르쳤던 학생들 중 몇몇은 최종 합격 이후에도 제 사무실에 와서 케이스 문제를 던져 달라고 했습니다. 그들은 케이스 문제를 푸는 것 자체를 즐깁니다. 그들에게 케이스란 가로세로 낱말 퍼즐과 별반 다르지 않습니다. 그들은 지적인 도전을 즐기고, 매 도전에서 새로운 것을 배워갑니다.

3 : 케이스 문제

케이스 문제를 연습하기 위한 가장 좋은 방법은 당신만의 케이스 문제 노트를 만드는 것입니다. 기본적으로 케이스 문제의 흐름을 모두 재구성해보세요. 케이스 문제의 구조에 대해 생각해보고, 면접관이 물어볼 법한 모든 질문들의 답을 정리해 봐야 합니다.

인터뷰 평가 항목

모든 컨설팅 펌은 고유한 평가항목을 갖고 있습니다만, 본질적으로 그들이 평가하는 내용은 동일합니다. 대개 분석력 구조화, 숫자 감각, 데이터 활용력, 커뮤니케이션 눈 맞춤 및 시선 처리, 명료한 전달, 경청, 합리적 조사 질문, 메모 및 노트테이킹 그리고 태도 열정, 자신감, 팀워크, 확실한 주관, 지적 호기심 으로 나뉩니다.

한 가지 예를 들자면, 베인앤컴퍼니의 인터뷰 평가 항목은 세 가지 영역으로 구성되는데, Value Addition, Client/Team, Reality Check이며, 더불어 Summary 점수가 있습니다. 각 영역의 세부 카테고리에서 5점 척도로 평가를 진행합니다.

Value Addition

이 영역은 다섯 가지 세부 카테고리가 있습니다. 그것은 구조화된 문제 해결, 비즈니스적 판단, 계량화, 창의성 그리고 결과지향적 사고입니다. 이를 통틀어 종합적인 최종 점수가 나옵니다.

Client/Team

이 영역 또한 다섯 가지 세부 카테고리와 최종 점수로 구성됩니다. 세부 카테고리는 추진력 및 성취, 팀워크 능력, 커뮤니케이션, 전문가로서의 자세, 리더십입니다.

Reality Check

이 영역과 관련하여 면접관은 세 가지 질문을 묻습니다. "이 지원자는 정말 베인앤컴퍼니에서 근무하고 싶어 하는가?", "이 지원자와 함께 팀으로 일하고 싶은가? 앞서 언급한 공항 테스트", "이 지원자를 합격시키고 싶은가, 떨어뜨리고 싶은가?"

Summary

최종적으로, 종합 점수를 도출합니다.

Value Addition과 Client/Team 영역에서는 면접관이 '강점과 약점' 그리고 '다음 전형에서 더 관찰이 필요한 포인트'에 대해 의견을 기재합니다. 아마존이든 펩시든, BCG든 맥킨지든 어느 기업의 케이스 인터뷰를 보게 되더라도 평가 항목은 다음 네 가지입니다. '구조화', '자신감', '커뮤니케이션 능력' 그리고 '기대된 것 이상의 답을 하는 창의성'입니다.

케이스 문제의 유형

케이스 문제는 일반적으로 세 가지 주요 유형으로 나뉘는데, 시장 규모 추정 문제, 요인 분석 문제, 그리고 비즈니스 케이스 문제입니다. 당신이 마주하게 될 케이스 문제의 대부분은 일대일 비즈니스 케이스 문제입니다. 일반적으로 이런 비즈니스 케이스 문제들은 '면접자 주도 케이스' 문제이거나 '면접관 주도 케이스' 문제입니다. '면접자 주도 케이스' 문제는 굉장히 애매모호하고 광범위합니다. "여기 이런 문제가 있습니다. 어떻게 해야할까요?" 라는 식이지요. BCG나 베인앤컴퍼니, LEK, 딜로이트 그리고 PWC에서 흔히 사용하는 이런 케이스 문제를 풀 때는 구조를 아주 세심하게 짜야 합니다. 그리고 당신이 짜는 구조는 가설에 기반해야 합니다. 여기서 말하는 가설은 특정한 답을 미리 가정한다는 의미이며, 가설에 기반한 구조란 미리 가정한 답으로부터 케이스를 접근해 가는 것을 말합니다.

'면접관 주도 케이스' 문제는 이런 형태입니다. "여기 문제가 있습니다. 시장 규모가 어느 정도일지, 가격은 어떻게 정해야 할지, 손익분기점은 어떻게 될지, 그리고 이익은 얼마나 될지 말씀해 주시면 됩니다." 맥킨지와 액센츄어, 올리버와인만에서 주로 쓰는 이런 유형의 문제에서 면접관은 당신이 답을 찾아가기 위한 정보를 제공합니다. **면접관이 출제한 순서대로 답을 말할 필요는 없다는 사실을 명심하세요. 당신이 생각하기에 합리적인 순서로 대답하면 됩니다.** 지원자들이 자주 실수하는 것 중 하나가 바로 즉시 시장 규모를 추정하려고 하는 것입니다. 시장 규모를 계산하기 전에 먼저 구조를 짜세요. 때로는 면접관이 한 번에 질문을 하나씩 던져줄 때도 있습니다. 재미있든 당황스럽든, 케이스 문제 풀이는 모두 귀중한 학습 경험이라는 사실을 기억하세요.

시장 규모 추정 문제

시장 규모를 추정해보라는 것은 항상 출제되는 문제이며, 전형 단계에 무관하게 언제든 나올 수 있습니다. 단독으로 출제될 때도 있지만, 보통은 더 큰 케이스 문제의 일부로서 출제되는 편입니다. 시장 규모 추정 문제를 받으면, 일단 분류할 것을 권해드립니다. 이것은 '인구 단위 문제'인지, '가구 단위 문제'인지, '세계 단위 문제'인지, 아니면 기타로 분류할 것인지 정리하세요. 물론 문제의 종류에 상관없이 당신의 답은 논리와 가정에 근거해야 합니다.

물론 당신의 가정이 틀렸을 때도 있을 것입니다. 때로는 면접관이 바로 잡아줄 때도 있지만, 보통은 그냥 지켜볼 것입니다. 면접관은 당신의 가정이 딱 들어 맞는지 여부보다 당신의 논리와 생각의 흐름에 더 관심이 있습니다. 그래도 여전히 걱정 된다면, 이렇게 말하면 됩니다. "이 시장에 대해서는 많이 접해보지 못했습니다. 만약 제 가정이 틀렸다면 바로 잡아주시면 감사하겠습니다." 아마 90% 이상의 면접관들은 그에 대해 걱정하지 않아도 된다고 말해 줄 것입니다. 그러나 당신이 말하는 모든 것은 질문을 받게 될 여지가 있으므로, 어떤 가정을 세울 때는 항상 논리적 근거를 준비해야 합니다. 아무런 논리 없이 공허한 가정을 세우는 것은 면접관으로 하여금 당신의 가정과 신뢰성을 공격하게 만드는 것으로 이어집니다.

시장 규모 추정 문제를 받고 주어진 정보 중 이해하지 못하는 것이 있을 때는 질문을 해도 됩니다. 면접관이 이니셜을 읊으며 말을 이어간다거나 업계 전문 용어를 사용하는데 그것을 이해할 수 없다면 물어보세요. 문제를 명확하게 이해하기 위한 질문은 감점 요인이 아닙니다. 이런 것들은 당신이 설령 모든 정보를 이해한다고 하더라도 답하기 힘든 질문입니다.

시장 규모를 어떻게 추정할까?

우선 문제를 듣는 즉시 받아 적으세요. 그리고 문제의 유형을 분류하세요.

구조화 : 문제를 잘 들으세요. 질문을 이해하지 못하거나 잘 모르는 전문 용어가 있다면 확실하게 이해할 수 있도록 질문하세요. 먼저 어떤 흐름으로 질문에 답할지 구조를 짜고 답변 순서를 정리한 뒤, 수치들에 기반하여 그것들을 다시 한번 확인하세요. 이렇게 하면 문제를 처음부터 끝까지 두 번에 걸쳐 훑어보게 됩니다.

가정 : 가정이 틀리더라도 걱정할 필요 없습니다. 면접관은 당신이 생각하는 방식과 흐름에 더 관심이 있습니다. 만약 가정이 심하게 엇나가면, 면접관이 지적하겠지만, 보통은 그냥 지켜봅니다. 가정을 세울 때는 논리적 근거가 있어야 합니다. 여러 가정을 한 데 묶어서 활용해 보세요. 몇 가지 가정을 하나의 수치로 묶어도 됩니다. 가령, X, Y, Z를 합치면 20%가 된다는 것처럼요.

계산 : 숫자를 어림짐작하거나 반올림해서 계산을 훨씬 용이하게 만드세요. 그리고 모든 숫자는 종이에 적어두세요.

정답 : 최종 답을 낼 때 모든 숫자가 합리적인지 검토해보세요. 만약 그렇지 않다면, 솔직하게 이야기하고 더 합리적인 숫자를 찾아내세요. 정답을 찾기 위해 계산을 처음부터 새로 할 필요는 없습니다. 면접관이 보고 싶은 점은 당신이 처음 도출한 숫자가 합리적이지 않다는 것을 알아채는지 여부입니다.

반드시 체크해야 할 숫자와 정보

저 같은 경우는 시장 규모 추정 문제를 풀기 전에 이미 몇몇 주요 숫자와 정보를 머리 속에 넣고 있습니다. 완전히 무방비 상태로 문제를 받고 싶지 않을 뿐더러 아무런 논리적 근거가 없어서 계산하기 까다로운 숫자를 도출해내고 싶지 않거든요. 제가 자신감을 갖고 계산해낼 수 있도록 저와 친숙하고 쉬운 숫자들을 만들어 내고 싶습니다.

▶ 몇 가지 주요 가정 및 숫자가 있는데 반드시 외워 두시기 바랍니다.
- 미국의 인구는 3억 2천만입니다.
- 미국인 평균 수명은 80세입니다.
- 각 연령대별 인구는 고르게 분포되어 있습니다. 즉, 2세 인구와 72세 인구는 동일합니다. 우리 모두 이것이 현실과 다르다는 것은 알지만 시장 규모 추정 문제를 풀 때 이렇게 가정하는 것은 문제없습니다. 따라서 위 숫자를 고려할 때 각 연령별 인구는 400만 명입니다.
- 각 세대별 인구는 8,000만 명입니다.
- 미국에는 1억 가구가 존재합니다.

▶ 한국어 판을 보는 분들을 위해 다음과 같은 내용을 추가합니다.
- 한국의 인구는 5,200만 명입니다.
- 한국인 평균 수명은 82세입니다.
- 각 연령대별 인구는 고르게 분포해 있다고 가정하면 약 65만 명입니다.
- 각 세대별 인구는 1,300만 명입니다.
- 한국에는 약 1,700만 가구가 존재합니다.

당신이 어디서 인터뷰에 임하든 당신이 속한 나라와 지역에 대한 주요 정보는 알고 있어야 합니다. 또한, 당신의 친구를 샘플로 활용하지 마세요. 당신은 높은 확률로 명문대학교 출신일텐데, 당신의 친구들은 일반적인 사람들을 대변하기 어렵습니다.

인구 단위 문제

여기서 세대라는 것은 20세 단위의 인구층을 의미합니다. 총 4개 세대 0-20세, 21-40세, 41-60세, 61-80세로 나눌 수 있으며, 한 세대의 총 인구는 8,000만 명 정도가 됩니다. 10세 단위의 인구를 계산하기 위해서는 연령당 400만 명이라는 가정을 사용하세요. 결론적으로, 400만 명 x 10년의 계산에 따라 20대의 총인구는 4,000만 명이 될 것입니다. 가끔 남성과 여성으로 나눠서 접근해야 할 때가 있는데 그럴 때는 50 대 50으로 나누면 됩니다.

나이 범위	인구	커피 음용 인구
0-20	8,000만	2,000만
21-40	8,000만	6,000만
41-60	8,000만	6,000만
61-80	8,000만	6,000만
		20,000만

▶ **미국에서 통상적으로 하루에 몇 잔의 커피가 소비될까요?**
- 가정을 세우고 전체 인구를 세대별로 나누세요.
- 각 세대 내 커피 소비자의 인구를 따져보세요.
- 당신의 생각이 얼마나 논리 정연하게 정리되어 있는지 보여주기 위해 차트를

그려도 됩니다. 차트를 보면 면접관 입장에서도 당신이 생각하는 과정을 더 쉽게 이해할 수 있습니다.

- 커피를 소비하는 양에 따라 '적음', '중간', '많음'으로 분류하고 각 그룹의 일 평균 소비량커피 잔을 가정하세요.
- 최종적으로 도출된 숫자가 합리적인지 검토하세요. 만약 합리적이지 않다면, 면접관에게 숫자가 너무 커보인다고 솔직하게 말하고 보다 합리적인 새로운 숫자를 도출해보세요. 면접관들은 이미 당신이 생각하는 흐름을 알고 있으므로 처음부터 계산을 다시 할 필요는 없습니다. 그냥 당신의 여러 가지 가정 중 하나만 수정하면 되니까요.

가정 : 미국 인구 3억 2천만 명, 평균 수명 80세, 연령별 고른 인구 분포, 이것을 20년 단위로 나누어 세대별로 쪼개 보면, 세대별로 8,000만 명의 인구가 있습니다.

각 세대별로 적합한 숫자를 추론하고 차트를 채워보세요.

0-20세에 해당하는 세대에서는 대부분의 인구가 커피를 마시지 않기 때문에 2,000만 명이 커피를 마실 것이라 가정하겠습니다. 21-40세 그룹은 훨씬 많이 마실 것이라 생각합니다. 대학생과 회사원이 포함되어 있기 때문입니다. 이 그룹에서는 전체의 75% 즉 6,000만 명이 커피를 마실 것이라고 하겠습니다. 사실, 이 75%라는 숫자는 나머지 두 그룹에도 동일하게 적용될 수 있다고 생각합니다. 가장 큰 차이는 커피를 소비하는 잔 수일 것입니다.

다음으로 저는 각 세대별 커피 소비자를 다시 세 그룹으로 분류하겠습니다.

'적음' 그룹은 하루 한 잔, '중간' 그룹은 하루 두 잔, '많음' 그룹은 하루 네 잔으로 가정하겠습니다.

'적음' 그룹은 고등학생이거나 은퇴자들 또는 카페인을 과다 섭취하고 싶어하지 않는 사람들일 것입니다. 이들이 전체 커피 소비자의 1/4을 차지한다고 가정하겠습니다. 그러면 5,000만 잔의 커피가 소비될 것입니다.

'중간' 그룹은 전체 커피 소비자의 대부분, 즉 50%라고 가정하겠습니다. 즉, 1억 명이 하루 두 잔씩 소비하므로 2억 잔의 커피가 소비될 것입니다.

'많음' 그룹은 아마도 컨설턴트나 투자은행가처럼 장시간 근무하는 사람들이라고 생각합니다. 그들은 전체 커피 소비자의 25%, 즉 5,000만 명이며, 이들이 일 평균 네 잔씩 마시므로 하루에 총 2억 잔의 커피가 소비될 것입니다.

제가 가정한 여러 가지에 전부 동의하기 어려울 수도 있으나 제 논리를 잘 따라오셨다면 그것으로 충분합니다.

가구 단위 문제

미국의 1억 가구를 소득 수준에 따라 나눠야 할 때가 있습니다. 월스트리저널이 2016년 여름에 발간한 그래프에 따르면 대략적으로 미국 가구의 30%가 고소득 계층이며, 50%는 중소득 계층, 그리고 20%는 저소득 계층이라고 합니다.

▶ 미국에는 텔레비전이 모두 몇 대나 있을까요?

- 차트를 그리고 생각을 진전시키면서 채워가세요. 아래 차트를 참고하세요.
- 소득 수준에 따라 가구를 분류하세요.
- 소득 수준에 따른 가구의 수를 가정하세요.
- 소득 수준에 따라 TV를 몇 대 보유하고 있을지 가정하세요.
- 위 내용을 합산하세요.
- 합산된 결과에 가정에서 소유하고 있지 않은 TV의 추정치를 더하세요.

미국의 가구를 소득 수준에 따라 고소득, 중소득, 저소득 계층으로 나눠보겠습니다. 고소득 가구는 약 3,000만 가구로 전체 미국 가구의 30%를 차지하며, 이들은 평균적으로 한 가구 당 3대의 텔레비전을 보유하고 있다고 가정하겠습니다. 이로써 고소득 계층의 텔레비전은 총 9,000만 대입니다.

중소득 계층은 5,000만 가구, 즉 전체 미국 가구의 50%이며, 이들은 평균적으로 두 대의 텔레비전을 보유하고 있다고 가정하겠습니다. 그러면 중소득 계층의 텔레비전은 총 1억대 입니다. 고소득, 중소득 계층을 제하고 남는 저소득 계층은 2,000만 가구입니다. 저소득 계층은 텔레비전을 평균적으로 가구당 1대 보유하고 있다고 가정하면, 저소득 계층의 텔레비전은 총 2,000만 대입니다.

소득	가구의 수	TV 보유대수	총합
고소득	3,000만	3	9,000만
중소득	5,000만	2	1억
저소득	2,000만	1	2,000만

위 추정치를 합치면 총 2억 1천만 대가 됩니다. 이것이 합리적이라고 할 수 있는지 검토해보세요. 만약 그렇지 않다면, 계산 과정을 고치는 것이 아니고 답

자체를 수정해야 합니다. 계산 과정 자체는 합리적으로 보이기 때문에, 저는 가정에 있는 텔레비전 이외의 텔레비전 2,000만 대를 추가하겠습니다. 이 2,000만 대는 학교, 공항, 호텔, 병원, 양로원, 레스토랑, 술집 등에 있는 것들입니다. 결과적으로 미국에는 2억 3천만 대의 텔레비전이 존재한다고 할 수 있습니다.

제가 가정에서 소유하고 있지 않은 텔레비전이 2,000만 대라는 숫자는 어떻게 나온 것일까요? 그냥 만들어 낸 것입니다. 그러나 그 숫자를 만들어 낼 수 있는 장소를 언급함으로써 정당화했지요. 그리고 텔러비전의 수는 더 많을 수도 있으나 요즘 많은 사람들은 컴퓨터나 태블릿, 심지어는 스마트폰으로 TV를 본다는 점을 덧붙일 수도 있습니다.

▶ **지난해 미국에서 정원용 호스는 몇 개가 판매되었을까요?**
- 미국 전체 인구를 정하고 가구 단위로 나누세요.
- 교외 지역과 시골 지역의 가구 수를 각각 추정하세요.
- 그 중 정원이 있고 정원 호스가 필요한 가구의 수를 계산하세요.
- 정원 호스를 사용하는 사업체의 수를 더하세요.
- 정원 호스의 수명을 고려하세요.

가정 : 미국 인구 3억 2천만, 가구 당 3.2명, 즉 1억 가구

미국 전체 가구의 50%가 교외 또는 시골 지역에 살고 있다고 가정하면, 5,000만 가구가 됩니다. 이 중 20%는 아파트나 공동 주택에 살고 있다고 생각하면, 정원 호스를 사용하는 가구의 수는 4,000만 가구 수준으로 줄어듭니다. 정원 호스는 비교적 비싸지 않은 편이므로, 사람들이 통상 앞마당 호스와 뒷마당 호스를 각기 구비해 둘 확률이 높습니다. 그러면 호스는 모두 8,000만 개가

됩니다. 이 숫자에 보육 시설, 동물원 및 기타 야외 활동 시설에서 쓰이는 호스 약 1,000만 개를 더하겠습니다. 이런 곳에서는 보통 최소 두 개 이상의 호스를 갖추고 있을 것입니다.

결과적으로 정원 호스의 합계는 9,000만 개입니다. 호스는 매년 교체하는 제품이 아닙니다. 따라서 개가 물어 뜯지 않는 한 3년에 한 번 교체한다고 가정하겠습니다. 그러므로 9,000만 개의 호스를 3으로 나누면 매년 3,000만 개의 호스가 판매된다고 볼 수 있습니다.

세계 단위 문제

세계 시장 규모를 측정해야 하는 문제를 풀 때는 전세계 인구 80억 명으로부터 시작해서 국가 단위로 좁혀들어가는 방식을 택하지 마세요. 대신, 국가 하나를 선택하고 가정한 뒤 확장하여 추론하세요.

▶ **이번 해 전세계적으로 스마트워치, 운동량 측정기구 등과 같은 웨어러블 기기는 모두 몇 대가 판매될까요? 국가 하나를 선택하세요.** 미국을 선택해보겠습니다.
- 선택한 국가에서 웨어러블 기기 판매대수를 구하고, 그것을 바탕으로 확대 추론하세요.
- 미국 시장에서 전체 웨어러블 기기 판매의 약 10%가 일어난다고 생각해보겠습니다.
- 미국의 인구는 3억 2천만 명입니다. 각 연령별 인구는 고르게 분포되어 있다고 가정하세요.
- 세대별로 구매한 기기 대수를 구해보세요.
- 면접관에게 각 세대별 구매에 대해 당신이 생각한 내용을 설명하세요.

나이 범위	인구	판매대수
0-20	8,000만	200만
21-40	8,000만	1,500만
41-60	8,000만	1,000만
61-80	8,000만	800만
총합	3억2천만	3,500만

만약 미국 시장에서 웨어러블 기기가 3,500만 개가 팔렸고, 이것이 전세계 판매대수의 10%라면, 전세계적으로 판매된 웨어러블 기기의 수는 2억 5천만대입니다.

기타 문제

규모 추정 관련하여, 창의적인 접근을 필요로 하는 문제도 종종 나옵니다. 이런 유형의 문제를 통해 당신의 수리 능력을 평가할 뿐만 아니라 터무니없는 문제에 대한 대처 능력을 평가합니다. 제가 드릴 수 있는 최상의 조언은 유연하게 대처하며, 최선을 다하되, 즐겁게 대처하라는 것입니다. 면접관들은 문제 푸는 것을 즐기는 사람을 좋아합니다. 그러니, 유머 감각을 잃지 말고 문제를 논리적으로 접근해보세요. 가령 이런 문제들입니다. "피사의 사탑을 가득 채우려면 몇 개의 젤리 도넛이 필요할까요?", "달까지 닿기 위해서는 몇 조각의 피자가 필요할까요?", "보잉747 비행기는 무게가 얼마나 나갈까요?" 사실 당신이 컨설팅 펌 인터뷰에서 이런 질문을 받았다고 한다면, 저는 꽤 놀랄 것 같습니다. 이런 질문들은 케이스 문제를 출제하는 기술과 실제 경험이 부족한 회사에서 종종 출제되는 편입니다. 학교에서 수 년을 보내며 꿈꿨던 일이 이런 질문으로 다가온다는 것은 조금 끔찍한 일이죠.

요인 분석 문제

요인 분석 문제는 보통 이런 말을 포함합니다. "어떤 요인이 영향을 미칠까요?" 혹은 "어떤 요인을 고려하시겠습니까?" 요인 분석 문제는 점점 더 많이 쓰이고 있는데, 특히 존슨앤존슨, 코치, 타코 벨 그리고 아마존처럼 컨설팅 펌이 아닌 회사에서 재무나 마케팅 또는 서플라이 체인 담당자를 채용할 때 사용합니다.

요인 분석 문제는 면접관이 당신의 케이스 문제 풀이 전체를 들어볼 충분한 시간이 없어서 대강의 접근 방식을 알고 싶을 때 주로 사용됩니다. 또한, 1차 전형 인터뷰에서 별도의 보충 설명 없이 단독적으로 출제되는 시장 규모 추정 문제에서 갑자기 튀어 나올 때도 있습니다. 온전한 케이스 문제가 40분 가량 소요되는데 비해, 요인 분석 문제는 5분에서 10분 정도 소요됩니다.

면접관은 당신이 어떤 요인들을 고려하는지 뿐만 아니라 요인들을 고려하고 제시하는 순서 또한 중요하게 생각합니다. 머리 속에 떠오르는대로 이야기하겠습니까 아니면 한번 머리 속으로 우선순위를 정리하여 대답하겠습니까? 우선 일 분 정도 생각할 시간이 필요하다고 말해보세요.

요인 분석 문제는 조금 더 대화 형태에 가깝지만, 컨설팅 펌은 여전히 4대 주요 역량 구조화, 자신감, 커뮤니케이션 능력 그리고 창의성 을 봅니다.

몇몇 질문은 최종적인 제안을 제시해야 할 때가 있습니다. 이럴 경우, 최종 제안을 먼저 말하고 그에 따른 위험 요인과 후속 단계를 언급하세요.

3 : 케이스 문제

▶ **다음은 예시입니다.**

존슨앤존슨 : 신약의 잠재적 매출에 영향을 끼치는 요인은 무엇이 있을까요?

타코 벨 : 마케팅 부서에서는 프렌치 프라이를 메뉴에 추가해야 한다고 말하고 있습니다. 이때 고려해야 할 사항은 무엇입니까?

아마존 : 중서부 지역에 새로운 물류 창고를 세울 계획입니다. 당신이라면 어디에 세울 것이고, 그 이유는 무엇입니까?

존슨앤존슨 출제 문제를 살펴봅시다

면접관 : 신약의 잠재적 매출에 영향을 끼치는 요인은 무엇이 있을까요?

지원자 : 저는 가격과 용량, 두 가지 주요 요인을 먼저 살펴보고 싶습니다. 가격과 관련하여, 우선 회사의 목표와 경쟁사 분석, 원가 기반 가격 설정 그리고 가격 기반 원가 계산을 살펴볼 필요가 있습니다. R&D 비용과 FDA 시험 검사 비용을 알아야 하고, 공장 시스템 재편과 관련한 초기 비용 및 원료 수급 비용도 알고 싶습니다. 또한 정부 규제에 대해서도 확인해 봐야 할 것입니다.

이것이 일반 의약품인지 처방전이 필요한 전문 의약품인지도 확인해봐야 합니다. 일반 의약품이라면 패키징, 마케팅 그리고 유통 관련한 비용이 들 것입니다. 따라서 고용량 저가격 정책을 생각해보겠습니다. 만약 전문 의약품이라면, 저용량 고가격 정책을 생각해 봐야 할 것입니다. 아울러 이 약품은 건강 보험이 적용되는지도 봐야합니다. 그리고 전문 의약품이라 할 지라도 고객사는 의사를 방문하는 세일즈 팀으로 인한 마케팅과 유통 비용이 발생할 것입니다.

용량에 대해서는 시장이 성장하고 있는지 감소하고 있는지 봐야 합니다. 경쟁사가 어디인지와 그들의 시장 점유율, 그리고 그들의 제품이 우리 제품과 어떻게 차별화되는지도 살펴봐야 합니다. 그리고 질병의 심각성과 투약 기간, 복용량 그리고 일일 복용 횟수 또한 확인해보고 싶습니다. 우리가 이야기하고 있는 제품이 감기약인가요, 아니면 몇 년 동안 복용해야 하는 스타틴 혈관 내 콜레스테롤 억제제 인가요? 그 외 고려해야 할 사항들은 제품의 효능과 부작용, 브랜드 충성도이며, 대중적인 인지도가 있는지 및 업계에서 인정받는지 또한 고려해야 합니다.

면접관 : 좋습니다.

가장 이상적인 답변은 위와 같을 것입니다만, 당신이 이 중에 절반만큼이라도 답한다면 면접관은 충분히 깊은 인상을 받을 것입니다.

그룹 필기 시험 기반 인터뷰

지난 몇 년 동안, 점점 더 많은 컨설팅 펌이 필기 시험 기반 인터뷰에 눈을 돌리고 있습니다. 특히 2차, 3차 전형에서요. 모니터 그룹은 필기 시험 인터뷰를 처음으로 실시한 곳이었습니다. 그 이후, 필기 시험 과정에 몇몇 변주가 있어 왔습니다. 인터뷰는 다음과 같은 형태로 진행됩니다.

시나리오 1 : 당신이 면접장에 도착하면 보통 차트 2장과 텍스트 3장으로 구성된 필기 시험지를 받습니다. 20-30분 정도 읽고 메모할 시간이 있습니다. 당신의 차례가 되면, 컨설턴트가 방으로 들어오고 당신은 경영대학원 수업에서처럼 케이스에 대해 발표를 하면 됩니다. 발표 이후 토론이 이어지는 경우도 드물지 않습니다. 이 경우에도 구두 케이스 인터뷰에서 다루는 부분들을 동일하게 다룹니다.

시나리오 2 : 면접관이 당신에게 3장 정도 길이의 케이스 시험지를 전달합니다. 30분 동안 읽고, 메모를 한 뒤 3장짜리 슬라이드를 그려야 합니다. 슬라이드 1장은 차트여야 합니다. 계산기나 컴퓨터는 주어지지 않으며, 이는 즉, 파워포인트, 차트 위저드 같은 프로그램을 사용할 수 없으며, 오로지 3장의 백지 뿐이라는 뜻입니다. 주어진 시간 종료 후, 컨설턴트가 방에 들어오면 당신은 마치 클라이언트에게 보고하듯이 케이스를 발표하시면 됩니다.

시나리오 3-1 : 회의실에 대기하고 있으면, 컨설턴트가 들어와서 25장짜리 보고서를 줄 것입니다. 25장을 7장으로 간추리고, 당신이 제안하는 해결책과 그에 따르는 위험 요인 및 후속 단계를 설명하는 한 장짜리 슬라이드를 작성하면 됩니다.

시나리오 3-2 : 회의실에 대기하고 있으면, 컨설턴트가 들어와서 보고서 한 묶음과 질문을 줄 것입니다. 보고서를 분석하여 두 장의 슬라이드를 수기로 작성하면 되는데, 한 장은 당신의 제안을 적으면 되고, 다른 한 장은 당신이 제안하는 바를 튼튼하게 만들 수 있는 근거와 자료를 적으면 됩니다.

단체로 보는 그룹 케이스 면접 또한 갈수록 빈번해지고 있습니다.

시나리오 4 : 동일한 포지션에 지원한 지원자 세 명과 함께 책상 앞에 앉아 있으면, 면접관이 들어와 케이스 문제를 줍니다. 어떻게 해야 할까요? 면접관이 가장 관심을 기울이는 부분은 당신이 동료들과 어떻게 상호 작용하는지입니다. 책상 밑으로 경쟁자의 발을 차지는 않는지, 경쟁자의 말을 가로채며 끼어들지는 않는지, 당신이 생각하는 바만 관철하려고 하는지 지켜 봅니다. 만약 당신이 실제로 이런 사람이라면, 부끄러운 일입니다. 면접관은 당신이 타인과 잘 협력하는 모습을 확인하고자 합니다. 당신은 팀의 일원으로서 일하게 될 것입니다. 다른 지원자들이 비록 경쟁 상대라 할 지라도 이번 한 번만큼은 당신의 팀원이며 따라서 예의를 갖춰 그들을 대해야 합니다. 다른 지원자들을 당신이 학교에서 문제를 풀 때 학교 친구들을 대하듯 대하세요. 물론 압도당해선 안 되며, 당신의 요점은 확실하게 전달해야 합니다. 다른 지원자들이 이야기한 것을 긍정적이고 정중한 방식으로 발전시키세요. 만약 그들이 틀렸다고 생각된다면, 다른 관점을 살펴볼 수 있도록 설득하세요. 절대 그들을 당황시키거나 무안하게 만들지 마세요. 그런 행동은 당신의 커뮤니케이션 능력, 타인에 대한 예의, 공감 능력, 팀워크 모두가 부족해 보이게 만듭니다.

시나리오 5 : 다른 지원자 세 명이 대기하고 있는 회의실로 안내됩니다. 다른

3 : 케이스 문제

지원자들과 그룹으로서 케이스 문제를 받고 60분 동안 프레젠테이션을 디자인해야 합니다. 컴퓨터가 한 대 있는데, 파워포인트가 유일하게 사용할 수 있는 프로그램입니다. 면접관은 방의 구석에 앉아서 지원자들이 어떻게 협력하는지 관찰합니다. 누가 리더 역할을 어떻게 맡게 되는지, 이 과정이 자연스럽게 일어나는지 아니면 누군가 강압적으로 리더가 되는지, 계산은 누가 담당하고 발표 자료는 누가 만드는지 유심히 지켜봅니다. 지원자들이 토론을 하는지 설전을 벌이는지 아니면 주먹다짐이 오가게 될 것인지도 살펴봅니다. 당신의 팀이 준비를 마쳤다면, 컨설턴트 두 명이 더 들어와 팀의 발표를 지켜볼 것입니다. 프레젠테이션의 유일한 규칙은 각자 5분씩 발표해야 한다는 점입니다.

이를 통해 팀 전원 또는 한 두 명이 다음 전형으로 진출하게 될 것입니다. 케이스 문제 풀이를 발표할 동안은 팀으로 행동하지만, 당신은 개별적으로 평가받습니다.

이런 상황에서 어떻게 리더가 될 수 있을까요? 가장 효과적인 방법은 업무를 배분하는 것입니다. "누가 재무를 잘 하시오?" 또는 "파워포인트 잘 다루시는 분 계세요?"라고 말해보세요. 강점에 따라 업무를 배분하세요. 발표 시작 담당, 발표 마무리 담당 그리고 시간 체크 담당까지 모두 역할로 나누어 할당하세요. 이런 전략의 단점은 당신은 뭐가 되었든 남는 역할을 맡아야 한다는 것인데, 이 시점에서 이미 당신은 면접관에게 큰 인상을 남긴다는 것을 기억하세요. 또한, 의사 결정 방식을 사전에 정해두도록 하세요. 만장일치로 결정할 것인지, 다수결로 결정할 것인지요.

시나리오 6 : 사전에 프레젠테이션을 준비한 후 발표하는 유형입니다. 인터뷰

전 날 면접관으로부터 전화가 옵니다. "모두 당신을 마음에 들어 했어요. 마지막 전형을 진행하고 싶습니다. 내일 4시에 오실 수 있나요?" "네, 물론입니다." "좋아요. 오늘 4시에 케이스 문제가 포함된 이메일을 드릴 거에요. 24시간 동안 리서치 하시면서 케이스를 풀어 오시면 됩니다. 시니어 컨설턴트들을 대상으로 15분 동안 프레젠테이션을 진행하시면 돼요." 두뇌를 불태울 준비를 하세요. 이런 유형은 케이스 공모전이나 마찬가지입니다. 당신의 파워포인트 실력을 보는 것입니다. 그리고 당신의 발표를 방어하는 데 많은 시간을 쓰세요. 성공적인 프레젠테이션 작성을 위해 구체적인 정보는 "Case in Point: Case Competitions"를 참고하세요.

지필 검사 및 비디오 게임 검사

지필검사 : 맥킨지는 최근 들어 몇몇 지원자들에게 지필 검사를 보도록 합니다. 이에 대해 맥킨지의 고위 채용 담당자는 다음과 같이 설명합니다. "이 테스트는 지필 검사 유형으로 문제 풀이 능력을 보는 것입니다. 아마 사람들은 직접적인 계산 문제가 별로 없다는 점에 놀랄 것입니다. 이것은 GRE의 수리 영역과는 다릅니다."

"대부분은 당신이 활용할 수 있는 정보를 바탕으로 개인적 의견이나 제안을 내놓는 형태입니다." 채용 담당자는 또 덧붙였습니다. "이 테스트는 케이스 인터뷰와 유사하게 느껴지겠지만, 다른 점이 있다면 객관식 보기가 있다는 점이지요."

지난해 맥킨지의 지필 검사인 Problem Solving Test McK PST 는 도합 26문제였고, 지원자들은 이를 1시간 안에 풀어내야 했습니다. 지원자에게는 각 문제마다 해당 사업, 상황, 문제점에 대한 정보가 조금씩 제공되었습니다. 지원자들은 계산기나 연습장을 갖고 갈 수 없습니다. 시험 문제는 맥킨지가 자체적으로 개발하고, 응용심리학기술센터 Applied Psychological Techniques Inc. 의 승인을 받은 것입니다. "다 끝난 이야기지만, 재미있었어요." 경영대학원이 아닌 일반대학원에 재학 중인 한 하버드 학생은 이렇게 말했습니다. "비율, 백분율, 간단한 수학 공식을 이용하는 문제들이었는데, 크게 어렵지는 않았어요. 또 정보를 설명하는 차트가 몇 가지 있었는데, 제 생각에는 그냥 기본적인 수준이었어요."

맥킨지의 한 채용담당자는 이렇게 말했다. "백분율 계산, 간단한 방정식, 그리고 데이터 간 상관관계를 파악하는데 능해야 합니다만, 그렇다고 아주 어려운 문제가 나오는 것은 아닙니다."

일부 해외 지사에서는 수학 시험을 따로 보기도 하는데, 한 학생의 말에 따르면 이는 GRE보다는 GMAT에 가깝다고 합니다. 30분 동안 총 18 문제를 풀어내면 되는데, 한 하버드 대학원생은 이렇게 회고했습니다. "확률 문제로 시작되는데 뒤로 갈수록 어려워졌어요."

채용 담당자는 이렇게 설명했습니다. "채점 결과는 면접관이 지원자에 대해 우려되는 점이나 반대 의견이 있을 때 참고 자료로 사용됩니다. 시험을 잘 보는 비법이 있는 것도 아니고, 커트라인 점수가 있는 것도 아닙니다. 직접 얼굴을 보고 이루어지는 인터뷰에서 잘 하는 것이 훨씬 더 중요합니다."

BCG 또한 온라인 테스트 또는 지필 고사를 진행합니다. 미국과 대부분의 유럽 국가에서는 이 테스트를 온라인으로 진행하는데, 23문제를 45분 동안 풀어야 합니다. 시험에 응시했던 학생들은 시간이 관건인데, 온라인 상에서 페이지를 앞뒤로 왔다 갔다 하는 것은 시간이 소요되는 일일 뿐만 아니라 어떨 땐 혼란스럽기까지 하다고 말했습니다. 테스트에 나오는 케이스는 단 하나의 회사를 다루기 때문에 문제를 풀다 보면 종종 정보를 다시 보기 위해 앞으로 돌아가야 할 때가 있습니다. 크게 세 가지 영역으로 나뉘는데, 수리와 어휘 약 40%, 논리와 데이터 분석 약 35%, 그리고 독해 약 25% 로 구성되며 케이스 인터뷰를 볼 때처럼 계산기는 사용할 수 없습니다. 어느 MBA 출신자는 이 테스트는 얼마나 빠르고 정확하게 계산해낼 수 있는지를 평가하는 것, 다시 말해 시간적 압박을 어떻게 이겨내는지 평가하는 것이라고 말했습니다. BCG는 또한 반응 속도와 사고 과정 그리고 기억력도 평가합니다. 정답을 맞추면 3점, 답을 하지 않으면 0점이지만 오답에 대해서는 1점이 차감됩니다. 따라서, 시간이 부족하다고 해서 아무 답이나 찍어서는 안 됩니다.

비디오 게임 : 최근 몇 년간 맥킨지는 학생들을 대상으로 비디오 게임 테스트를 실시해왔습니다. 맥킨지는 임벨루스 Imbellus 라는 회사와 함께 잠재적 직원의 의사 결정 능력, 적응력 그리고 비판적 사고 능력을 평가할 수 있는 게임 기반의 테스트를 개발하고 있으며, 지원자의 생각을 정량화하여 표현하는 것이 목표입니다. 이 테스트에서는 평가하고자 하는 것은 얼마나 빠르게 정보와 데이터를 종합할 수 있고, 그것이 문제에 전반적으로 어떻게 적용되는지 이해하고 있는가이며, 그중 일부는 앞서 사고하여 성공으로 이끌기 위한 전략을 수립하는 기술입니다.

비디오 게임은 생태학적인 환경으로 구성되어 있습니다. 당신은 게임을 섬에서 시작하는데, 위기에 처한 자연 환경을 묘사하는 각기 다른 시나리오들을 부여 받습니다. 섬의 한 쪽에서는 곧 임박한 자연재해로부터 토착종을 구해야 하고, 또 다른 곳에서는 일정한 유독성 수준을 견뎌낼 수 있는 산호초 생태계를 만들어 내야 합니다.

예시를 들자면 다음과 같습니다. 당신은 각기 다른 수생 생물의 종들에 대한 데이터와 영양소, 수온, 일조량, 그리고 그들이 공생하거나 잡아 먹거나 또는 잡아 먹힐 수 있는 다른 식물과 동물 등의 생존 조건에 대해 안내 받습니다. 당신은 자생하는 생태계를 만들 수 있는 종들을 선택해야 합니다.

지원자들이 게임의 결과를 임의로 조작하는 것을 예방하고자, 게임은 지원자마다 매번 다른 방식으로 진행됩니다. 각 시나리오는 같은 난이도를 유지하면서 수만가지의 변수가 있습니다. 미리 준비할 수 있는 방법은 없으며, 즉흥적으로 대응해야 합니다. 비디오 게임을 하는 것처럼 느껴지고, 심지어는 이것이 테스트라는 사실을 잊을 수도 있습니다. 이 게임에 참여했던 한 학생은 가장 어려웠던 점으로 수많은 데이터가 주어지는 가운데 시나리오를 진행시키기 위해서 필수적으로 사용해야 하는 것이 무엇인지 고르는 것이었다고 말했습니다.

▶ 도표와 그래프 해석하기

케이스 인터뷰에 있어 가장 큰 변화는 그래프 사용이 계속 증가하고 있다는 점입니다. 케이스 문제의 시작부터 차트가 주어질 때도 있고, 때로는 케이스 문제의 중간 즈음에 차트가 주어질 때도 있는데 이럴 경우에는 케이스 문제의 흐름을 모두 뒤바꿔버릴 수도 있습니다. 의미 있는 인사이트를 찾아가는 과정에서 이런 차트를 빠르게 분석하고 중요한 정보들만 추출해낸 뒤 당신의 답변에 적용해야 합니다. 충분히 당황스러울 수 있습니다. 컨설팅 프로젝트와 케이스 인터뷰에서는 11가지 종류의 그래프가 쓰이는데, 이것들 모두에 익숙해져야 합니다.

많은 학생들은 면접관에게 그래프를 있는 그대로 설명하는 실수를 범합니다. 이런 방식이 당신이 그래프를 올바르게 이해하고 있다는 사실을 보여주는 데 도움이 되는 것이 사실이지만, 무엇보다 정보를 분석해내는 것이 가장 중요합니다. 만약 3년 동안의 매출을 보여주는 차트가 있다면, 1억 5,000만 달러에서 1억 8,000만 달러로, 3,000만 달러가 증가했다고 말하는 것으로는 충분하지 않습니다. 관련 있는 숫자들의 관계를 백분율로 정량화해야 한다는 것을 기억하세요. 다시 말해, 20%가 증가했다고 말해야 합니다. 컨설턴트는 '관점'을 갖고 문제를 바라보고 싶어합니다. 가령, "이익은 12% 증가하는 동안, 어떻게 매출은 20%나 증가했을까?"처럼요.

만약 여러 개의 차트를 받게 된다면, 각각의 연결 고리를 만들어 내야 합니다. 각 차트가 다른 차트들을 기반으로 만들어졌나요? 아니면 차트들이 당신의 가정과 모순되나요?

그래프 분석력을 기르기 위해서는 월스트리트저널이나 이코노미스트에 나온 도표와 차트를 잘 보고 결론을 도출하는 것을 연습하세요. 그런 다음 해당 기사를 읽으면서 당신의 생각과 기사의 논지를 비교해 보세요.

그래프 분석 기술을 연마하고 싶다면, Case in Point: Graph Analysis for Consulting and Case Interviewing을 참고하세요.

슬라이드와 그래프 만들기

장애물이 하나 더 있습니다. 바로 슬라이드와 그래프를 만드는 것입니다. 채용 담당자는 당신에게 몇 장의 데이터를 주고 종이 위에 도표와 그래프 1장을 반드시 포함한 3-4장 정도의 파워포인트 슬라이드를 작성하라고 할 수 있습니다. 그 후 마치 클라이언트에게 프레젠테이션을 할 때처럼 슬라이드를 발표해야 합니다.

▶ 인터뷰 중 침묵

제가 가장 많이 받는 질문 중 하나가 바로 침묵에 대한 것입니다. 인터뷰 중에 아무 말도 하지 않고 가만히 있어도 괜찮냐는 것입니다. 이에 대한 대답은 "괜찮을 때도 있고 괜찮지 않을 때도 있다."입니다. 계산을 하거나 생각을 정리해 종이에 적거나 그래프 또는 의사 결정 도표를 그릴 때는 괜찮습니다. 그러나, 창문을 바라보거나 고객 숙여 신발 끝을 바라보면서 침묵하는 것은 괜찮지 않습니다. 특히 인터뷰 초반에 그러는 것은 더더욱 괜찮지 않습니다. 면접관이 케이스 문제를 출제했을 때 가만히 앉아서 생각만 한다면, 그것으로 끝입니다. 마치 물속에서 가만히 빠져 죽기를 기다리는 것과 다르지 않습니다.

문제를 풀다가 막혔을 때

케이스 문제를 풀면서 난관에 부딪혔을 때 면접관이 도움이 될 만한 질문을 던지지 않는다면? 이럴 때 해야 하는 몇 가지가 있습니다. 첫째, 당신이 말한 내용을 잠깐 돌아보세요. 아마도 너무나 세세한 점까지 파고 들어서 이도 저도 못하는 상황이 되었거나 아니면 옆길로 새면서 핵심을 놓쳤거나 둘 중 하나일 것입니다. 당신이 말한 내용을 되짚어 보다 보면 본론으로 돌아올 수 있습니다. 대부분의 경우 거시적인 관점에서 케이스 문제를 접근해야 한다는 점을 기억하세요. 많은 경우, 했던 말을 되짚다 보면 어디서 옆길로 샜는지 알아차릴 수 있습니다.

둘째, 면접관이 준 정보를 처음으로 돌아가서 다시 살펴보는 것입니다. 처음에는 상관없어 보이던 정보들이 케이스 문제를 풀어가면서 관련이 있다는 점을 발견하는 경우가 종종 있습니다. 셋째, 혹시 지금 놓치고 있는 중요한 무언가가 있는지 머리속으로 5C Client, Company, Cost, Channels, Competition 를 훑어보세요. 마지막으로, 그래도 여전히 난관을 벗어나지 못한다면, 도움을 요청하세요. 도움을 요청하는 것은 전혀 부끄러운 일이 아닙니다. 다른 사람들과 프로젝트를 진행할 때도 난관에 봉착하면 혼자 끙끙 대며 시간을 낭비하기보다 다른 사람에게 도움을 청해야 합니다. 단, 도움은 딱 한 번만 청하도록 하세요.

3 : 케이스 문제

숫자가 어렵다면?

세상엔 수학이라는 것이 있지요. 그리고 세상에는 세 종류의 사람이 있습니다. 수학을 잘 하는 사람과 수학을 잘 못하는 사람이요!(?) 잠깐만, 세 종류라며!?

수학 문제는 많이 나올 수도 있고 적게 나올 수도 있는데, 당신이 기존에 별로 접해 보지 못한 유형일 것입니다. 케이스 인터뷰에서 접하게 될 가장 흔한 수학 문제는 백분율, ROI, 손익분기점, 가중평균, 순현재가치, 그리고 0이 굉장히 많이 달린 곱셈과 나눗셈입니다. 가장 중요한 점은 계산기를 사용할 수 없다는 것이지요. 계산기를 사용하지 못하게 하는 두 가지 이유는 첫째로 당신이 어떻게 생각하는지 보고자 함이고, 둘째로는 당신이 정말 생각을 하는 것인지 확인하려는 의도입니다.

어떻게 생각하는가 : 많은 학생들이 각자의 방식으로 수학 문제를 풉니다. 당신은 과학적 표기법 어떤 양을 소수 부분과 10의 거듭제곱으로 표기하는 방식 을 사용합니까? 당신은 모든 것을 분수로 표현합니까? 면접관은 당신이 어떻게 문제를 풀어가는지 알고 싶을 뿐더러, 더 빠르게 계산할 수 있는 길을 택할지 궁금해 합니다. 예를 들자면 이렇습니다. "유럽의 애견 산업은 지난 해 300억 유로 규모였으며, 향후 5년간 매년 5%씩 성장할 것으로 예상됩니다. 지금으로부터 5년 뒤의 시장 규모는 어떻게 될까요?" 제가 실제로 이런 문제를 출제했을 때, 학생들은 300억 유로의 5%를 구한 뒤 그것을 300억 유로에 더하고, 다시 5%를 구하고 다시 더하는 것을 4번 반복합니다. 같은 계산을 세네번 반복하는 것을 보고 싶어하는 사람은 아무도 없을 것입니다. 대신 이렇게 말하세요. "만약 시장이 향후 5년간 매년 5%씩 성장한다면, 그것은 기본적으로 25%입니다. 그러나, 복리를 고려한다면 25%보다는 더 될 것이고 30%보다는 적을

것입니다. 제 추정치는 약 28% 정도입니다. 따라서 저는 300에 1.28을 곱해서 최종적으로 384억 유로로 추정하겠습니다."

정말 생각하는가 : 응용수학 학부졸업생이든 초끈이론 박사 학위를 갖고 있든, 대부분의 학생들은 0이 많으면 어려움을 겪습니다. 만약 두 숫자를 곱했을 때 정답이 3억 2천만인데 당신이 32억이라고 답한다면 얼토당토 않을 것이고, 면접관을 눈살을 찌푸릴 것입니다. 왜냐하면 당신이 답을 하기 전에 전혀 생각을 하지 않았다는 사실을 명백히 보여주니까요. 그리고 인터뷰처럼 중요한 순간에 생각 없이 말을 한다면, 클라이언트 앞에서는 어떻겠습니까? 이런 사람은 신뢰할 수 없고, 신뢰할 수 없는 사람이면 채용하지 않을 것입니다. 따라서 가장 상식적인 방법으로 항상 계산을 할 때는 자문하세요. "이 숫자가 과연 합리적인가?" 만약 합리적이라면, 그대로 말하면 됩니다. 대신 아니라면, 돌아가서 다시 계산하세요. 어차피 면접관이 다시 계산하라고 할 테니까요. 한 번 답을 말하면 그걸로 끝입니다. 아래 표를 확실히 익히세요.

	10	100	1,000	10,000	100,000
10	100	1,000	10,000	100,000	1,000,000
100	1,000	10,000	100,000	1,000,000	10,000,000
1,000	10,000	100,000	1,000,000	10,000,000	100,000,000
10,000	100,000	1,000,000	10,000,000	100,000,000	1,000,000,000
100,000	1,000,000	10,000,000	100,000,000	1,000,000,000	10,000,000,000

혼자 푸는 수학 문제와 다른 사람들 앞에서 푸는 수학 문제는 엄연히 차이가 있습니다. 혼자 풀 때는 집에서 계산기를 이용할 수 있으니, 모든 것이 문제 없습니다. 그러나 다른 사람들 앞에서 푸는 수학 문제는 계산기도 없고 면접관

이 바로 앞에서 당신이 쓰는 숫자 하나하나를 지켜보고 있습니다. 이것은 실로 겁나는 과정이지요. 습관처럼 당신이 뭘 하려는지 생각의 흐름을 면접관에게 일일이 설명해 주고 싶을 수 있습니다. 그렇게 하면 됩니다. 그러면 당신이 실수를 했을 때, 면접관이 즉시 바로 잡아줄 것입니다. 만약 당신이 혼자서 모든 계산을 마치고 "정답은 6억입니다." 라고 말했을 때 면접관이 "틀렸어요." 라고 대답한다면, 당신은 어디서 실수를 했는지 알기 어렵습니다. 계산의 맨 처음으로 돌아가야 하는데 그러고 싶은 사람은 아무도 없을 것입니다. 다음은 당신이 머리 속으로 풀어야 하는 문제들의 예시입니다.

A) 위젯 시장은 1억 7,000만 달러이며, 매출은 3,000만 달러입니다. 이 때 시장 점유율은 몇 %입니까?

B) 최종 제조 원가는 2,000만 달러이며, 이를 통해 39,379개를 생산합니다. 그렇다면 대략적인 단위 당 원가는 얼마입니까?

C) 원가가 7만 5,000달러이고 고용비가 25%를 차지한다면, 고용비가 얼마입니까?

D) 36달러짜리 주식이 오늘 6% 상승했을 때, 주가가 얼마입니까?

E) 스타트업을 위해 350만 달러를 펀딩했고, 당신의 수수료는 2.5%입니다. 수수료는 총 몇 달러입니까?

F) 7 x 45는 얼마입니까?

G) 현재 UKL Inc.의 사외주는 총 41,084,000주입니다. 기관이 25,171,000주를 갖고 있을 때, 기관이 갖고 있는 주식은 대략 몇 %입니까?

	가격	변동	백분율 변동
H)	27달러	0.54달러	
I)	31달러	0.62달러	
J)	40달러	1달러	
K)	75달러	3달러	
L)	10달러	1.7달러	
M)	50달러	2.5달러	

N) 바나나 리퍼블릭은 갭의 매출 추정치 160억 달러 중 14%를 차지합니다. 바나나 리퍼블릭의 매출은 얼마입니까?

O) 유럽의 인구는 대략 7억 4천만 명입니다. 2020년 유럽 연합의 인구는 7억 명까지 감소할 것으로 예상됩니다. 감소폭은 몇 %입니까?

어림짐작하라 : 다음 중 백분율 계산 문제 중 몇 개를 계산기 없이 머리 속으로 암산해보세요. 케이스 문제라고 생각하고 반올림하세요. 참고로 다음 문제들은 초등학교 5학년 수학 시험에 나온 것들입니다.

- P) 70의 60%는?
- Q) 124의 25%는?
- R) 68의 68%는?
- S) 83의 12%는?
- T) 60의 23%는?
- U) 54의 27%는?

정답 : A) 약 18% B) 약 500달러 C) 18,750달러 D) 38.16달러 E) 87,500달러 F) 315 G) 60% H) 2% I) 2% J) 2.5% K) 4% L) 17% M) 5%
N) 약 23억 달러 O) 유럽 인구 약 5% 감소 P) 42 Q) 31 R) 46 S) 10 T) 14 U) 15

▶ 다음은 당신이 반드시 알아둬야 하는 공식들입니다.

매축액 = 판매가격 x 판매량

영업이익 = 매출액 - 매출원가 - 판매관리비

순이익 = 영업이익 + 금융손익 + 영업외손익 - 법인세비용

CAGR = (마지막 값/시초값)(1/기간)-1

공헌이익 = 매출액 - 변동비

ROI = (순이익/순자산) x 100

메모의 요령

케이스 인터뷰를 볼 때는 메모를 하도록 하세요. 특별히 정해진 메모 작성법이 있는 것은 아니지만, 가로로 넓게 작성하는 것이 일반적입니다. 노트 첫 페이지는 1:2 비율로 두 구역으로 나눕니다. 왼쪽 1/3 구역에는 문제를 적습니다. 아래 노트에 기재된 예시 문제는 쿠어스의 CEO가 생수 시장에 진출할 것을 고민하고 있다는 것입니다. 이것이 합리적인 판단일까요? 일단 선을 긋고, 맨 위에 목표를 적은 뒤, 구조를 펼치세요. 만약 잘 이해되지 않는 사항을 명료화하기 위한 질문을 던졌다면, 그에 대한 답 또한 좌측 구역의 케이스 본래 질문 아래에 적으세요.

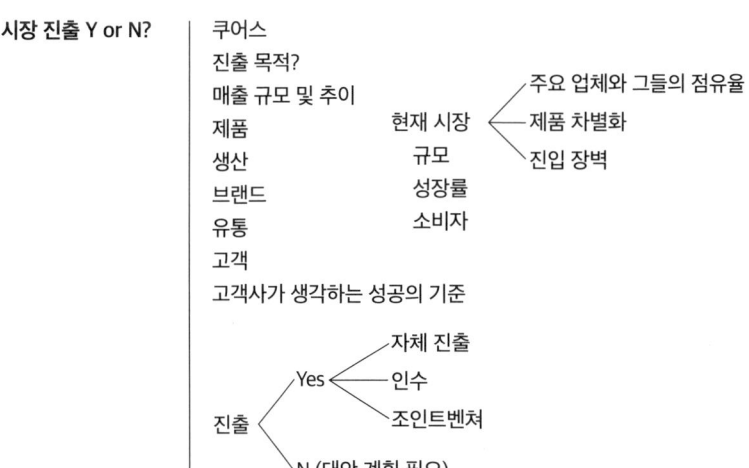

하얀 백지를 사용하는 것도 괜찮으나, 몇몇 컨설팅 펌은 모눈종이를 선호합니다. 이에 대해서는 몇 가지 이유가 있습니다.

- 모눈종이에는 선을 긋기 쉽습니다.
  - 메모를 시각화하세요. 박스, 그래프, 화살표, 의사결정 도표, 가치사슬, 흐름도를 그리세요.
  - 인터뷰가 본격적으로 시작되면 적절한 때에 면접관이 당신의 사고 과정을 잘 볼 수 있도록 메모를 면접관에게로 돌려 놓으세요. 이는 면접관을 당신을 보다 팀의 일원으로 느끼게 합니다. 이것은 대단히 중요한 점이니 절대 놓치지 마세요.
- 모눈종이는 0이 많은 숫자를 깔끔하게 정돈해줍니다. 케이스 인터뷰에는 계산 문제가 많이 나오는데 계산기를 쓸 수 없습니다. 예를 들어 당신이 도출한 답에 0이 8개가 붙어 있다면, 0 때문에 언제 어디서 실수를 하게 될지 모릅니다.
- 모눈종이 자체가 메모를 정리하는데 도움이 됩니다. 잘 정리된 메모는 면접

3 : 케이스 문제

관이 당신의 답변을 파악하기 용이하게 만듭니다. 면접관이 당신을 쳐다보고 있지 않을 때는 아마 당신이 무엇을 적었는지 보고 있을 것입니다. 왜냐하면 그는 당신이 무엇을 적어야 하는지 이미 알고 있거든요. 게다가, 인터뷰 종료 후, 작성한 메모를 걷어가는 경우도 있습니다. 당신이 작성한 메모가 또 다른 참고 자료가 될 수 있다는 의미입니다. 무엇을 어떤 방식으로 적었는지, 계산 문제는 어떻게 풀었는지, 손글씨는 깔끔한지 등을 보려는 의도입니다.

인터뷰에서 케이스 문제를 풀 시간이 되면 모눈종이 다섯 장을 뜯어 각 장에 번호를 매기세요. 이것을 미리 해두면 시간도 절약하고 준비도 철저하다는 인상을 줄 수 있습니다. 메모는 종이의 앞면에만 하도록 하세요. 종이를 자꾸 앞뒤로 뒤집다 보면 혼란스럽기도 하고, 중요한 데이터를 한 눈에 알아보기 어렵습니다. 불렛 포인트를 사용하면 메모가 훨씬 더 깔끔하게 정돈되어 보이고 나중에 자료를 찾을 때 훨씬 알아보기 쉽습니다. 차후에 요약해야 할 때 반드시 필요하다고 생각되는 포인트에는 따로 별표를 치거나 하이라이트해두면 케이스를 요약할 시점에 주요 사항들이 딱딱 눈에 들어올 것입니다.

모눈종이를 너무 빽빽하지 않게 채워갈 때마다 작성한 메모를 눈 앞에 펼쳐두세요. 그러면 케이스 전체를 한 눈에 확인할 수 있습니다. 때때로 첫 장을 다시 확인하고 싶을 때가 있을 것입니다. 첫 장에는 그만큼 중요한 정보가 많거든요. 어떤 정보는 문제와 즉각적으로 연관되어 있는 반면, 어떤 것들은 당신을 혼란스럽게 하기 위해 주어진 것들도 있을 것입니다. 그리고 어떤 정보들은 케이스 문제를 풀어가는 과정에서 차츰 연관성을 띠어 가는 것도 있습니다.
숫자 계산을 별도의 종이에 하는 학생들도 있는데, 이렇게 하면 주요 내용을 담은 메모를 훨씬 깔끔하고 간결하게 유지할 수 있습니다. 대신 이렇게 할 때는 계산 과정마다 번호를 확실히 매겨 두어야 합니다. 그래야만 수많은 계산 중에서 필요한 것들을 즉각 알아볼 수 있습니다.

종종 면접관이 차트를 주는 경우가 있는데, 차트 위에 메모를 하기 전에는 항상 양해를 구해야 합니다. 드물게도 면접관이 차트를 단 한 부만 갖고 들어올 때도 있습니다.

아이디어 박스

케이스 문제를 듣자마자 어떤 아이디어나 해결책 또는 전략이 떠오르는 경우가 있습니다만, 이런 것들을 케이스 인터뷰 시작 즉시 말하는 것은 좋지 않습니다. 면접관은 아마도 당신이 문제를 분석하지 않고 떠오르는 대로 바로 말한다고 판단해버릴 수도 있기 때문입니다. 그래서 지원자들은 이런 아이디어들을 메모해두고 케이스 문제를 풀던 중에 깜빡 잊어 버리는 경우가 있습니다. 심지어 어떤 아이디어는 케이스 문제와 관련이 깊은데도 불구하고요. 이럴 경우 해결책을 알고 있었음에도 잊어버렸기 때문에 케이스 인터뷰를 망치는 것으로 끝나게 됩니다. 이와 관련하여, 메모 첫 장에 '아이디어 박스'를 그려 두라고 조언하고 싶습니다. 머리 속에 떠오르는 것이 있다면, '아이디어 박스'에 적어두세요. 이렇게 해두면 아이디어들이 어디에 모여 있는지 확실히 알고 있기 때문에 첫 번째 페이지를 훑어볼 때마다 확인하게 될 것입니다. 그리고 이 과정은 케이스를 풀면서 몇 번에 걸쳐 반복해야 합니다.

3 : 케이스 문제

제안, 요약 및 최종 슬라이드

대부분의 경우, 케이스 문제에 대한 제안이나 요약 정리를 만들어야 합니다. 제안을 만들어야 할 때, 면접관은 다음과 같이 말할 것입니다. "제안하기 전에 잠시 생각을 가다듬으세요." 또는 "방금 CEO가 회의실에 들어왔다고 해봅시다. 당신의 제안을 발표해보세요." 어떤 경우이든 머뭇거릴 시간은 없습니다.

제안

면접관이 생각을 정리할 시간을 잠깐 주는 경우, 최종 정리할 시간이 15초에서 90초 정도 있습니다. 별도의 종이에 제안 사항을 정리해서 면접관에게 돌려 놓으세요. 마치 케이스 문제 풀이 처음에 당신이 생각한 과정을 보여주기 위해 그랬던 것처럼요. 반드시 시각화하도록 하세요. 다음 그림 참고. 시간적 여유가 있다면 파이 차트를 활용해 리스크 발생 가능성과 실제 리스크가 발생했을 경우의 심각성을 표현하거나, 의사 결정 도표를 그리세요. 이렇게 하는 이유는 면접관이 당신과 함께 제안 내용을 쭉 훑어보면서 마치 진짜 클라이언트가 된 것처럼 느끼게 하려는 것입니다. 당신이 케이스 문제 풀이를 끝마쳤을 때 면접관이 마치 클라이언트가 된 것 같은 느낌을 받았다면, 그보다 더 좋은 결과는 없습니다. 인터뷰가 끝날 무렵 면접관이 스스로 클라이언트가 된 것 같은 인상을 받았다면 인터뷰 중간중간 당신이 했던 많은 실수들은 다 잊혀집니다.

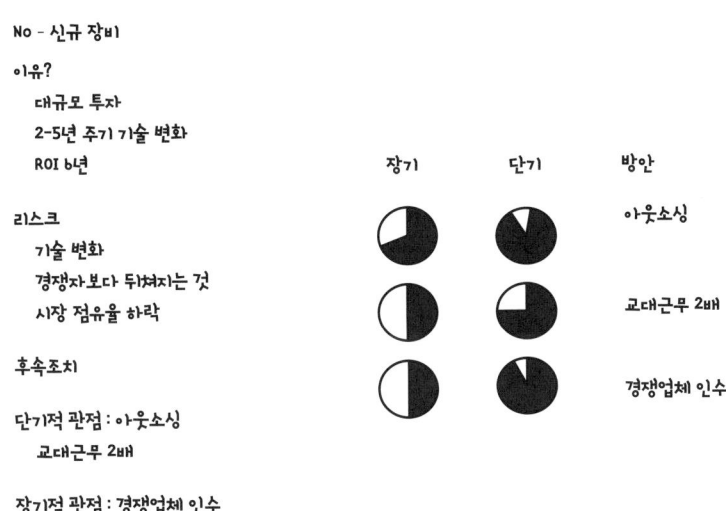

준비가 되었을 때, 제안을 발표하면서 인터뷰를 주도적으로 이끄세요. 명확한 "예." 또는 "아니오."로 시작해야 합니다. "네, 이 시장에 진출해야 합니다." 또는 "아니오, 이 기계 장비는 구매하지 말아야 합니다." 처럼요. 명확하고 확실하게 말하고, "제 생각에는.."이라는 표현은 피하세요. 만약 당신이 생각하는 제안이 "아니오."라면, 고객의 목표 달성을 도울 수 있는 대안을 제시해야 합니다. 당신의 결정이 어떻든 자신감을 갖고 말하세요. 답을 얼버무리려 하지 마세요. 답을 얼버무리는 것은 인터뷰를 망치는 지름길입니다. "예." 또는 "아니오." 중 한 쪽을 확실하게 고르고 최대한 근거를 마련하세요. 케이스 문제의 배경을 일일이 설명할 필요는 없습니다. 면접관은 이미 다 알고 있으니까요.

"예."인지 "아니오."인지 제안을 확실하게 정하고 면접관에게 당신의 결정을 뒷받침하는 근거를 설명하세요. 제안을 발표한 뒤에는 위험 요인을 발생 가능성과 발생 시 영향에 따라 우선순위화 하세요. 단기적 관점과 장기적 관점으로 나눠 후속 단계를 설명하고, 후속 단계에 대해 "그리고 우리는 이런 점들을 도와드릴 수 있습니다."라고 덧붙이세요. 이를 통해 면접관은 당신이 컨설턴트는 원래 항상 더 많은 프로젝트를 찾아 다닌다는 것을 잘 이해하고 있다는 점을 파악할 수 있고, 제안을 실제로 실행하겠다고 돕겠다는 말 자체로 당신의 제안이 받아들여질 확률은 더 높습니다. 또한 가급적이면 상대적으로 짧은 기간 안에 실행할 수 있는 제안을 말하고, 별도로 언급된 바가 없다면 18개월에서 24개월 사이가 좋습니다. 합리적인 수준의 예산안을 갖추세요. 이렇게 하면 확실히 차별화됩니다. 만약 당신이 제안하는 바가 이익을 1천만 달러를 증가시킬 수 있다고 해봅시다. 케이스에서 제시된 회사의 이익이 5천만 달러 수준이라면 그것은 충분히 대단한 아이디어입니다만, 회사의 매출이 100억 달러라면 전혀 그렇지 않습니다. 꼭 큰 그림을 보도록 하세요. 무엇보다 중요한 것은 확실하게 제안을 납득시키는 것입니다. 당신은 케이스 문제를 풀면서 40분 동안이나 문제를 듣고 해결책을 도출해냈습니다. 만약 면접관이 당신의 제안에 설득되지 않는다면, 당신이 다음 전형으로 진출할 가능성은 매우 낮아질 것입니다.

면접관이 "당신이 말한 것 중 틀린 내용을 짚어볼게요."라며 다시 지적할 때를 대비하세요. 만약 면접관이 지적하는 부분이 당신이 미처 고려하지 못한 부분이라면 당신이 틀렸다는 것을 순순히 인정하는 것이 좋습니다. "확실히 재고 문제는 미처 생각하지 못했습니다. 그 관점에서 보면 면접관님 말씀이 옳으신 것 같습니다." 틀렸다는 것을 인정하는 것은 부끄러운 일이 아닙니다. 면접관이 가장 싫어하는 행동은 그가 지적했다고 해서 당신이 바로 답을 바꾸거나 당신 스스로도 틀렸다는 것을 알면서도 인정하기 싫어서 답을 우기는 것입니다. 기업 고객이 컨설팅 펌에 의뢰하는 이유는 컨설턴트들이 객관적이기 때문입니다. 스스로 틀렸다는 것을 알면서도 답을 우기는 것은 전혀 객관적인 행동이 아닙니다.

몇몇 케이스 인터뷰 교재를 보면 제안 단계에서는 이미 면접관이 속으로 결정을 내렸을 시점이기에 제안 자체는 별로 중요하지 않다고 말합니다. 면접관들이 당신을 본 순간에 결정을 내린다는 것이 비록 사실이기는 하나, 당신은 당신의 좋은 인상을 극대화하고 나쁜 인상을 바꿀 수 있는 45-60분의 시간이 있습니다. 제가 기계적으로 암기한 뻔한 제안을 얼마나 많이 들었는지는 일일이 세기 힘듭니다. 같은 케이스 문제를 다섯 명에게 출제하면 다섯 명 모두 똑같은 제안을 가져오는데, 어떻게 합격자를 뽑을 수 있을까요? 훌륭한 '제안'은 결국 당신을 다른 지원자들로부터 눈에 띄고, 창의적으로 보이게 만듭니다. 나아가, 케이스 문제 풀이를 성공적으로 마무리할 수 있게 합니다.

▶ 제안을 만들 때 기억해야 할 것

- 별도의 종이에 제안 사항을 적고 시각화하세요.
- 제안을 적은 종이를 면접관을 향해 돌려 놓으세요.
- 제안을 적극적으로 제시하면서 이끄세요. 이미 설명된 배경을 다시 한번 되짚을 필요는 없습니다.
- "예.", "아니오."를 확실하게, 자신감을 갖고 말하세요.
- 대답을 얼버무리지 마세요.
- 만약 당신이 제안하는 바가 "아니오."라면, 목표 달성을 위한 대안을 도출해 내야 합니다.
- 당신의 결정을 뒷받침하는 이유를 말하세요.
- 위험 요인을 제시하고 발생 확률과 발생 시 심각성에 따라 우선순위화 하세요.
- 상대적으로 짧은 기간 안에 실행할 수 있고, 합리적인 수준의 예산안을 갖춘 창의적인 제안을 만들어서 차별화하세요.
- 제안을 적극적으로 납득시켜서 면접관을 설득해내세요.
- 이 제안을 실제로 실행할 수 있도록 도울 수 있다는 말로 마무리하세요

- 면접관이 틀린 점을 지적할 때를 대비하세요
- 답변한 내용을 잘 방어하세요

요약

면접관은 종종 케이스 문제를 요약해보라고 할 것입니다. 그러면 머뭇거리지 말고, 거의 즉시 요약해서 말해야 합니다. 다행스럽게도 케이스 문제를 풀면서 메모에 핵심 사항들을 하이라이트 해두었을 것입니다. 요약 정리하는 것은 30초에서 최대 90초 정도 안에 끝나야 합니다. 당신이 지금껏 말한 내용을 모두 반복할 필요는 없으며, 문제 자체의 짤막한 요약과 면접관이 기억해야 하는 두세 가지 핵심 사항들 또는 제안 사항을 짚으면 됩니다.

최종 슬라이드

일부 케이스 문제, 특히 당신이 계산한 여러 결과값을 보여줘야 하는 문제나 동일한 기준에서 두 가지 이상의 전략이나 아이디어 또는 선택지를 비교해야 하는 문제에서는 케이스 문제의 초반부터 "최종 슬라이드"를 작성하는 것이 좋습니다. 거의 모든 지원자가 작성하지 않기 때문에 당신이 최종 슬라이드를 작성한다면, 좋은 점수를 받게 될 것입니다.

별도의 종이에 제품이나 시장 등 비교하려는 것들의 목록을 나열합니다. 그리고 그 밑에 기준을 적으세요. 숫자를 계산해 가면서 최종 슬라이드에 채워 넣으세요. 이것은 연관성 있는 모든 정보를 한 데 모으는 것이며 이를 통해 면접관은 더 쉽게 당신의 문제풀이를 따라올 수 있습니다. 일종의 점수표라고 생각하세요. 모든 정보가 다 채워지면, 최종 슬라이드를 면접관을 향해 돌려 놓고 차근차근 설명하도록 하세요. 이것이 가장 좋은 요약본입니다. 실제로 컨설턴트가 클라이언트에게 발표하는 보고서의 마지막 장과 유사한 형태이지요.

	Y1	Y2	목표	실제 달성
매출	110	140	230	250
비용	97	127		
이익	-7	13	>0	6

케이스 오답노트

제가 아는 한 학생은 컨설턴트가 되고 싶었으나 인턴 및 비즈니스 대외활동 경험이 없었습니다. 저와 함께 실시했던 첫번째 모의 케이스 인터뷰 결과는 그야말로 처참했습니다. 바로 그날부터 그녀는 오답노트를 만들기 시작했습니다. 저를 포함해 그녀의 친구들, 선배들과 진행한 30개의 실전 케이스 문제 그리고 그녀가 스스로 공부했던 80개의 케이스에 대해 그녀는 문제와 해결책을 정리해서 적었습니다. 무엇보다 중요한 것은 그녀가 미처 생각해내지 못했던 점들을 정리한 것입니다. 그녀는 이것을 꾸준히 복습했고, 그 결과 기존에 그녀가 생각하지 못했던 것들을 습관적으로 생각해낼 수 있게 되었습니다. 또한, 케이스 문제들의 구조와 개념, 아이디어 그리고 전략들을 일일이 기록했습니다. 수업이 없을 때마다 버스를 타고 이동할 때면 항상 이 오답노트를 펼쳐봤습니다. 그리고 월스트리트저널이나 블룸버그비즈니스위크 또는 맥킨지 보고서를 읽을 때마다 그녀의 오답노트에 메모를 달아뒀습니다. 그렇게 정리해둔 것을 항상 가지고 다니면서 반복해서 읽었습니다.

그녀는 결국 탑-티어 컨설팅 펌에 입사하게 되었고, 그곳에서도 오답노트처럼 메모해두는 습관을 버리지 않았습니다. 그녀가 접하는 모든 것에 대해 새로 배우는 것이 있을 때마다 기록했습니다. 동료들과 함께 모여 브레인스토밍을 할 때면 그녀는 기록장을 펼쳐 아이디어를 내놓았습니다. 그녀가 내놓은 아이디어는 논의에 새로운 불을 지피는 경우가 많았습니다. 그녀가 졸업한지 5년만에 다시 만날 기회가 있었는데, 그때까지도 기록장을 항상 지니고 다녔습니다. 마치 인디아나 존스의 수첩처럼 다 닳아버렸지만 그 속에는 수많은 보물이 들어있었습니다. 그 후 그녀가 이직을 할 때도 가장 먼저 챙긴 것은 바로 그 기록장이었습니다.

그 이후부터 대학교에서 강연을 할 때마다, 자신만의 오답노트와 기록장을 꼭 만들 것을 강조하고 있습니다. 당신이 작성한 모든 메모를 한 곳에 모을 수 있을 뿐만 아니라 케이스 인터뷰를 준비하기 위한 훌륭한 자료임과 동시에 학교 수업에도 큰 도움이 되기 때문입니다. 케이스 인터뷰를 진지하게 준비하고 싶다면 방학 내내 계속 자료를 읽으며 케이스 문제풀이를 연습해야 합니다. 학기가 시작되는 즉시 기업들의 채용은 시작될 텐데, 방학 동안 케이스 인터뷰 연습에 공을 들였다면 새로운 학기에는 많은 것이 한결 수월해질 것입니다.

4

아이비 케이스 시스템
Ivy Case System

4. 아이비 케이스 시스템

케이스 문제를 푸는 최고의 방법론 -
케이스 문제 풀이 전략 만들기

많은 학생들이 케이스 문제를 받은 뒤 첫 시작을 어려워합니다. 때로는 너무 당황하기도 하고, 때로는 너무 긴장하기도 하며 그리고 어떨 때는 그야말로 아무런 실마리를 찾지 못하기도 합니다. 그래서 이런 학생들을 위해 '아이비 케이스 시스템'을 개발했습니다.

아이비 케이스 시스템은 크게 두 부분으로 이루어져 있는데 첫 번째 파트는 답변을 시작하게 만드는 5단계 출발법이고, 두 번째 파트는 케이스 인터뷰에서 가장 자주 등장하는 케이스 시나리오 4가지입니다. 각 시나리오는 5단계 출발법 이외의 나머지 답변 부분을 구조화하는 데 도움이 되는 아이디어와 질문들을 포함합니다. 각 시나리오의 요점을 잘 따라가면, 자신감 있게 논리적이고 일관성 있는 답변을 할 수 있습니다. 이 시나리오들은 모두 비즈니스 감각과 일반 상식에 바탕을 둔 것이므로, 낯설지 않을 것입니다. 다만 조금 다른 방식으로 정리가 되어 있을 뿐입니다.

5단계 출발법은 케이스 문제를 받고 답변을 시작하기까지 어색한 침묵이 감돌지 않도록 신속하게 답변할 수 있도록 도울 것입니다. 당신이 5단계를 거쳐

약 5분 정도 케이스 문제를 파악하고 나면, 그 이후로 답변하는데 탄력이 붙어 주어진 케이스 문제가 4개의 시나리오 또는 어떤 조합과 가장 유사한지 파악하기 위한 정보를 충분히 얻을 수 있습니다.

앞으로 이어질 아이비 케이스 시스템에 대한 자세한 소개를 읽고 나면, 이 시스템이 실전에서 어떻게 적용될지 연습 문제를 한 두개 풀어보고 싶어질 것입니다. 그때 이 부분을 다시 찾아서 참고하시기 바랍니다.

면접관이 방금 케이스 문제를 출제했습니다. 당신이 해야 할 일은 바로 다음과 같습니다.

5단계 출발법
1. 문제를 요약하세요.
2. 목표를 확인하세요. 또 다른 목표가 있는 것은 아닌지 물어보세요.
3. 모호한 부분을 해결할 수 있는 질문을 던지세요.
4. 케이스를 분류하여 답변의 기본 구조를 짜세요.
5. 가설을 제시하세요.

▶ **1. 문제를 요약하세요.**
어떨 때는 케이스 문제가 굉장히 짧을 수 있습니다. "우리가 어떻게 대학교 캠퍼스 안에 있는 서점의 매출을 늘릴 수 있을까요?" 대부분의 경우, 케이스 문제는 길고 데이터가 쏟아져 나옵니다. 모든 정보를 메모하는 것은 어려우니,

가장 첫 번째로 해야 하는 일은 문제를 요약하는 것입니다. 이렇게 하면 면접관은 당신이 무언가를 놓치고 잘못 적은 채 다음으로 넘어가기 전에 그것들을 지적해줄 수 있습니다. 문제를 요약하면서 시작하면 인터뷰 처음부터 당신과 면접관은 문제에 대해 서로 동일한 수준의 이해도를 갖게 되고, 이를 통해 문제와는 동 떨어진 답을 하는 것을 예방할 수 있습니다.

또한, 문제를 요약하면 면접관에게 당신이 주의 깊게 들었다는 인상을 주고, 면접관이 문제를 내고 당신이 답변하기까지의 침묵을 깰 수 있습니다. 문제를 요약 정리할 때는 간결하게 해야 한다는 점을 명심하세요. 단어 하나하나를 반복할 필요 없습니다. 만약 문제 속에 어떤 '수치'가 주어진다면, 그 숫자는 꼭 언급하도록 하세요. 관련 있을지 모르니까요. 그리고, 숫자를 틀리지 않았는지 꼭 확인하세요.

또한, 주어진 숫자들을 다시 한번 정량화하는 습관을 들이세요. 가령, 백분율이라든가 연도별 비교라든가 주가의 변화 같은 것들이요. 만약 면접관이 주가가 15달러에서 18달러로 올랐다고 말하면 그것을 그대로 15달러에서 18달러로 올랐다고 말하지 말고, 단순하게 3달러가 상승했다고도 말하지 마세요. 대신 20%가 상승했다고 말하세요. 이것이 컨설턴트나 고위급 매니저들이 생각하는 방식입니다. 그들이 당신으로부터 기대하는 방식이기도 하고요.

▶ **2. 목표를 확인하세요.**
컨설턴트는 클라이언트와 처음 만나는 자리에서 항상 목적과 목표를 물어봅니다. 클라이언트가 기대하는 바가 무엇이고, 그것이 현실적으로 가능한 수준인지 파악하기 위해서입니다. '클라이언트가 생각하는 성공'이 무엇인지 알아차려야 합니다. 출제된 케이스의 목표가 명확해 보이더라도, 또 다른 목표가 숨겨져 있을 가능성은 항상 존재합니다. 따라서 당신은 항상 다음과 같이 확인해봐야 합니다. "목표는 이윤을 높이는 것입니다. 그 외에 제가 반드시 알아야 할 다른 목표가 있습니까?" 만약 면접관이 "없습니다. 더 높은 이윤이 유일한 목표입니다."라고 말한다면 그 목표에만 집중하면 됩니다. 만약 다른 목표가 존재한다면, 케이스 문제를 둘로 쪼개어 한번에 하나의 목표씩 차례대로 달성해 나가야 합니다. 만약 다른 목표가 존재하는지 물어보지 않았는데 다른 목표가 존재한다면, 면접관은 인터뷰 중간에 당신에게 관련 정보를 일일이 알려줘야 하고, 이것은 당신의 감점으로 이어집니다. 목표를 확인하기 위해 질문함으로써 답변의 구조에 영향을 끼칠만한 중요한 정보를 확보할 수 있습니다.

▶ 3. 모호한 부분을 해결할 수 있는 질문을 던지세요.

모호한 부분을 해결하는 질문이란 당신이 무언가를 확실하게 이해하지 못했을 때 또는 답변의 구조를 짜기 위해 추가적인 정보가 필요할 때 던지는 질문입니다. 만약 면접관이 특정 산업에서 쓰이는 전문 용어나 축약어를 사용하는데 알아듣지 못한다면, 물어보세요. 이런 질문을 한다고 점수가 깎이지 않습니다. 답변의 구조를 짜기 위한 추가적인 정보가 필요하다면, 가령 신규 시장에 진출하는 케이스 문제일 경우, 애매모호한 부분을 해결할 수 있는 질문은 다음과 같을 것입니다. "이 회사는 왜 해당 시장에 진출하고 싶어 합니까?" 또는 만약 매출을 10% 증가시켜야 하는 상황이라면, "지난 3년 간의 매출이 어떠했습니까?"가 좋은 질문이 될 것입니다.

▶ **4. 케이스를 분류하여 답변의 기본 구조를 짜세요.**

5단계 출발법에서 가장 힘든 부분입니다. 아마 이 시점에서 잠시 멈춰 답변의 구조에 대해 생각해보고 싶을지도 모르겠습니다. 답변 구조를 메모하는데 90초에 120초 정도를 쓸 수 있습니다. 당신은 이미 어떤 케이스 시나리오를 적용할지 결정했고, 논리적인 답변 구성에 필요한 정보를 얻기 위한 포괄적 질문들을 끝마쳤습니다. 케이스 시나리오들을 공부해두었다면, 핵심 사항들을 빠르게 검토해서 주어진 케이스 문제에 가장 적합한 시나리오가 무엇인지 손쉽게 결정할 수 있을 것입니다. 이제는 면접관에게 당신이 어떻게 문제를 해결해 나갈지 알려주어야 합니다. 반드시 기억해야 할 것은 이때 정한 답변의 구조에 맹목적으로 집착해서는 안 된다는 점입니다. 새로운 정보가 계속 추가되고 인터뷰가 진행되면서 케이스 문제의 흐름이 바뀌거나 변하기도 하기 때문에 당신이 생각한 답변의 구조가 쭉 적합할 수도 있고, 순식간에 쓸모 없어지기도 합니다. 구조라는 것은 결국 정보가 제한적인 상태에서, "문제를 해결하기 위해 무엇을, 어떤 순서로 분석"할 지입니다.

당신이 짠 구조는 반드시 MECE 상호 배타적이고, 전체적으로 완전해야 한다는 개념, Mutually Exclusive Collectively Exhaustive 해야 합니다. MECE란 컨설팅 산업에서 굉장히 자주 쓰이는 용어입니다. 이것이 의미하는 바는 당신의 구조 속에서 상호 간에 중첩되는 부분이 있어서는 안 된다는 것입니다. 예를 들어, 신규 시장 진출 문제를 풀 때, 답변의 구조를 세 단계로 나눌 수 있습니다. 첫째로 클라이언트를 분석하고, 둘째로 신규 시장을 분석한 뒤, 셋째로 시장 진출 방안을 보는 것입니다. 이 각각의 단계는 상호 간 배타적인 동시에, 전체적으로 봤을 때 이 문제를 풀기 위해 봐야 하는 모든 것들을 포함하고 있습니다.

구조를 종이에 그릴 때, 메모한 것을 면접관이 볼 수 있도록 돌려 놓으세요. 그리고 당신이 생각한 흐름과 과정을 설명하세요. 이렇게 하면 면접관의 입장에서 봤을 때 조금 더 몰입할 수 있게 되고, 면접관에서 나아가 스스로를 클라이언트처럼 느끼게 됩니다. 구조의 각 단계별 주제를 꼭 미리 언급하도록 하세요. 위에서 언급한 케이스 문제에서는, 회사, 시장, 그리고 시장 진출 방안이 될 것입니다. 그런 뒤, 각 단계의 주제별 핵심 내용들에 대해 설명해 나가세요.

▶ **5. 가설을 제시하세요.**

컨설팅 펌은 아마 '가설'에 신경을 쓰는 유일무이한 업계일 것입니다. 그들은 당신이 케이스 문제를 받자마자 몇 분 안에, 보통은 당신이 답변 구조를 설명한 뒤에 바로 가설을 제시하길 바랍니다. 당신이 어떤 정보를 제대로 얻기도 전에 답을 말한다는 것이 얼마나 황당한 일이지 잘 알고 있습니다. 그러나 컨설팅 펌이 이런 것을 좋아하는 이유는 그들이 고객사에 갔을 때, 그들도 문제가 무엇인지 모르는 경우가 많습니다. 이럴 땐 그들은 가설을 제시하고 그것을 증명하려고 합니다. 아마도 그들은 처음에 생각하는 가설 3개는 틀렸다고 할 지 모릅니다. 그러나 이 과정은 점점 문제의 범위를 좁혀갑니다. 예를 들어, 만약 손익 관련된 케이스를 받았다면, 당신은 "제 가설은 또는 제 생각은 비용이 증가하여 매출이 감소했다는 것입니다." 라고 가설을 제시할 수 있습니다. 이 가설이 바로 당신이 케이스 문제를 풀어가면서 옳다고 증명하고자 하는 대상입니다. 만약 이 가설이 틀렸다고 판명된다면, 케이스 문제를 풀어가면서 당신의 가설을 수정하거나 보완해야 합니다.

시작부터 가설을 제시하는 것의 이점은 다름 아닌 이것이 당신이 올바른 질문을 할 수 있도록 하고, 조금 더 간결하고 핵심적으로 문제를 분석할 수 있게 한다는 것입니다. 나아가, 당신이 옳거나 또는 틀렸다는 것을 증명해야 하는 것에 집중하게 만듭니다. 또한, 어떤 답변 구조를 사용해야 할 지 쉽게 파악하게 하고, 이것은 곧 답변의 출발점을 명확하게 찾을 수 있다는 뜻입니다.

물론 가설을 입 밖에 내지도 않았음에도 불구하고 최종 합격을 한 지원자도 대단히 많습니다. 가설을 제시하는 것을 케이크 위에 장식을 올리는 것처럼 생각하세요. 만약 당신이 가설을 하나 이야기한다면, 면접관들은 좋아할 것입니다. 그렇지만, 당신이 가설을 언급하는 것을 잊는다 하더라도, 그것이 인터뷰를 망쳤다는 뜻은 아닙니다. 그러나 인터뷰 경쟁률이 대단히 치열하기 때문에, 활용할 수 있는 모든 것을 활용해야 합니다. 케이스 문제 풀이를 연습할 때, 가설을 언급하는 것을 기억하는 요령 중 하나는 메모 첫 장에 '가설'이라고 흐리게 써두는 것입니다. 이렇게 하면, 답변의 구조를 짜는 동안에도 계속 가설을 제시해야 한다는 점을 상기시킬 수 있습니다. 그리고 이것이 습관화되면 인터뷰를 볼 때 자연스럽게 튀어나오게 될 것입니다.

실제 업무에서 컨설턴트들은 가설을 하나 만들기 위해 5일 정도의 시간을 쓰지만, 당신에게는 5분 정도 밖에 시간이 없습니다. 그렇기 때문에 가설이 틀리는 것에 대해 걱정하지 마세요. 가설이 틀렸다는 것은 한 가지 가능성을 줄이는 것이고, 케이스 문제의 다른 측면에 집중하여 새로운 가설을 제시하면 된다는 것입니다. 소거법의 일환으로 생각하세요.

케이스 문제의 핵심에 접근하기

고객사를 분석하거나 시장 및 산업을 분석해야 하는 케이스 문제가 많이 출제된다는 것은 자명한 사실입니다. 다음의 두 리스트는 고객사와 시장 및 산업에 대해 반드시 물어봐야 하는 질문들입니다. 하나씩 확실하게 익혀야 합니다. 이 질문들을 익히면 구조를 짤 때 멈춰서 생각할 필요가 없으므로, 구조를 짜는 속도가 빨라질뿐더러 중요한 사항을 빠뜨리는 것을 방지합니다. 케이스 문제에 따라 몇몇을 빼거나 더할 수 있습니다만, 이 리스트가 결국 습관이 되면 당신의 자신감을 만들어 줄 것입니다.

▶ **회사에 대해 필수적으로 물어봐야 하는 질문들 : 암기하세요!**

1. 지난 3년 간의 매출과 이익은 어떻습니까?
   A. 주요 매출원은 무엇이고, 그것들의 비중은 어떻습니까?
   B. 주요 비용은 무엇이 입니까? 특히 두드러지는 항목이 있습니까?
2. 고객 세분화는 어떻습니까?
   A. 고객군별 특성은 무엇입니까?
   B. 니즈가 변화하고 있습니까?
   C. 고객군별 수익성은 어떻습니까?
3. 제품 믹스 한 기업이 생산하는 모든 제품의 배합 는 어떻습니까?
   A. 원가와 마진은 어떻습니까?
   B. 제품이 차별화되는 점은 무엇입니까?
   C. 시장 점유율은 어떻습니까?
   D. 카니발라이제이션이 일어나고 있습니까?
4. 생산 설비 능력은 어떻습니까?
5. 브랜드 파워는 어떠하고, 시장의 주요 브랜드는 무엇이 있습니까?

6. 유통 채널은 어떻습니까?

7. 고객사가 생각하는 성공의 기준이 무엇입니까?

    A. 어떤 척도를 사용해야 합니까?

▶ **고객사**

- 매출과 이익의 현황을 물어보면 회사의 규모와 최근 현황을 알 수 있습니다. 케이스 문제에 나오는 대부분의 회사들은 임의로 만들어졌기 때문에, 이 회사들에 대해 사전에 알고 있는 것은 거의 없을 것입니다. 심지어 이 회사가 주식회사인지 개인회사인지도 물어봐야 할 수도 있습니다.

- 고객 세분화는 매우 중요합니다. 전략을 수립하기 위해서는 고객사의 고객이 누구인지를 알아야 합니다.

- 각 고객군의 특성과 변화하는 니즈

- 각 고객군별 매출의 크기

- 어떤 제품 또는 서비스를 고객사가 제공합니까? 그리고 각 제품별 원가와 마진은 어떻게 됩니까? 최근 제품 믹스에 변화가 있었습니까? 제품 차별화 요소 그리고 시장 점유율

- 제품 생산 능력은 몇 가지 핵심 내용으로 이어집니다. 고객사는 현재 확장할 능력이 있습니까? 현재 고객사는 최대치로 생산하고 있습니까? 만약 아니라면 그 이유는 무엇입니까?

- 브랜드 파워가 얼마나 강력합니까? 현재 시장의 선두 주자입니까, 아니면 브랜드 파워를 잃어가고 있습니까? 케이스 문제 속 고객사가 임의로 만들어 지는 경우가 많기 때문에, 브랜드 파워에 대해서 아무것도 모르는 상태일 것입니다.

- 제품과 서비스는 현재 어떻게 유통되고 있습니까? 고객사가 어떻게 하면 채널을 늘릴 수 있겠습니까? 어떻게 하면 새로운 시장으로 옮겨 갈 수 있겠습니까?
- 고객사가 생각하는 성공은 무엇입니까? 이것은 케이스 문제의 목표와는 다릅니다. 신시장 진출 케이스 문제라면, 목표는 아마 진출해야 할지 말아야 할지 결정하는 것일 수 있습니다. 고객사에게 성공이 진짜 의미하는 바와 그 성공을 계량화하기 위해 어떤 척도를 사용할지 이해하는 것은 대단히 중요합니다 예를 들어, 어떤 고객사가 생각하는 성공은 3년 안에 시장 점유율 8% 달성으로 정의될 수 있음.

▶ **시장에 대해 필수적으로 물어봐야 하는 질문들 : 암기하세요!**

1. 시장 규모와 성장률 그리고 최근 트렌드는 어떻습니까?
2. 시장 성장 사이클 중 어느 단계입니까? 성장하고 있습니까, 성숙한 단계입니까, 아니면 쇠퇴하고 있습니까?
3. 산업 성장의 동인은 무엇입니까?
4. 고객은 어떻게 세분화되어 있습니까?
5. 마진은 어떻습니까?
6. 산업 내 변화가 있습니까? M&A, 신규 사업자, 기술 변화, 새로운 규제 등이 있습니까?
7. 유통 채널은 어떻습니까?
8. 업계 주요 리더는 누구이고, 시장 점유율이 어떻습니까?
9. 제품은 어떻게 차별화되어 있습니까?
10. 공급업체와의 접촉은 어떻게 이뤄집니까?
11. 시장 진입과 철수에는 어떤 장벽이 있습니까?

▶ **시장**

- 시장 규모, 성장률, 그리고 트렌드의 3년치 데이터를 물어보세요. 해당 산업은 전반적으로 어떠하며 고객사는 산업에 비해 어떻게 성장하고 있습니까?
- 산업에 영향을 미치는 동인은 무엇입니까? 브랜드, 대중적 인지도 및 수용도, 가격, 콘텐츠, 규모, 매니아 층의 지지, 유행, 마케팅, 경제 상황, 기술, 지정학적 사건, 바이어의 협상력, 공급자의 협상력 또는 유통 채널
- 한 산업 안에 수많은 고객 세분화 그룹이 존재하는 경우가 있습니다. 고객사가 집중하는 고객 그룹은 무엇이며, 규모가 어떻습니까? 그리고 그 고객 그룹의 매출 수준은 어떠합니까?
- 산업 내 통상적인 마진은 얼마나 됩니까?
- 산업 내 M&A를 비롯해 신규 사업자가 등장한다거나, 신기술이 나왔다거나 또는 새로운 규제가 생기는 등의 변화가 있습니까?
- 산업 내 주요 유통 채널이 무엇입니까? 가령 영화 산업이라고 한다면, 당신이 영화를 볼 수 있는 모든 경로를 생각해보세요.
- 경쟁자는 누구이며, 그들의 시장 점유율은 어떻게 됩니까? 주요 업체 한 두 개에 의해 독과점 되어 있는 시장입니까, 아니면 경쟁이 치열하게 세분화된 시장입니까?
- 제품 차별화에 대한 질문은 위의 질문과 연결됩니다. 경쟁자들은 그들의 제품이나 서비스를 어떻게 차별화합니까? 그리고 이 질문을 시장 점유율과 연결해 보세요.
- 공급업체에게 접근하는 것은 얼마나 어렵습니까? 얼마나 많은 공급업체가 있으며, 다시 그들에게 공급하는 2차 공급업체는 누구입니까?
- 진입 장벽은 자본, 유통 채널, 원자재, 전문 기술 또는 인적 자원의 문제로 연결될 수 있습니다. 정부의 규제나, 고객의 충성도, 다른 상품으로 전환하

기 어렵게 만드는 고착 요인, 한 두 업체에 의한 시장 독과점 또한 장벽이 될 수 있습니다. 철수 장벽은 막대한 투자와 전환이 어려운 고정 자산, 공급업체와의 계약 조건 또는 정부 제도 예시 : 일정 수준 이상의 고용 인원을 보장하여 세금 감면을 받는 것 등이 있습니다.

네 가지 주요 케이스 시나리오

비록 면접관이 수많은 종류의 케이스 문제를 출제하겠지만, 결국은 아래 설명된 네 가지 시나리오가 많은 케이스 문제의 주요 구성 요소입니다. 물론 케이스 문제가 아래 네 가지 시나리오 중 하나에 딱 들어 맞지는 않겠지만, 다양한 케이스를 구성하는 요인들이 결국엔 아래의 시나리오로 연결된다는 것을 알게 될 것입니다. **다음 시나리오들은 당신의 생각의 중심을 잡아주는 역할을 하는데, 당신이 올바른 질문을 하게 하고 케이스 인터뷰를 잘 구조화된 대화로 전환하도록 도울 것입니다. 이것들은 반드시 있는 그대로 따라가야 하는 것은 아닙니다. 대신, 가이드로 활용하세요. 답변의 구조는 각각 케이스 문제에 맞춰 그때그때 새롭게 짜야 합니다.**

모든 케이스 문제를 풀 수 있는 답변의 구조를 알려 주겠다고 하는 책들을 조심하세요. 이런 책들 대부분은 독창적인 사고 방식을 죽이고 전략적 사고력이 담겨 있지 않은 뻔한 대답만을 만드는 진부한 접근법을 미화시킨 것입니다. 결과적으로 다른 지원자들에 비해 차별화되기 힘들어질 뿐입니다. 창의적이지 않고 지적 호기심이 없다는 것은 결국 감점 요소입니다. 유능한 면접관은 뇌의 양쪽, 그러니까 좌뇌의 분석력과 우뇌의 창의성을 모두 활용합니다.

네 가지 주요 케이스 시나리오는 다음과 같습니다.
1. 손익 분석　2. 신시장 진출
3. 가격 전략　4. 성장과 판매량 증대

1. 손익 분석

문제 : 우리 고객사는 최고급 선수용 신발을 생산합니다. 유럽에서 매출은 오르고 있는 반면 이익은 떨어지고 있습니다. 어떤 상황이고, 이를 해결하기 위해서는 어떻게 해야 할까요?

손익에 대한 질문은 지난 25년 동안 가장 인기 있는 문제였습니다. 최종 가격, 이익, 원가 또는 수익 이런 단어들이 나오면, 즉시 P=R-C, 매출Revenue에서 원가Costs를 뺀 것이 이익Profit이라는 공식을 떠올려야 합니다. 당신은 이미 매출Revenue = 수량Quantity x 가격Price라는 공식 그리고 원가Costs=[수량Quantity x 변동비용-Variable Costs] + 고정비용-Fixed Costs라는 공식을 알고 있을 것입니다.

그러나, 저는 P=R-C라는 공식을 E(P=R-C)M으로 고치고 싶습니다. E는 Economy경제와 Environment환경를 뜻하며, M은 Market 시장 또는 Industry 산업을 의미합니다. 항상 외부 요인을 먼저 살펴봐야 합니다. 이를 통해 이것이 산업 전반에 걸친 문제인지 아니면 고객사만의 문제인지 파악할 수 있습니다.

손익 관련 케이스 문제를 받았을 때, 가장 먼저 물어봐야 하는 질문은 "우리 경쟁사들의 이익도 감소하고 있습니까?"입니다. 만약 그렇다면, 이것은 산업 전반에 걸친 문제이므로 자연 재해의 영향, 금리 인상, 관세 또는 시장 신규 진출 업체와 같은 외부 요인을 조금 더 면밀하게 살펴봐야 합니다. 만약 아니라면, 이것은 고객사만의 문제일 수 있습니다. 가령, 원가가 증가했거나, 수익이 감소했거나 또는 제품이 구식이 되어버린 것 같은 원인으로요. 또 다른 좋은 질문은 "이익이 얼마나 감소했습니까?"입니다.

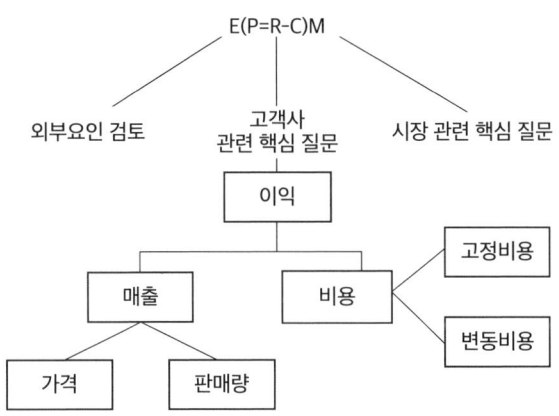

E(P=R-C)M 만약 주어진 케이스 문제가 산업 전반에 걸친 문제라면, 외부 요인에 대해 분석한 것을 모두 다루세요. 그리고 나서 고객사 내부를 들여다보세요. 괄호 안에 있는 것들은 고객사에게 중요한 요인들입니다. 만약 소매업자라면, 우리는 소비 심리, 가처분 소득, 실업률, 그리고 유가도 확인해봐야 합니다. 만약 제조업체라면, 우리는 달러가 다른 통화에 비해 강세인지 약세인지와 더불어 이자율, 관세, 유가 그리고 원자재가격도 확인해봐야 합니다. 이렇게 해야 하는 이유가 몇 가지 있습니다. 외부 요인을 살펴보지 않고 답을 하게 되면 현실로부터 분리되어 공허하게 들릴 뿐입니다. 또한, 외부 요인을 살펴보게 되면 면접관에게 당신이 학교 밖에서 무슨 일이 일어나고 있는지 알고 있다는 인상을 줄 수 있습니다. 따라서, 실업률이나 가처분 소득, 소비 심리,

이율 그리고 외환 시장에서의 달러 강세 수준과 유가 같은 몇몇 주요 경제 지표들은 미리 암기한 채로 인터뷰에 임해야 합니다. 이런 요소들은 경제 상황에 따라 좋을 수도 있고 나쁠 수도 있습니다.

E는 Environment환경를 의미하기도 합니다. 지난 2017년 미국에서는 허리케인, 토네이도, 산사태, 그리고 산불 등이 심각했습니다. 이런 자연재해들의 결과로 어떤 회사는 이익이 급감하기도 하고, 어떤 회사는 오히려 이익이 증가하기도 했습니다. 많은 학생들이 케이스 문제를 분석할 때 환경 요인을 고려하지 않습니다. **모든 요인을 고려하고, 꼼꼼히 살펴보고, 분석해야만 합니다.**

M은 Market시장이나 Industry산업를 의미합니다. 그 어떤 면접관도 당신이 모든 산업에 대해 잘 알고 있으리라 생각하지 않습니다. 면접관은 당신에게 줄 수 있는 정보를 충분히 많이 갖고 있지만, 당신이 먼저 물어보기 전에는 정보를 주지 않을 것입니다. 산업 트렌드와 경쟁사에 대해 물어보고 경쟁사가 고객사와 같은 문제를 겪고 있는지 판단하세요. 이런 질문을 할 수 있습니다. "우리 고객사가 동종 산업 내 다른 경쟁사과 비교했을 때 어떻게 해오고 있습니까?" 이 챕터 첫 부분에서 언급한 '시장에 대해 물어봐야 할 필수 질문들'을 암기하고 있다면 자연스럽게 물어볼 수 있을 것이고, 자신감을 표출할 수 있습니다.

E(P=R-C)M의 괄호 안을 살펴보는 것은 바로 고객사 내부를 들여다보는 것입니다. 고객사에 대한 질문으로 시작하면 됩니다. 고객사는 누구이고, 어떤 일을 합니까? 그들의 상품은 무엇입니까? '회사에 대해 물어봐야 할 필수 질문들' 중 주어진 케이스 문제와 관련된 것들을 모두 적으세요. 예를 들자면, 다음과 같은 것들이요.

- 업계 선두주자입니까?
- 상장사입니까, 비상장사입니까? 그리고 최근 3년간 매출과 이익이 어떻게 됩니까?
- 제품과 서비스는 무엇이고, 제품 믹스는 어떻습니까? 수익은 어떻게 구성되며 트렌드는 어떻습니까?
- 고객은 어떻게 세분화되어 있습니까?
- 고객이 생각하는 성공의 기준은 무엇입니까?

수익모델을 검토하세요. 설령 원가가 문제라는 가설을 세웠다고 하더라도, 상황을 현명하게 분석하고 원가를 줄이기 위해서는 수익 모델을 이해해야 합니다. "주요 수익모델이 무엇이고, 그것이 어떻게 변해왔나요?"라고 물어보세요. 다시 말씀드리지만, 트렌드를 물어보는 것은 언제나 유익합니다. 이것이 컨설턴트가 생각하는 방식이자 면접관들이 당신에게 기대하는 방식입니다.

손익 공식의 다른 부분은 가격과 수량입니다. 가격과 수량은 상호 의존적입니다. 단순히 한쪽을 바꾸는 것이 항상 최선의 해결책은 아니므로, 최적의 조합을 찾아야 합니다. 만약 수량을 늘리기 위해 가격을 내렸다면, 내년 매출과 이익은 어떻게 될까요? 이익이 증가할까요, 감소할까요? 결국 균형점을 찾아야 합니다. 그리고 이런 결정 뒤에는 항상 합리적인 이유가 있어야 합니다.

시장과 고객사에 대해 이해하고 난 뒤에는 이익을 증가시킬 수 있는 해결책을 찾아내야 합니다. 물론 이것은 케이스 문제의 목표이기도 합니다. 가장 처음 해야 할 일은 잠시 생각을 정리해 메모에 적을 시간을 달라고 하는 것입니다. 답변 구조의 단계별 주제와 매출 확대 전략 그리고 비용 감축 전략으로 시작하세요. 이렇게 하는 이유가 몇 가지 있는데, 이를 통해 면접관에게 당신의 생각이 후속 단계까지 잘 정리되어 있다는 것을 보여줄 수 있습니다. 또한, 빈 종이를 바라보고 있는 것보다 단계별 주제를 보고 있는 것이 아이디어가 떠오르는 데에 더 도움이 됩니다. 그리고 그런 아이디어들이 뒤섞이지 않게 해야 합니다. 아이디어들을 장기적 관점과 단기적 관점으로 나누는 것도 바람직합니다. 특히, 이익 증대에 시간적 제약이 있을 때 더 그러합니다. 먼저 매출 확대 전략을 모두 제시하고, 그 뒤에 비용 절감 방향을 말하세요. 비용 절감 전략은 가능하다면, 생산, 인건비 그리고 재무 영역으로 나누세요. 이것 역시 당신이 생각을 미리미리 잘 구조화하고 있다는 인상을 줍니다.

면접관은 아마 동일한 케이스 문제를 열 번은 출제해봤을 것이라는 점을 명심하세요. 당신이 생각할 수 있는 거의 모든 답을 이미 알고 있을 것이고, 그런 답을 천천히 들어줄 인내심도 없을 것입니다. 면접관은 당신이 어떤 방향으로 답을 하려는 지 알아채자마자 당신의 말을 끊을 수도 있습니다. 이것은 꽤 힘든 일입니다. 인터뷰처럼 압박적인 상황에서 대답하는 것을 제지당한다면, 말하려던 생각을 접고 새로운 해결책을 찾아내는 것은 대단히 어렵습니다. 개인적인 경험에 비추어 봤을 때, 제가 학생들이 한참 말하던 중간에 끊으려고 해도 학생들은 못 들은 척하고 계속 이야기를 이어 나가려는 경향이 있습니다. 그러면 저는 다시 학생들의 말을 끊고, 그렇게 되면 학생들은 마치 뇌가 멈춘 것처럼 패닉에 빠지죠.

이런 일이 발생하지 않도록 하세요. 답안을 미리 적어두면 면접관이 당신의 말을 끊어도 메모한 내용을 다시 보고 새로운 아이디어를 제시할 수 있습니다. 분명히 스트레스를 받을 수 있는 상황이지만 그렇기 때문에 더 프로페셔널해 보입니다.

생각해봐야 하는 질문들

▶ **매출**

    1. 주요 매출원이 무엇이고, 각 매출원이 전체에서 차지하는 비율은 어떻게 됩니까?

    2. 비율로 봤을 때, 특이사항이 있습니까?

    3. 각 비율이 최근에 바뀌었습니까? 만일 그렇다면, 이유는 무엇입니까?

▶ **비용**

    1. 비용 측면에서 주요한 변화가 있었습니까?

    2. 비용 측면에서 특이 사항이 있습니까?

    3. 경쟁사의 비용 구조를 벤치마킹한다면, 무엇을 파악할 수 있을까요?

▶ **제품**

신제품에 대해서는 반드시 장점과 단점을 물어봐야 합니다. 모든 학생들이 단점에 대해 물어보는 것을 잊어버리는데, 단점이야말로 장점보다 케이스 문제를 이끌어가기 쉬운 부분입니다. 단점은 이를 테면 카니발라이제이션, 대량해고 등이 있으며 신약 같은 경우에는 부작용이 있을 수 있습니다.

아래 그림은 소매업자의 이익을 증대시키기 위한 의사결정 도표입니다. 이것은 손익 분석 케이스의 MECE한 답변 구조의 또다른 예시입니다. 이 도표에 살을 충분히 붙이면, 상당히 크게 확장될 것입니다만, 모든 것을 다 적을 필요는 없습니다. 면접관은 그저 당신이 이런 방식으로 생각하기를 원하는 거니까요.

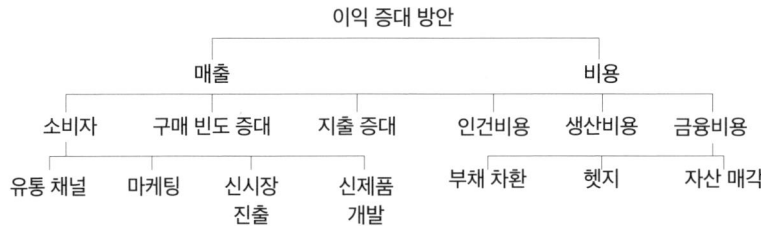

2. 신시장 진출

문제 : 고객사 Z는 모발 관련 제품을 생산합니다. 현재 고객사는 자외선 차단제 시장에 뛰어들지 고민하고 있습니다. 과연 바람직한 계획일까요?

신시장 진출 문제는 앞서 언급한 문제처럼 단번에 알아볼 수 있기도 하고, 때로는 인수, 합병, JV조인트벤처, 신사업 시작이나 신제품 개발과 엮여 있기도 합니다. 다시 말해 신시장 진출 문제는 단순히 "진출해야 합니까, 말아야 합니까?"의 문제가 아닙니다. "어떻게 진출해야 하며, 각 진출 방법의 장단점이 무엇입니까?" 입니다.

신시장 진출 문제와 관련하여 물어볼 수 있는 가장 좋은 질문은 "고객사는 왜 이 시장에 진출하고 싶어 합니까?" 입니다. 거의 모든 MBA 학위 소지자들이 이 질문을 하지 않는데, 이 질문은 대단히 중요합니다. 신시장 진출 문제를 받으면 대부분의 MBA 학위 소지자들은 신시장을 먼저 분석하려고 합니다. 그 시장이 진출할 가치가 있는지 살펴보고자 하기 때문이지요. 그러나, 이것은 실수입니다. 시장보다 고객사를 먼저 분석해야 합니다. 이렇게 해야, 지원자의 관점이 아닌 고객사의 관점에서 신시장을 바라볼 수 있습니다. 만약 고객사를 이해하지 못한다면, 정말 그 시장이 진출할 가치가 있는지 판단할 수 없습니다.

당신은 고객사와 현재 시장 그리고 새로운 시장 진출 방안에 대해 다음과 같이 메모해야 합니다. 3단계로 구분할 수도 있고, 내부 고객사와 진출 방안 와 외부 시장과 경쟁사 로 구조화할 수도 있습니다. 어떤 식이든 모두 같은 정보이니, 당신에게 편한 방향으로 구조화하세요.

▶ **1단계 : 고객사에 대한 질문으로 시작하세요.** 앞서 알려드린 필수 질문 리스트를 기억하세요.

- 지난 3년간 고객사의 매출과 이익은 어떻게 됩니까?
- 고객사의 제품 믹스는 어떻게 됩니까?
- 만약, 케이스 문제가 신제품에 대한 것이라면 :
  - 기존 제품에 대한 카니발라이제이션이 발생합니까?
  - 고객 세분화 그룹이 기존과 동일합니까?
  - 기존 유통 채널을 활용할 수 있습니까?
  - 기존 판매 인력을 활용할 수 있습니까?
  - 신제품은 언제 그리고 어떻게 생산될 예정입니까?
  - 신규 인력을 채용해야 합니까? 아니면, 기존 인력을 재교육시켜야 합니까?
- 브랜드 파워는 얼마나 강력합니까? 시장의 선두 주자입니까?
- 고객이 생각하는 성공의 기준은 무엇입니까?

▶ **2단계 : 시장의 현 상황과 미래 상황을 판단하세요.** 앞서 알려드린 필수 질문 리스트를 기억하세요.

- 시장의 현재 규모는 어떻습니까?
- 성장률은 어떻게 됩니까? 트렌드를 물어보세요.
- 해당 산업은 시장 성장 사이클의 어디에 위치합니까? 성장 단계: 성장? 성숙? 쇠퇴?
- 고객은 누구이고, 그들은 어떻게 세분화되어 있습니까?
- 이 시장에서 기술의 중요도는 어떠하며, 얼마나 빠른 속도로 기술이 변화합니까?
- 경쟁사들이 어떻게 반응할 것 같습니까?

▶ **3단계 : 시장 진출이 비즈니스 관점에서 합리적일지 판단하기 위해 조사하세요.**

- 경쟁사는 누구이며, 그들이 차지하는 시장 점유율은 어떻게 됩니까?
- 그들의 제품은 자사 제품과는 어떻게 다릅니까?
- 우리의 제품 또는 서비스의 가격을 어떻게 책정할 것입니까?
- 시장 진출 이외 대안이 존재합니까?
- 시장 진출 시 진입 장벽이 존재합니까? 예를 들어, 브랜드 인지도 또는 대중적 수용도 부족, 필요자본량, 원자재 접근, 유통 채널 접근, 인적 자원 부족 그리고 정부 정책입니다. 몇몇 거대 기업들이 독과점하고 있는 산업은 그 자체로 진입 장벽이 될 수 있습니다.
- 철수 장벽이 존재합니까? 만약 우리가 진출한 시장의 상황이 좋지 않을 때 어떻게 철수할 수 있습니까?
- 리스크는 무엇입니까? 예를 들어, 시장 규제 변화 또는 기술 변화 등

▶ **4단계 :** 이 시장에 진출하기로 결정했다면, 업계 주요 플레이어가 되기 위한 최선의 방법을 찾아야합니다. 시장에 지출하는 데에는 네 가지 방법이 있습니다.

- 0의 상태에서 시작해서, 기업의 자체적 힘을 이용해 유기적으로 성장하는 것
- 산업 내 기존의 주요 플레이어를 인수하여 성장하는 것
- 유사한 목표를 공유하는 플레이어와 JV 또는 전략적 관계를 형성하여 성장하는 것 JV 진행시, 양측은 서로에게 무엇을 줄 수 있을까?
- 마케팅과 유통에 집중하는 대신 생산은 외주아웃소싱를 맡기는 것

비용-편익 분석이 필요합니다. 각 전략의 장단점을 분석하세요. 이것은 의사결정 내린 대로 계속 진행할지 말아야 할지 결정해야 할 때면 항상 수반되어야 합니다.

당신이 메모한 것은 대략적으로 다음 그림과 유사한 형태일 것입니다.

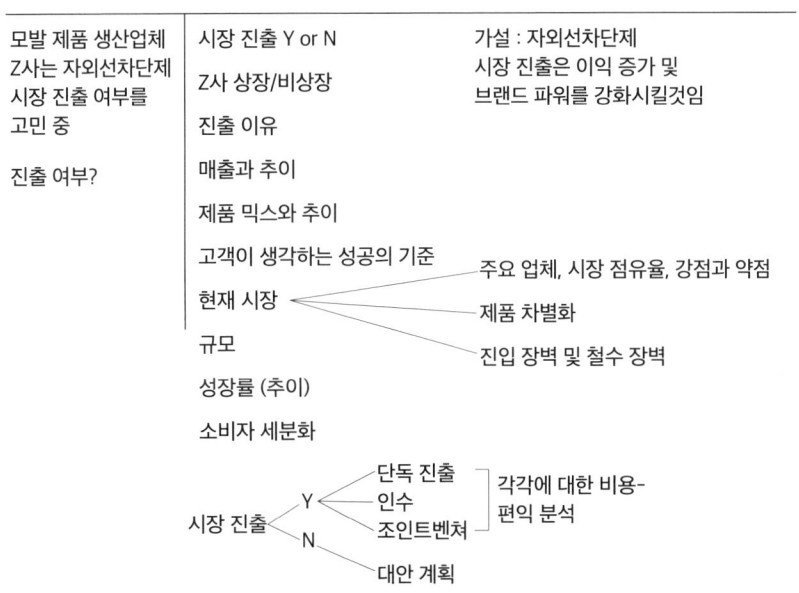

▶ **시장 진출 케이스 문제풀이를 위한 조언 : 주도적으로 응답하세요.**

만약 '예'라고 대답하려거든, "예, 고객사는 이 시장에 진출해야 합니다."라고 말하세요. 그 이유는 무엇이고, 이렇게 진출하면 되고, 리스크는 발생 가능성과 그 영향력에 따라 순차적으로 이런 것들이 있으며, 장기적, 단기적 관점에서의 후속 과제들은 이러이러한 것들이라고 말하세요.

만약 '아니오'라고 대답해야 한다면, '아니오'라고 말하세요. 그리고 그에 대한 이유를 설명하고, 리스크를 우선 순위대로 나열하세요. 가능하다면, 고객사가 목표를 달성할 수 있는 대안을 제시하고, "우리가 이 대안 실행과 관련하여 도움을 드릴 수 있습니다."라고 덧붙이세요. 답변할 때는 당신이 고르지 않은 다른 선택지에 대해서는 절대 설명하거나 언급하지 마세요. 당신의 답은 직선적이고 명확해야 하며, 30초에서 90초 안에 설명해야 합니다.

▶ **M&A : 인수 합병**

신시장 진출에 대한 많은 문제들은 M&A에 대한 문제이기도 합니다. 우선, 합병과 관련하여 가장 중요한 요인 두 가지는 합병이 주주 가치를 제고할지 여부 그리고 두 회사의 조직 문화가 잘 융화될지 여부입니다. 조직 문화 부조화는 합병이 실패하거나 두 회사의 잠재력을 제대로 발휘하지 못하는 가장 큰 원인입니다. 블랙록의 CEO인 래리 핑크는 "비용을 줄일 수 있는 비즈니스 구조를 갖춘 회사 말고 당신의 회사가 배울 수 있는 조직 문화를 갖춘 회사를 사야 한다." 고 말했습니다.

▶ **M&A 문제의 몇 가지 주요 사항들은 다음과 같습니다.**
- 인수자가 사모펀드 회사라면 "왜 사모펀드가 이 회사를 인수하려고 합니

까? 그 외 지분을 갖고 있는 회사는 어떤 것이 있습니까? 그리고 인수 후의 계획은 무엇입니까?" 많은 학생들이 이런 질문을 하지 않아 포트폴리오 회사들 사이에서 만들어 낼 수 있는 시너지에 대한 부분을 빠뜨리게 됩니다.

- M&A 문제가 한 회사가 다른 회사를 인수하는 상황이라면, "왜"와 더불어 "또 어떤 제품을 판매하고 있습니까?"라는 질문도 같이 하세요. 그리고 "어떤 시너지 효과를 창출할 수 있습니까?"라는 질문도요. 인수는 사업적으로 이득이 되어야 합니다.
- 인수 이유
  - 시장 접근성을 제고하고, 브랜드 파워를 강화하고 시장 점유율을 높이기 위해
  - 보유 주식을 다각화하기 위해
  - 경쟁에서 우위를 선점하기 위해
  - 인수 목표 회사가 사실은 고객사의 위험이므로
  - 뛰어난 경영 인재를 확보하기 위해
  - 특허나 라이선스 또는 특정 제품을 얻기 위해
  - 시너지 효과, 원가 절감, 문화적 통합, 유통 채널과 고객층의 확대, 크로스 셀링 등을 달성하기 위해
  - 세제 혜택을 위해
  - 주주 가치를 창출하기 위해
- 기업 실사를 하고, 산업에 대해 조사하세요.
  - 인수 목표 회사의 상황은 어떠합니까? 경영 현황과 제품, 수익성 그리고 브랜드의 현황은 어떻습니까? 독자적 가치는 어떠하며, 최근 성장률은 어떻습니까? 시장에 매물로 나온 이유는 무엇입니까? 회사를 분석할 때 필요한 필수 질문 리스트를 고려하세요.

- 시장, 고객, 공급 업체는 얼마나 안정적입니까?
- 마진은 어떤 편입니까? 인수 목표 회사는 높은 판매량과 저마진 상황입니까, 낮은 판매량과 고마진 상황입니까?
- 해당 업계는 전반적으로 어떤 상황입니까? 그리고 인수 목표 회사의 실적은 업계 전체와 비교했을 때 어떻습니까? 시장 선도 기업입니까?
- 경쟁사들은 고객사의 인수에 어떻게 대응할 것 같습니까?
- 인수 목표 회사를 인수할 수 없는, 또는 인수해서는 안되는 법적인 문제가 있습니까?
- 기술적 리스크가 있습니까?
- 인수 비용은 얼마나 될 것 같습니까? 고객사가 과도하게 비용을 들여야 합니까?
- 고객사는 충분한 현금을 보유하고 있거나 자본을 끌어올 수 있습니까?

3. 가격 전략

문제 : S사는 태블릿 신제품을 출시할 예정입니다. 가격을 어떻게 책정해야 할까요?

가격 전략 관련 문제는 단독적으로 출제되기도 하지만, 주로 더 큰 범위를 다루는 문제의 일부로 출제되는 경우가 많습니다. 고객사와 고객사의 목표를 조사하고, 제품과 서비스 그리고 경쟁 상황에 대해 알아내야 합니다. 그 후, 가격 전략을 결정하세요.

1단계 : 고객사를 조사하세요. 규모가 어떻습니까? 어떤 제품을 갖고 있으며,

시장에서 리더입니까? 더 중요한 것은 고객사의 가격 수립 정책은 무엇인가 하는 것입니다. 이익을 내는 것입니까, 시장 점유율을 늘리는 것입니까, 아니면 브랜드 파워를 갖추는 것입니까? 고객사의 가격 정책은 고객사가 결정할 수 있습니까? 아니면, 공급업체나 시장, 그리고 경쟁사와 연동되어 있습니까?

고객사의 전략과 목표는 가격 전략 케이스에서 가장 중요한 부분입니다. 태블릿 시장을 예로 들어봅시다. 애플은 시장에서 최초로 아이패드를 출시했습니다. 아름다운 기술의 결정체였지만, 다소 비싼 편이었습니다. 우리는 모두 애플이 마진을 높게 가져가는 것을 좋아한다는 사실을 알고 있습니다. 애플은 이익을 향해 달려나가는 셈이었죠. 이어서 삼성은 갤럭시 태블릿을 출시했습니다. 역시나 엄청난 기술의 결정체였지만, 삼성의 마진은 애플보다는 낮고, 갤럭시 가격 또한 더 낮았습니다. 다시 말해, 삼성은 시장 점유율을 목표로 했던 것이었죠. 그 이후, 아마존도 킨들 파이어를 출시했습니다. 아마존은 킨들 파이어를 거의 원가 수준으로 판매했는데, 그들의 전략은 킨들 파이어를 가능한 많이 시장에 푸는 것이었습니다. 왜냐하면, 책, 영화, 음악 그리고 프라임 멤버쉽 등 부가적인 수익이 킨들 파이어 기기를 판매하는 수익보다 더 컸기 때문입니다. 이 세 회사는 거의 같은 제품을 두고 완전히 다른 가격 전략을 통해 각각의 성공을 거둔 사례입니다.

2단계 : 제품을 조사하고 연구하세요. 경쟁사 제품과 비교하면 어떻습니까? 대체재가 있습니까? 제품 성장 사이클 중 어디에 위치합니까? 수요-공급의 원리가 작용하고 있습니까?

3단계 : 가격 전략을 수립하세요. 고려해야 하는 주요 가격 전략은 경쟁 지향

적 가격 책정, 비용 지향적 가격 책정, 시장 지향적 가격 책정 모두 세 가지입니다.

고객사의 목표를 파악했다면, 위 세 가지 가격 전략 모두를 빠르게 살펴봐야 합니다.

경쟁 지향적 가격 책정 : 시중에 유사 제품이 있습니까? 경쟁사 제품과 비교했을 때 우리 제품은 어떻습니까? 경쟁사 제품의 원가를 알고 있습니까? 경쟁사는 제품 가격을 어떤 방식으로 책정했습니까? 대체재가 있습니까? 수요-공급 차원의 문제가 있습니까? 경쟁사들은 어떻게 반응할 것 같습니까?

비용 지향적 가격 책정 : 제품을 생산하는데 들어간 모든 비용을 더한 다음에 그 위에 이익을 얹는 방식입니다. 이를 통해 손익 분기점을 알 수 있습니다. 이 방법은 시장을 잘못 판단할 경우, 가격을 깎아야 하고, 이는 곧 수익성을 압박하기 때문에 통상적으로 좋은 가격 책정 방식은 아닙니다. 하지만, 회사는 적어도 제품의 원가가 얼마인지는 알고 있어야 합니다.

시장 지향적 가격 책정 : 사람들은 이 제품에 얼마를 지불하려고 할까요? 만약 사람들이 고객사의 제품 생산 원가보다 더 많이 지불할 의사가 없다면 제품을 생산하는 의미가 없을 것입니다. 반대로, 고객사가 제품 생산 원가에 마진을 더한 가격보다 훨씬 더 높은 가격이라도 소비자들은 기꺼이 구매하려고 할 수도 있습니다. 마진은 산업에 따라 천차만별입니다. 식료품 업계는 마진이 매우 적은 반면, 제약산업은 전통적으로 마진이 큽니다. 또한, 이 제품이 사람들에게 어떤 가치를 주는지도 고려해야 합니다. 사람들의 일상 속에

있는 다른 제품이나 서비스와 비교해보세요. 그 제품과 서비스에 대해 얼마를 지불했던가요?

정리하자면, 가격 전략을 수립하는 문제를 풀 때는 지금까지 다룬 세 가지 전략을 모두 살펴봐야 하고, 만약 존재한다면 각 전략의 교집합을 찾아야 합니다.

NOTE : 당신이 만약 가격 분할 판매에 대한 문제를 받게 된다면, 가격 전략 문제는 더 어려워지는 동시에 더 재미있어집니다. 가격 분할 판매란 배송, 설치, 워런티, 등을 한 데 모아 하나의 가격으로 책정하는 것과는 달리 각각에 대해 개별적으로 가격을 부과하는 것입니다. 항공사를 운영한다고 하면, 낮은 가격의 순수 항공 운임과 수화물 운송비를 별도로 부과하겠습니까, 아니면 수화물 운송비가 포함된 고가 항공권을 홍보하겠습니까? 대형 전자제품매장에서 70인치 HDTV를 판매할 때는 좀 더 높은 가격에 무료 배송과 설치를 포함하여 판매하겠습니까? 아니면, 소비자들은 매장에 서 있을 때에도 인터넷으로 가격 정보를 비교한다는 것을 고려하여 더 낮은 가격에 판매하며 배송비와 설치비를 별도 부과하겠습니까? 대부분의 소비자들은 70인치 TV를 집에서 혼자 설치하는 것은 고사하고 그들의 차에 싣기 어렵다는 사실을 알고 있음에도 불구하고요? 이런 문제에 대한 해결책은 업계 표준을 살펴보는 것입니다. "경쟁사들은 무료 배송을 제공하고 있는가?" 만약 업계 표준을 고려하지 않는다면 사람들이 가격 정보를 비교할 때 큰 불이익을 받게 될 것입니다.

저는 일년에 약 50개의 학교에서 강연을 진행합니다. 제가 받는 강연료에는 강의 자체에 대한 보수와 이동 비용이 포함되어 있습니다. 저의 경쟁자들은 강의 보수를 청구하고 다시 별도로 이동 비용을 청구합니다. 제 생각은 저의 가격 전략이 학교 그리고 저 스스로에게 훨씬 더 편리하다는 것입니다. 왜냐하면 저는 출장 경비 내역과 영수증을 보관하다가 복사해서 학교의 자금관리팀에 제출하지 않아도 되거든요. 그냥 모든 내역이 포함된 고정 가격입니다. 이렇게 사전에 고정된 가격으로 청구하면, 저는 강연료를 보다 빠르게 지급받을 수 있고 따라서 비행기표를 결제한 신용카드 영수증을 기다릴 필요가 없습니다. 저는 이미 제가 쓰는 비용이 대충 얼마인지 알고 있으며, 이렇게 하면 학교 입장에서도 강연료 지급에 대해 사전에 예산을 설정할 수 있습니다. 이건 학교 측에서 매우 좋아하는 부분이지요. 제 방법대로 하면, 예상치 못하게 놀라게 되는 것들이 없습니다. 누구의 방법이 더 합리적일까요? 사실 컨설팅 업계의 표준은 우선 비용을 부과하고, 부대비용을 별도로 청구하는 것입니다. 이것은 만약 애플이 고객사라면 확실히 옳은 전략일 수 있습니다만, 자금 운영이 유연하지 않은 대학교가 고객사라면 그렇지 않습니다.

4. 성장과 판매 증대

문제 : BBB전자는 판매를 늘려 K6 피뢰침 분야의 최대 공급자로 거듭나고 싶어 합니다. 이 목표를 달성하려면 어떻게 해야 할까요?

판매 증대나 회사의 성장은 반드시 이익 증대를 의미하는 것은 아닙니다. 판매 증대의 경우, 비용은 크게 중요치 않습니다. 그러나 여전히 고객사의 목표, 제품 등에 대해 이해해야 하고 고객사가 속한 산업에 대해서도 잘 알아야 합니다.

판매의 증가는 판매하는 양의 증가 혹은 판매 금액매출액을 늘리는 것 두 가지 모두를 의미합니다. 당신이 매출액을 늘려야 하는 케이스 문제를 받았다고 해 봅시다. 면접관이 매출액을 10% 올려야 한다고 할 때, 이에 대한 가장 좋은 질문은 "지난 삼 년간 매출액은 몇 % 증가했습니까? 그리고 혹시 예상 증가치가 있습니까?"입니다.

1단계 : 고객사의 규모, 자원 그리고 제품 등에 대해 알아보세요.
필수 질문 리스트를 다시 떠올리세요.

2단계 : 산업을 조사하세요. 성장하고 있습니까? 고객사는 산업 전체에 대비해 어떻게 성장하고 있습니까? 고객사의 가격은 경쟁사의 가격과 비슷한 수준입니까?

판매량의 증가/ 매출액의 증가

- 유통 채널의 수 늘리기
- 특히 기성 제품에 대한 카니발라이제이션 현상을 일으키지 않을 제품이나 서비스를 다양화하여 제품 라인 확대하기
- 성장 가능성과 마진이 가장 높은 사업 영역 분석하기
- 마케팅 캠페인에 투자하기
- 경쟁사 인수하기 특히 케이스 문제가 시장 점유율 확대일 경우
- 가격 조정하기 고객의 가격 민감도를 고려하세요. 판매량을 늘리기 위해서는 가격을 내려야 하고, 수요를 줄이거나 단위 당 이익을 늘리기 위해서는 가격을 올려야 합니다.
- 계절 간 균형 맞추기 매 분기 매출을 올리는 것입니다. 묘목장을 운영한다면, 봄에는 꽃, 여름에는 허브, 가을에는 호박, 겨울에는 화환과 크리스마스용 장식나무를 판매하는 것입니다.

회사가 성장하는 또다른 방법은 바로 성장하고 있는 산업 중 진입 장벽이 높은 곳에서 틈새 시장을 찾는 것입니다. 틈새 시장은 경쟁도 더 적고, 시장에 진출했을 때 더 큰 주목을 받게 됩니다.

다른 케이스 시나리오를 위한 주요 질문들

다음은 케이스 시나리오를 분류한 뒤 물어봐야 하는 핵심 질문들입니다.

▶ **산업 분석**

산업을 전반적으로 조사하세요.

- 성장 단계 중 어디에 있습니까? 성장? 성숙? 쇠퇴?
- 지난 1년간, 2년간, 5년간, 10년간 산업은 성장해왔습니까, 쇠퇴해왔습니까?
- 산업 전체와 비교했을 때, 고객사는 어떻습니까?
- 산업의 주요 플레이어는 어디이고, 그들의 시장 점유율은 어떻습니까? 그 밖에 어떤 업체들이 있습니까?
- 최근 업계에 주요한 변화가 나타났습니까? 여기서 변화란 새로운 플레이어 및 신기술 등장, 규제 강화 등을 말합니다.
- 산업을 움직이는 요인은 무엇입니까? 브랜드, 가격, 품질, 충성도, 유행과 문화, 마케팅, 제품, 크기, 경제 또는 기술입니까?
- 수익성과 마진은 어떻게 됩니까?

▶ **공급업체**

- 공급업체의 수는 몇이나 됩니까?
- 공급업체가 제품을 준비하는 데까지는 얼마나 걸립니까?

- 공급업체들의 업계 상황은 어떻습니까?
- 공급망은 어떻습니까? 고객사의 공급업체도 다른 업체로부터 물건을 공급 받고 있습니까?

▶ **시장의 미래**
- 업체들이 이 시장에 진출하고 있습니까? 아니면, 철수하고 있습니까?
- 현재 시장에서 진행되고 있는 M&A 건이 있습니까?
- 진입 장벽 및 철수 장벽이 있습니까?
- 어떤 대체재가 존재합니까?

신제품 개발

▶ **제품 차원에서 생각해 보세요.**
- 신제품은 어떤 점이 특별합니까? 상표권이 등록되어 있습니까? 특허 등록이 되어 있나요? 특허 존속기간은 얼마나 됩니까?
- 유사 제품 또는 대체재가 존재합니까?
- 신제품의 장단점은 무엇입니까?
- 신제품이 고객사의 다른 제품 라인과 잘 조화됩니까?
- 기존의 판매 인력이 신제품을 판매할 수 있습니까?

▶ **마케팅 차원에서 생각해 보세요.**
- 고객사의 기존 제품 라인에 어떤 영향을 끼치게 될까요?
- 고객사의 기존 제품에 대해 카니발라이제이션을 일으킬 수 있습니까?
- 기존 제품을 대체하게 됩니까?
- 이 제품이 고객사의 고객층을 확대하고 판매를 늘릴 수 있습니까?

- 경쟁업체들은 어떻게 반응할 것 같습니까?
- 만약 새로운 시장에 진출해야 한다면, 진입 장벽은 무엇입니까?
- 주요 업체는 누구이고, 그들의 시장 점유율은 어떻게 됩니까?

▶ **고객 차원에서 생각해 보세요.**
- 우리의 고객은 누구입니까? 그들에게 중요한 것은 무엇일까요?
- 고객층이 어떻게 세분화되어 있습니까?
- 고객에게 도달할 수 있는 최적의 방법은 무엇입니까?
- 어떻게 하면 고객 이탈을 막고 계속 유지해 나갈 수 있습니까?
- 신규 고객 유치 비용은 어떻게 됩니까?

▶ **자금 차원에서 생각해 보세요.**
- 신제품 생산을 위한 자금을 어떻게 조달할 것입니까? 고객사가 충분히 현금을 갖고 있습니까, 아니면 대출을 받아야 합니까? 대출을 받아야 한다면, 여러 경기 변동 요인 속에서 부채를 감당할 수 있습니까?
- 자금을 어떻게 배분하는 것이 가장 효과적입니까?

▶ **신제품의 소비자 채택율**

신제품, 특히 최첨단 기술이 적용된 신제품과 관련된 케이스 문제를 풀 때 몇 개나 팔 수 있을 것 같냐는 질문을 듣게 될 때가 있습니다. 면접관은 아마 "이 제품의 시장 규모는 어느 정도나 되고, 첫 해에 몇 개나 팔 수 있을까요?" 라고 물어볼 것입니다. 이에 대해 명심해야 하는 두 가지가 있습니다. 첫째, 아무리 좋은 제품이라고 하더라도, 새로운 제품이 첫 해에 시장의 10% 이상을 확보하는 것은 굉장히 드문 일이며, 보통 3%에서 5% 사이가 입니다. 이것은 어떤 시장인지와 경쟁 강도에 달려 있으며, 신제품이 경쟁사의 제품보다 얼마나 뛰어난 지에 따라서도 달라집니다. 둘째, 로저스의 소비자 수용 곡선을 떠올려야 합니다. 곡선을 그려 면접관에 보여주고 당신의 사고 과정을 설명해주세요.

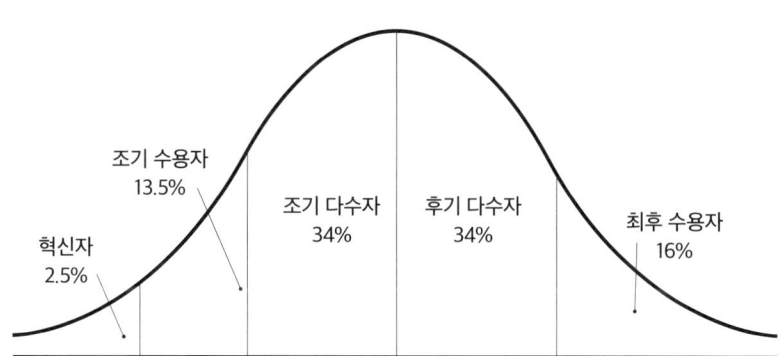

로저스의 소비자 수용 및 혁신 곡선

신사업 착수

신사업에 착수하는 것은 신시장에 진출하는 것을 포함하기 때문에, 첫 번째 접근 단계는 동일합니다. 해당 시장에 진출하는 것이 사업적으로 합리적인 판단인지 조사하세요.

- 경쟁사들은 누구입니까?
- 경쟁사들의 시장 점유율은 어떻게 됩니까?
- 경쟁사들의 제품 및 서비스는 고객사의 제품 및 서비스와 어떻게 다릅니까?
- 진입 장벽 또는 철수 장벽이 존재합니까?

시장 진입 장벽이 없다는 것을 확인했다면, 우리는 고객사를 벤쳐투자자의 눈으로 바라봐야 합니다. 당신은 외부자의 시선으로 봤을 때 이 스타트업에 투자하겠습니까? 손실을 각오하고 당신의 돈을 투자할 수 있습니까? 벤쳐 투자자들은 단순히 아이디어나 제품에 매료되지 않습니다. 그들은 다음과 같은 것들을 분석하고, 고려합니다.

- 경영진
  - 경영진이 얼마나 경험이 풍부합니까?
  - 경영진의 핵심 역량은 무엇입니까?
  - 경영진끼리는 과거에 함께 일해 본 경험이 있습니까?
  - 자문 위원회가 존재합니까?
- 시장과 전략
  - 해당 시장의 진입 장벽은 무엇입니까?
  - 해당 시장의 주요 경쟁자들은 누구이며, 그들의 시장 점유율은 어떻게 됩니까?
  - 경쟁업체들은 어떻게 반응할 것 같습니까?
- 유통 채널
  - 고객사가 활용할 수 있는 유통 채널은 무엇이며, 몇 개나 됩니까?
- 제품과 서비스
  - 고객사는 어떤 제품이나 서비스, 기술을 보유하고 있습니까?
  - 제품과 서비스 차원에서 고객사의 경쟁 우위 요소는 무엇입니까?
  - 제품과 서비스 차원에서 고객사가 가진 약점은 무엇입니까?
  - 고객사가 가진 기술은 소유권을 주장할 수 있는 종류의 것입니까?
- 고객
  - 고객은 누구입니까?

- 고객에게 도달하기 위한 가장 좋은 방법은 무엇입니까?
- 어떻게 하면 고객 이탈을 막고 계속 유지할 수 있습니까?
- 재무
  - 필요 자금을 어떻게 조달합니까?
  - 자금을 어떻게 배분하는 것이 가장 효과적입니까?
  - 여러 경기 변동 요인 속에서 부채를 감당할 수 있습니까?

경쟁 대응

경쟁 대응 전략이라고 하는 동전에는 양면이 존재합니다. 경쟁업체가 새로운 제품 또는 서비스를 출시하여 당신의 시장 점유율을 빼앗기 시작한다면 어떻게 해야 할까요? 반대로 당신이 새로운 제품이나 서비스를 출시해 경쟁업체의 시장 점유율을 빼앗기 시작하면 그들은 어떻게 반응할까요?

- 다시 한번 이야기하지만, 우선 고객사의 상황을 탐색하는 질문을 여러 개 던져서 현재 상황을 이해해야 합니다. 그 뒤, 당신의 분석에 탐색한 상황을 포함하여, 계획을 고안하고, 실행해야 합니다.
- 만약 경쟁업체가 신제품을 출시하여 고객사의 시장 점유율을 빼앗기 시작한다면, 다음과 같은 질문을 먼저 던져봐야 합니다.
  - 경쟁업체의 신제품은 무엇이고, 고객사의 제품과는 어떻게 다릅니까?
  - 경쟁업체가 다르게 만든 것은 무엇입니까? 무엇이 달라졌습니까?
  - 다른 경쟁업체들도 우리의 시장 점유율을 빼앗기 시작했습니까?
  - 소비자들의 니즈가 바뀌었습니까?
  - 경쟁업체가 유통 채널을 확대했습니까?

▶ **대응 전략은 다음과 같습니다.**
- 고객사의 현재 제품을 분석하고, 디자인과 패키지를 수정하거나, 고급 시장으로 이동합니다.
- 신제품을 출시합니다.
- 마케팅과 PR 캠페인을 통해 고객사의 인지도를 높입니다.
- 고객 충성도를 제고합니다.
- 가격을 인하합니다.
- 원자재 관리 및 인력 관리를 철저히 합니다.
- 경쟁업체나 동일 시장의 다른 업체를 인수합니다.
- 전략적 강점을 만들어 내고 보다 강력한 회사가 되기 위해 경쟁업체와 합병합니다.
- 경쟁업체를 모방합니다.

신제품 출시를 기획하거나 가격을 조정하려 할 때는 경쟁 대응 전략을 고려해야 합니다. 너무나 많은 회사들이 그저 관망하는 태도를 취하는 것 같습니다만, 이런 태도는 그들이 새로운 전략을 통해 얻고자 했던 유리한 점의 많은 부분을 사라지게 만듭니다.

흑자전환

어려움에 빠진 회사가 있고 그 회사를 회생시켜야 하는 문제를 받게 되면, 다음 사항을 고려해야 합니다.
- 고객사와 산업을 분석하세요.
  - 어려움에 빠지게 된 이유가 무엇입니까? 제품이나 서비스때문입니까? 아

니면 부실 경영 또는 경기 하락 때문입니까?

- 고객사의 경쟁업체들도 비슷한 문제를 겪고 있습니까?

- 자본을 확보할 수 있습니까?

- 주식회사입니까, 개인회사입니까?

• 이행 가능안

- 고객사와 운영 현황에 대해 상세하게 조사합니다.

- 서비스, 제품 그리고 재무 상태를 분석합니다.

- 계획을 실행하기에 충분한 자금을 확보합니다.

- 임직원의 특성에 대해 살펴보고 불필요한 사람은 걸러냅니다.

- 고객사의 단기 및 장기 목표를 결정합니다.

- 사업 계획을 세웁니다.

- 고객사, 공급업체 그리고 유통업체와 만나 안심시킵니다.

- 목표의 우선순위를 정하고 자신감을 얻기 위해 작은 것부터 하나씩 성공시켜갑니다.

앞으로 이어질 페이지에는 당신이 반드시 학습하고, 생각해 보고, 암기해야만 하는 비용 절감 방안, 위험 요인, 시너지 요인과 외부효과 요인들의 핵심 내용에 대해 정리해 두었습니다. 이것들 전부가 모든 케이스 문제에 쓰이는 것은 아니지만, 이것들을 확실하게 인지하고 있으면 케이스 문제를 풀 때 자신감이 생기고 중요한 내용을 놓치는 일이 줄어들 것입니다. 리스트를 만들어야 한다는 아이디어와 꼼꼼하게 만들어진 실제 리스트를 주어 제가 몇몇 생각을 덧붙이게 해준 UCLA MBA 학생 맷 챔버스에게 고마움을 전합니다.

21가지 비용 절감 방법

다음은 인력 운용, 생산 그리고 재무 측면에서 비용을 절감하는 방법들입니다. 각각의 방법에 대해 고객사의 전략적 니즈를 고려하고 다양한 경기 흐름 시나리오 속에서 장기적으로 나타날 결과를 생각해 보세요. 비용을 회사 전반에 걸쳐서 모두 균일하게 줄일 필요는 없습니다. 다음 내용을 암기한 뒤 면접관이 비용 절감 방법에 대해 물어보면, 각 영역별로 두세 가지를 언급하면 됩니다.

인력 운용

1. 직원들이 두 가지 이상의 업무가 가능하도록 훈련시키세요.
2. 초과근무를 줄이세요.
3. 퇴직연금 제도를 축소하세요.
4. 건강보험에 대한 근로자의 개인 분담금을 올리세요.
5. 주5일 8시간 근무 대신 주4일 10시간 근무를 시행하세요.
6. 직원을 회사의 주인으로 바꾸세요. 만약 직원들이 회사의 지분을 갖게 된다면, 그들은 더 열심히 일하며 기존과는 다르게 끊임없이 비용 절감 방법을 강구할 것입니다.
7. 구조조정에 대해 심사숙고해보세요.
8. 전반적인 임금 삭감을 단행하세요.

생산

9. 기술에 투자하세요.
10. 규모의 경제를 실현하고 책임감을 더 부여하기 위해 생산 공간을 통합하세요.

11. 생산 라인을 유연화하세요.

12. 재고를 줄이세요. JIT 방식을 참고하세요.

13. 아웃소싱하세요.

14. 공급업체와의 계약을 재조정하세요.

15. 공급업체를 통합하세요.

16. 부품 수입을 고려하세요.

재무

17. 고객이 보다 빠르게 결제하도록 만드세요.

18. 부채를 차환하세요.

19. 중요도가 떨어지는 자산을 매각하세요.

20. 환율 변동에 대비하세요.

21. 임직원 건강보험을 개편하세요.

21가지 위험 요인 : 통제 위험과 비통제 위험

리스크는 통제 위험과 비통제 위험으로 나뉘어집니다.

통제 불가능한 리스크

1. 신규 업체의 등장 특히, 시장에서 혼란을 야기하는 업체
2. 경쟁업체로 인해 시작된 가격 전쟁
3. 새로운 정부 규제 및 해당 시장을 못마땅해하는 국회
4. 지역적 특이성, 비용 그리고 직원의 요구사항에 대한 관리 및 대응 용이성
5. 피할 수 없는 관세와 자꾸 바뀌는 공급업체
6. 공급망의 불일치와 공급업체의 파산
7. 유가 및 원자재가 상승
8. 환율변동
9. 지정학적 사건
10. 직원 간 세대차, 숙련된 노동자 부족, 낮은 실업률로 인한 고임금
11. 인구 변동
12. 자연재해

통제 가능한 리스크

13. 판매조직의 위험, 커미션에 따라 변하는 제품 우선순위, 커미션 상한선
14. 특히 합병 또는 혁신 과정에서 생기는 시스템 리스크
15. 재고의 위험, 과다 보유 또는 과소 보유, 소비자 니즈의 변화, 보관 비용, 묶여 있는 자본

16. 소비자 관련 사건 이후의 대외 이미지 변화

17. 매출원의 축소 혹은 붕괴

18. 카니발라이제이션

19. 브랜드 충성도 및 소비자 신뢰 상실

20. 원가 절감으로 인한 품질 저하

21. 임직원의 이직

11가지 시너지 요인

시너지는 매출 측면, 비용 측면 그리고 재무 측면으로 나뉘어집니다.

매출

1. 유통 채널 및 네트워크　　2. 신시장 진출
3. 고객층 확대　　　　　　　4. 고객 솔루션 확대

비용

5. 판관비 절감 및 중복 비용 제거　　6. 규모의 경제 확대
7. 공급망　　| A. 운송　| B. 창고　| C. 공장 및 생산설비
　　　　　　| D. 공급업체　| E. 원자재
8. 대량 주문　　　　　　　　　　　9. 협상력 및 구매력

재무

10. 불필요 자산 매각 11. 세제 혜택

7가지 외부효과 요인

케이스 문제를 풀 때는 외부 상황을 반드시 고려해야 합니다. 여러 가지 외부 효과 요인을 염두에 두세요. 이들은 시장을 움직이기도 하고 시장 점유율을 축소시키기도 하며 수익 구조를 엉망으로 만들기도 합니다. 최근 몇 년간 지켜본 외부효과 요인은 다음과 같습니다.

1. 날씨 요인 : 허리케인, 산불, 산사태, 홍수 등
2. 전세계적 유행병 : 코로나바이러스, 신종 플루, 홍역 등
3. 지리적/정치적 사건
    A. 기후 변화
    B. 브렉시트
    C. 관세
    D. 미투 운동
    E. 회사 방침을 거스르며 소셜 미디어를 사용하는 임직원
    F. 가짜 뉴스
4. 특정 산업 및 회사를 공격하는 정치인 : 제약산업 또는 IT 대기업 등
5. 운송 : 항공기 추락, 크루즈 침몰 등
6. 돈 : 가처분 소득의 변화, 이자율, 환율, 유가, 소비 심리 등
7. 기술 : 해킹, 신기술 등장 등

6가지 시장 변동 요인

주식 시장의 개별적인 종목에 영향을 끼치는 요인은 많이 있지만, 다음 여섯 가지는 앞서 언급된 외부효과 요인과 더불어 주식 시장 전체를 움직이는 요인입니다.

1. 중앙은행 – 이자율 변동, 양적 완화
2. 주가 고평가
3. 물가 상승 기대치 변화
4. 경기 침체 예상
5. 기업 실적
6. 모멘텀 전날 가격 대비 주가 추세 속도 증감 여부를 보이는 지표 / FOMO 현상 혼자만 뒤쳐질 것에 대한 두려움 및 공포감

케이스 유형별 반드시 기억해야 할 '만약에…' 시나리오

▶ **판매 시나리오**

- 만약 판매가 부진하고 이익은 떨어지고 있다면, 매출과 원가 모두를 살펴봐야 합니다. 항상 매출 측면 먼저 시작하세요. 이익 구조를 확실하게 이해하기 전까지는 비용 측면에서 제대로 된 의사결정을 할 수 없습니다.
- 만약 판매가 부진한데 시장 점유율이 상대적으로 안정적으로 유지된다면, 이것은 아마 산업이 전체적으로 부진하다는 뜻이며, 경쟁업체들도 유사한 문제를 겪고 있을 수 있습니다.
- 만약 당신이 받은 케이스 문제가 판매 감소에 대한 내용을 포함한다면, 다음 세 가지를 분석하세요.

- 시장의 전반적인 수요 감소 여부 예를 들어, 탄산음료는 다른 병 음료가 인기를 끌면서 판매량이 감소했습니다.
- 현재 시장이 성숙 단계에 이르렀거나 고객사의 제품이 뒤쳤는지 여부 예시: 레코드 음반은 CD에게 자리를 내주었고, CD는 디지털 음원에게 자리를 내주었습니다.
- 대체재로 인한 시장 점유율 감소 여부 예를 들어, 비디오 대여 수요는 외식, 영화 관람, IPTV, 인터넷 등 비디오를 대체할 수 있는 레저 활동이 등장하면서 감소했습니다.

- 만약 판매와 시장 점유율이 증가하는데 이익은 감소한다면, 가격이 떨어졌거나 원가가 상승하고 있는 것은 아닌지 확인해봐야 합니다. 또한, 제품 믹스와 마진에 변화가 있는 것은 아닌지 살펴봐야 하며, 혹시 다른 업체들이 시장을 떠나고 있는지 여부도 봐야만 합니다.

▶ **이익 시나리오**

- 만약 판매가 줄어들어 이익이 감소하고 있다면, 마케팅과 유통 채널 측면의 문제에 집중해야 합니다.

  만약 비용이 늘어 이익이 감소하고 있다면, 운영과 재무 상의 문제에 집중해야 합니다. 예를 들어, 매출원가, 인건비, 임대료, 마케팅 비용 등

- 만약 이익이 감소하고 있는데 매출은 늘고 있다면, 다음 사항들을 검토해 보세요.
  - 원가 변동
  - 기타 추가 비용
  - 가격 변동
  - 제품 믹스
  - 소비자 수요 변화

▶ **제품 시나리오**
- 만약 제품이 초기 성장 단계라면, R&D와 경쟁 전략 그리고 가격 전략에 집중하세요.
- 만약 제품이 성장 단계라면, 마케팅과 경쟁 전략에 초점을 맞추세요.
- 만약 제품이 성숙 단계라면, 제조와 원가 그리고 경쟁 전략에 집중하세요.
- 만약 제품이 쇠퇴 단계라면, 틈새 시장을 찾고, 경쟁업체의 활동을 분석하세요. 그리고 철수 전략을 생각해 보세요.

▶ **가격 전략 시나리오**

만약 가격을 인하하면 생산량을 늘리게 되고, 최대 생산 능력 이상으로 생산하게 됩니다. 그렇게 되면 직원들의 야근으로 비용은 급격히 상승하게 됩니다. 결과적으로 이익은 감소하게 됩니다.

가격은 다음 세 가지 요건이 갖춰졌을 때만 안정적일 수 있습니다.
- 모든 경쟁업체의 성장률이 대략적으로 비슷한 수준일 때
- 가격이 원가에 병행할 때
- 모든 경쟁업체의 가격이 대략적으로 비슷한 수준일 때

생산량과 원가를 바꾸는 것은 모든 업체들이 항공권이나 기름값처럼 가격을 다 함께 바꾸지 않는 한 업계의 가격 수준을 바꾸는 것보다 쉽습니다.

원가가 높은 제품을 생산하는 사업자는 경쟁자들에게 시장점유율이 쉽게 바뀌지 않을 것이라는 확신을 주는 전략이 유효합니다. 업계 내 현실적으로 가장 높은 가격이 결국 모두의 이익입니다. 가격 전쟁은 해가 될 뿐이며, 가격을 높게 유지하는 것이 모두가 득을 보는 길입니다.

5

케이스 문제 연습
Practice Cases

5. 케이스 문제 연습

챕터 5는 세 개의 영역으로 구성되어 있습니다. 우선은 케이스 문제 구조를 철저히 해부해 볼 텐데, 이미 널리 알려진 손익 분석 문제 할리 데이비슨 케이스 와 신시장 진출 문제 쿠어스 케이스 를 분석합니다. 몇몇 사람들은 오토바이와 맥주가 재앙을 만드는 재료라고 말하지만, 우리에게는 그렇지 않습니다. 당신은 이 두 가지 케이스 문제를 분석하며, 면접관과 면접자의 대화를 차근차근 살펴볼 수 있을 뿐만 아니라, 면접자의 대답이 어떠했는지 제가 분석한 내용을 보게 될 것입니다.

두번째 영역은 케이스 문제풀이 시작 실전 문제 5개입니다. 먼저 문제를 읽고, 1분 정도 당신의 답변 구조를 짜보세요. 그 다음 당신이 실제 인터뷰에서 면접관에게 확인하고 싶은 질문이나 헷갈리는 점의 목록을 만드세요. 그 다음, 저의 답변 구조와 한번 비교해 보시기 바랍니다. 단 하나의 완벽한 정답은 존재하지 않다는 사실을 명심하세요. 당신의 답변 구조와 저의 답변 구조가 꼭 일치하지 않아도 괜찮습니다. 처음에는 한 두 문제만 풀어보고, 나머지는 나중에 자신감이 조금 더 붙었을 때 다시 풀어보세요.

세번째 영역에서는 17개의 실전 문제를 풀어볼 것입니다. 첫번째 영역과 유사하지만, 이번에는 제가 분석한 내용이 없습니다. 주어진 문제를 잘 읽고, 답변 구조와 핵심 사항들을 잘 정리해 메모하세요. 그리고 각 케이스 문제의 끝에 달아둔 시사점을 꼭 학습하세요.

이어지는 챕터 6은 상호 연습 문제입니다. 당신과 당신의 짝이 서로 문제를 출제하고 연습해 볼 수 있는 문제 10개가 있습니다. 이 문제들은 경영학적인 지식이 없더라도 문제를 내고 합리적인 피드백을 줄 수 있도록 만들어져 있으며, 고난이도 순으로 배치되어 있습니다.

챕터 5에 있는 모든 케이스 문제를 풀 때, 우리는 확실한 근거에 기반한 사실을 갖고 푸는 것이 아니라, 일반적인 가정을 통해 문제를 풉니다. 대중적인 인지도가 높고 브랜드 파워가 있는 회사들이 케이스 문제에 등장합니다만, 이 회사들과 관련된 케이스 문제 속의 정보들은 정확하지 않을 수 있으며, 최신 데이터라고 생각해서는 안 됩니다.

할리 데이비슨   CASE PRACTICE 01

면접관 : 고객사는 할리 데이비슨입니다. 지난 화요일, 할리 데이비슨의 이익과 매출이 감소한다는 뉴스 때문에 주가가 36달러에서 34달러로 떨어졌습니다. 어떻게 된 일일까요? 그리고 어떻게 해야 상황을 반전시킬 수 있을까요?

5 : 케이스 문제 연습

지원자 : '고객사 할리 데이비슨의 이익 감소 소식으로 주가가 36달러에서 34달러로 떨어졌다. 이에 대해 어떤 일인지 파악하고 상황을 회복시킬 방안을 찾아라.' 맞습니까? 이외에 제가 알아야 할 다른 목표가 있습니까?

면접관 : 있습니다. 시장 점유율을 유지해야 합니다.

분석 : 케이스 문제를 요약한 것은 잘 한 일입니다. 그런데, 만약 문제를 계량화했다면 더 좋은 인상을 남겼을 것입니다. 주가가 36달러에서 34달러로 떨어졌다고 말하는 대신, 주가가 약 5% 하락했다고 말했어야 한다는 의미입니다. 여기서 중요한 것은 '어떤 방식으로 생각하는가', 다시 말해 숫자를 들었을 때 당신의 머리 속에서 일어나는 사고 과정입니다. 또한, 문제의 목표를 확실히 설정하고, 그 외 신경 써야 하는 다른 목표가 있는지 물어본 것도 잘한 부분입니다. 만약 물어보지 않았다면, 시장 점유율을 유지해야 한다는 것을 몰랐을테니까요.

지원자 : 확인하고 싶은 점이 있습니다. 할리 데이비슨의 시장 점유율이 떨어지고 있습니까?

면접관 : 그렇습니다. 지난 3년 동안 시장 점유율이 2% 하락했습니다.

지원자 : 시장 점유율은 판매대수로 정합니까? 매출액으로 정합니까?

면접관 : 판매대수로 정합니다.

지원자 : 지난 3년 간 할리 데이비슨의 매출과 이익은 어떻게 됩니까?

면접관 : 매출은 작년 같은 경우 8% 하락했습니다. 3년 전에는 이익이 5% 하락했고, 2년 전에는 8% 그리고 작년에는 6% 떨어졌습니다.

지원자 : 고객사가 바라는 바는 무엇입니까?

면접관 : 우선은 출혈을 막아야겠지요. 그 후로는 향후 5년 간 매년 5% 정도 성장하는 것을 바랍니다.

지원자 : 제가 처음 생각한 것은 할리 데이비슨의 고객들이 점차 나이가 들면서 이탈하고 있는데, 할리 데이비슨은 시장의 변화에 잘 적응하지 못하고 있다는 것입니다. 잠깐 몇 가지를 메모하고 싶습니다.

면접관 : 좋습니다.

지원자는 종이에 E(P=R-C)M이라고 적었습니다.

분석 : 이것은 전형적으로 손익 분석 문제에 사용하는 프레임워크입니다. 괄호 안의 내용은 전통적인 '이익은 매출에서 비용을 뺀 것'입니다. 이것으로 회사 내부적으로 무슨 일이 발생하고 있는지 알 수 있습니다. 그러나, 외부 요인 먼저 살펴봐야 합니다. 할리 데이비슨만의 문제일까요,

아니면 산업 전반에 걸친 문제일까요? 지원자는 E 먼저 살펴 보기로 했습니다.

지원자 : 저는 우선 외부 요인을 살펴보고 싶습니다. 경기가 어떤지 말씀해주실 수 있습니까?

분석 : 만약 지원자가 경제 상황에 대해 묻는 것 대신 스스로 경제 상황에 대해 말을 했더라면 훨씬 더 큰 인상을 주었을 것입니다. 취업 준비를 할 때는 학교 밖에서 벌어지는 일들에 대해서 알고 있어야 합니다. 특히 경기 현황에 대해서요. 면접관에게 현재 경제와 관련해 무슨 일이 벌어지고 있는지 말해야 하는 다른 이유는 이를 통해 면접의 주도권을 쥘 수 있기 때문입니다. 당신이 경기 현황에 대해 말을 하게 되면, 케이스 문제를 둘러싼 경제적 환경의 틀을 잡을 수 있습니다. 너무나 많은 케이스 문제들이 외부 환경과 단절된 채 독립적으로 출제되므로, 당신은 케이스 문제 속 경제적 환경에 대해 알 수 없습니다. 만약 당신이 경제적 환경의 틀을 스스로 짤 수 있다면, 예상치 못한 변수는 적어질 것입니다. 경기 현황에 대해 이야기 할 때는 할리 데이비슨에 영향을 끼칠 주요 요인들을 선별해 보세요. 다시 해봅시다.

지원자 : 저는 우선 외부 요인 몇 가지를 살펴 보고 싶습니다. 먼저 경기 현황을 보겠습니다. 제가 알기로 미국의 실업률은 여전히 낮은 상태이며, 유가는 갤런당 2.5달러 수준입니다. 따라서 소비자들은 가처분 소득이 있다고 말할 수 있습니다. 이것은 긍정적인 측면입니다. 미국 달

러는 유로와 파운드 대비 점점 강세를 보여가고 있지만, 아시아 통화들에 대해선 여전히 상대적으로 약세인 편입니다. 특히 일본 엔화에 대해서요. 그리고 제가 알기로 이자율은 현재 거의 30년 만에 최저 수준입니다. 참고: US economy in 2020 그리고 다른 외부 요인들도 고려해야 합니다. 제 생각에는 코로나 바이러스가 중국 내 생산과 판매에 영향을 끼쳤을 것입니다.

분석 : 훨씬 좋습니다. 이 정도까지 구체적으로 파고들어야 할까요? 물론입니다. 이 지원자가 언급한 모든 것이 나중에 지원자의 답변에 어떻게 엮여 들어가는지 보게 될 것입니다. 그리고 반드시 모든 내용을 적어두도록 하세요. 답변을 하다가 막혔을 때 돌아갈 곳이 됩니다.

면접관 : 좋습니다. 그 다음은 무엇입니까?

지원자 : 오토바이 산업에 대해 알고 싶습니다. 산업의 규모와 성장률 그리고 최근 트렌드를 말씀해주실 수 있습니까? 또한, 산업 세분화 영역과 각 영역의 상황은 어떠한지 알고 싶습니다. 산업 동인에 대해서도 궁금합니다. 가격이나 브랜드 또는 품질이 산업을 움직이는 요인입니까? 산업 내 M&A나 신기술, 이를테면 전기 오토바이 같은 변화가 있습니까? 산업의 일반적인 마진과 유통 채널은 어떻게 됩니까? 주요 업체는 누구이며 그들의 시장 점유율은 무엇입니까? 주요 업체의 제품은 고객사와는 어떻게 다른가요? 그리고 진입 장벽이 존재합니까?

분석 : 그 어떤 면접관도 당신이 오토바이 산업에 무슨 일이 일어나고 있는지 알고 있길 기대하지 않습니다. 면접관은 지원자들에게 줄 수 있는 정보를 많이 갖고 있습니다. 이 정보를 얻어내기 위해 지원자가 많은 질문을 해야 할 때가 있습니다. 또, 어떤 때는 질문을 하나만 해도 면접관이 데이터를 쏟아내기도 하는데, 이럴 때 어떤 정보가 관련성이 있고 또 나중에 관련성이 생길지, 그리고 어떤 정보가 그냥 던져주는 연막일지 가려내는 것은 지원자의 몫입니다. 할리 데이비슨 문제에서는 면접관이 대량의 데이터를 던져줄 예정입니다.

면접관 : 산업에 대한 정보가 몇 가지 있습니다. 지난 해, 할리 데이비슨은 6% 위축된 반면, 산업 전체는 5% 성장했습니다. 상대적으로 비싸지 않은 소형 오토바이와 스쿠터가 8% 성장했지요. 여성 라이더들은 12%나 성장해서 지금은 전체 오토바이 라이더의 10%를 차지합니다. 그러나 그들은 할리 데이비슨 라이더의 2% 밖에 되지 않습니다. 시장 점유율에 대한 정보도 드리겠지만, 저는 지원자께서 모든 회사들이 각각 단 하나의 모델만 생산한다고 가정했으면 좋겠습니다. 가령, 할리 데이비슨의 경우 할리 호그만 생산한다고요.

지원자 : 알겠습니다.

면접관 : 업계 리더는 27%를 차지하는 혼다입니다. 할리 데이비슨은 24%이며, 그 뒤를 따라 야마하 17%, 스즈키 10%, 가와사키 8%, BMW 6%입니다. 남은 9%는 베스파 등 소형 스쿠터 제조업체가 갖고 있습니다. 산업에 대해 더 알고 싶은 점이 있습니까?

지원자 : 산업이 전반적으로 성장하는 것만큼 할리 데이비슨은 성장하지 못하고 있는 것 같습니다. 아마 할리 데이비슨의 현재 고객층이 나이를 들며 이탈하고 있기 때문일 수 있고, 여성 라이더 고객이 거의 없기 때문일 수 있습니다. 산업 트렌드는 더 작고 가볍고, 연비가 좋은 오토바이로 향해 가는 것 같습니다.

면접관 : 지원자가 생각하기에는 할리 데이비슨의 문제인가요, 아니면 산업의 문제인가요?

지원자 : 지금 시점에서는 할리 데이비슨의 문제라고 생각합니다.

분석 : 면접관이 산업이 5% 성장했다는 것과 같은 숫자를 주었다고 만족해 하면 안 됩니다. 그 숫자 하나로는 충분하지 않습니다. 항상 트렌드에 대해 물어봐야 합니다. 만약 그 산업이 작년에 5% 성장하기 전에 10% 성장했다면, 5%라는 숫자는 매우 다르게 보일 것입니다. 예를 들어, 산업이 2% 성장하다가 5% 성장한 것과 비교해보면요. 거의 모든 학생들이 트렌드에 대해서는 물어보지 않습니다. 트렌드에 대해 물어보세요. 다른 지원자들에 비해 확실히 눈에 띌 것입니다. 다시 말씀드리지만, 면접관은 당신이 생각하는 방식을 보고 싶어 합니다. 만약 당신이 트렌드에 대해서 물어보지 않는다면, 당신은 컨설턴트처럼 생각하지 않는다는 것입니다.

면접관 : 그 다음은 무엇입니까?

지원자: 저는 고객사 내부의 문제를 살펴보기 위해 괄호 안의 내용을 보고 싶습니다. 먼저 매출과 이익을 보고 그 다음에 제품 믹스를 보고 싶습니다. 고객사의 생산 능력과 제조 공장의 위치, 유통 채널 그리고 전 세계적으로 브랜드 파워가 얼마나 강력한지도 보고 싶습니다. 그렇지만, 우선 매출 먼저 다루고 싶습니다.

면접관이 다음 차트를 건네주고, 지원자는 차트를 연구합니다.

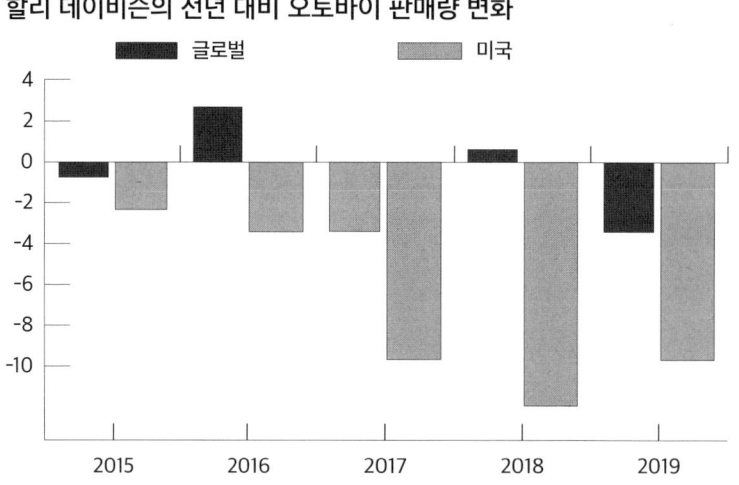

지원자: 지난 3년 동안, 할리 데이비슨의 매출은 떨어졌습니다. 특히 타격을 심하게 받은 부분은 국내 매출입니다. 현재 우리는 할리 데이비슨이 호그라는 단일 제품만 갖고 있다고 가정하기 때문에, 저는 할리 데이비슨의 고객 세분화 그룹이 미국과 글로벌 시장에서 동일한지 알고 싶습니다.

면접관 : 그에 대해 어떻게 생각하시나요?

지원자 : 다를 것이라고 생각합니다. 저는 미국 라이더 고객 그룹보다 글로벌 라이더 고객 그룹이 더 어리다고 가정하겠습니다.

면접관 : 맞습니다.

지원자 : 고객사는 다른 매출원이 있습니까? 고객사의 매출원이 무엇이고, 어떻게 변해왔습니까?

면접관 : 좋습니다. Y1과 Y2에는 네 가지 매출원이 있습니다. 국내 오토바이 판매, 글로벌 오토바이 판매, 부품 판매 그리고 특수 의류입니다.

지원자 : 특수 의류는 오토바이를 탈 때 입는 의류 상품입니까?

분석 : 이해하지 못하는 단어나 산업 용어, 이니셜 등이 있으면, 반드시 확인하세요. 확인하기 위해 물어보는 것 때문에 감점되지는 않습니다.

면접관 : 네, 오토바이를 탈 때 입는 의류 상품을 말합니다. Y1에는 국내 오토바이 판매가 45%, 글로벌 오토바이 판매가 40%, 부품 판매가 10%, 특수 의류 판매가 5%였습니다. Y2에는 국내 오토바이 판매가 35%, 글로벌 오토바이 판매는 40%, 부품 판매가 15%, 특수 의류 판매는 10%였습니다. 지원자께서 한번 이 숫자들을 살펴보고 지난 해 어떻게 변했는지 파악해서 할리 데이비슨 고객들에게 무슨 일이 있는 것인지 세네 문장으로 말씀해주시겠습니까?

5 : 케이스 문제 연습

면접관이 다양한 수치 데이터를 말하는 동안, 지원자는 다음과 같은 차트를 만들었습니다.

수익 구조	Y1	Y2
국내 판매	45%	35%
글로벌 판매	40%	40%
부품 판매	10%	15%
특수 의류 판매	5%	10%

지원자 : 할리 데이비슨 고객들이 신형 오토바이를 구매하지 않는 것 같습니다. 타던 오토바이의 부품을 교체하면서 그대로 타고, 대신 특수 의류를 구매해 기분 전환을 하고 멋을 좀 부린 것이죠.

면접관 : 미소 짓는다.

분석 : 아주 잘 했습니다. 한 문장으로 간단히 요약하고, 인터뷰에 약간의 유머까지 곁들였습니다.

면접관 : 좋아요. 잘 했습니다. 비용에 대해 이야기해 보죠.

지원자 : 그 전에 판매량에 대해 여쭤봐도 되겠습니까? 오토바이가 몇 대나 팔렸는지 수치가 있을까요?

면접관 : 있습니다. Y1에 할리 데이비슨은 350,000대를 팔았고, Y2에는 330,000대를 팔았습니다.

지원자 : 감사합니다.

분석 : 좋은 질문입니다. 판매량은 매출의 일부이므로 판매량을 물어보는 것은 적절했고, 지원자는 이를 통해 점수를 딸 수 있습니다.

지원자 : 고정 비용과 변동 비용 중 가장 큰 부분을 차지하는 것은 무엇이고, 시간에 따라 어떻게 변해왔습니까?

면접관 : 일단은 철강 구입비만 신경쓰시면 됩니다. 현재 고객사가 맺고 있는 철강 계약은 24개월 뒤에 만료됩니다. 지금까지는 계약 조건이 좋았지만, 24개월 뒤에는 철강 가격이 인상되어 큰 타격을 받지 않을지 우려하고 있습니다. 이 점을 꼭 염두에 두시기 바랍니다. 이제 할리 데이비슨의 상황이 나아지도록 단기적 관점에서의 전략을 짜시면 됩니다. 단기적 관점이란 18개월 이하를 말합니다.

지원자 : 네, 할리 데이비슨이 우선적으로 해야하는 일은 여성 고객을 상대로 마케팅 하는 것입니다.

면접관 : 어떤 마케팅을 말씀하시는 거죠?

지원자 : 여성 고객용 오토바이를 디자인할 수 있을 것 같습니다.

면접관 : 새로운 오토바이를 디자인하고 생산해서 유통하는 데까지 18개월 이상 소요됩니다. 그건 장기적 관점에서의 전략으로 남겨 두죠.

지원자 : 호그를 여성 고객에게 마케팅할 수도 있습니다.

면접관 : 호그는 여성 고객들이 타기엔 꽤 큽니다. 그리고 다루기도 어렵습니다. 할리 데이비슨 소유주 중 여성이 오직 2% 밖에 안 되는 한 가지 이유이기도 하죠.

지원자 : 그렇다면, 특수 의류를 마케팅 하는 방안도 있습니다. 여성들은 복장에 신경쓰니까요.

면접관 : 그리고요?

지원자 : 특수 의류와 부품의 가격을 인상을 할 수 있습니다. 그런 것들은 고객들이 계속 구매하니까요.

면접관 : 그리고요?

지원자 : 확실치는 않지만, 직원을 해고할 수도 있지 않을까요?

면접관 : 지금 저에게 물어보는 것입니까, 아니면 답변하시는 것입니까?

분석 :   손익 분석 케이스 문제에서 면접관들이 당신에게 전략을 물어 볼 때는 항상 다음 두 가지를 해야 합니다. 첫째, 종이에 매출 기반 전략과 비용 기반 전략을 쓰세요. 둘째, 생각을 정리할 시간을 요청하세요.

매출 기반 전략이라는 말을 씀으로써, 면접관은 당신이 두 걸음은 앞서 생각하고 잘 정리되어 있다고 느낍니다. 그냥 빈 종이를 바라보는 것보다 주제가 적혀 있는 종이를 바라보는 것이 아이디어를 도출해내기 훨씬 쉽습니다. 또한, 매출 기반 전략과 비용 기반 전략에서 왔다 갔다 하며 갈피를 못 잡는 것을 예방합니다. 먼저 매출 기반 전략을 모두 제시하고, 그 후에 비용 기반 전략을 제시하면 됩니다.

메모할 시간을 요청해야 하는 이유는 무작위로 떠오르는 아이디어를 올바른 순서대로 제시하기 위해서입니다. 또한, 메모를 한다는 것은 인터뷰 도중 일종의 피난처가 되기도 합니다. 면접관은 이미 같은 문제를 10번은 출제해봤을 것이란 점을 기억하세요. 당신이 생각할 수 있는 모든 답안을 이미 알고 있을 것이고, 전에 다 들어봤을 것입니다. 당신의 답변이 어떤 방향으로 흘러갈지 알아채자마자 말을 끊고 들어올 수도 있습니다. 한참 생각 중이던 내용을 버리고 즉시 새로운 답을 떠올리는 것은 대단히 어렵습니다. 답변이 중간에 끊기면, 사람들은 극도로 당황하게 되고 허둥대다가 사고 자체가 멈춰 버립니다. 새로운 아이디어를 떠올릴 수 없게 되죠.

만약 당신이 몇몇 아이디어를 적어 두었을 때 면접관이 말을 끊는다면, 메모한 내용을 돌아보고 새로운 아이디어를 제시할 수 있습니다. 이것은 인터뷰 과정에서 많은 스트레스를 덜어주고, 당신을 보다 프로페셔널해 보이게 만듭니다. 또한, 답변이 막히고 새로운 것을 생각해낼 수 없을 때, 다시 돌아가서 메모의 첫 줄을 살펴보도록 하세요. 이 케이스 문제의 경우, 지원자는 앞에서 이미 경기 현황에 대해

5 : 케이스 문제 연습

굉장히 중요한 몇 가지를 언급했습니다. 이자율이 떨어지고 있고, 엔화 대비 달러가 여전히 약세라는 사실 말이죠.

그럼 계속해 봅시다.

면접관 : 단기적 관점에서의 전략을 몇 가지 도출해보세요.

지원자 : 생각한 것을 잠시 메모해도 될까요?

면접관 : 물론입니다.

지원자는 종이에 매출 기반 전략과 비용 기반 전략이라고 적고, 그 밑에 몇 가지 아이디어를 적었습니다.

지원자 : 네, 우선 저는 매출 기반 전략과 비용 기반 전략으로 나눠보고 싶습니다. 우선 매출 기반 전략부터 말씀드리겠습니다. 할리 데이비슨은 특수 의류 및 부품 가격을 인상할 수 있습니다. 왜냐면 소비자들은 그런 물품은 어찌되었든 계속 구매하기 때문입니다. 새로운 고객을 확보하기 위해서 오토바이 운전 교육 프로그램을 시작할 수 있습니다. 그리고 나서 고객들이 오토바이를 갖고 있지 않다면, 렌탈 프로그램을 제안하는 것이죠. 또한, 글로벌 시장의 유통 채널을 늘릴 수 있습니다.

면접관 : 어디로요?

지원자 : 달러가 여전히 약세인 아시아가 있습니다.

면접관 : 좋습니다. 그리고요?

지원자 : 현재 이자율이 매우 낮기 때문에 고객들이 새로운 오토바이를 구매할 수 있도록 저금리 금융 패키지 상품과 높은 수준의 보상 판매를 제공할 수 있습니다.

면접관 : 그리고요?

지원자 : 비용 측면에 있어서, 이자율이 매우 낮기 때문에 기업부채를 차환 _{높은 이율의 부채를, 더 낮은 이율의 대출로 전환하는 하는 것} **방법**도 있습니다.

면접관 : 네, 좋습니다.

지원자 : 그리고 할리 데이비슨은 직원을 해고할 수도 있습니다. 판매량이 350,000대에서 330,000대로 떨어졌다고 말씀하셨는데, 이것은 5%가 감소했다는 말입니다.

면접관 : 고객사는 가격 인상을 고려하고 있습니다. 제게 몇 가지 자료가 있어요. 수치들을 살펴보고 어떻게 하면 좋을지 그리고 왜 그렇게 해야 하는지 말씀해주세요. 만약 가격을 그대로 유지하면, 할리 데이비슨은 330,000대를 판매하고 순이익은 대당 1만달러가 될 것입니다. 만약 가격을 내린다면, 440,000대를 대당 7,000달러의 순이익으로

5 : 케이스 문제 연습

판매할 수 있습니다. 그리고 가격을 올릴 경우 275,000대를 판매하고 대당 순이익은 12,000달러가 될 것입니다.

분석 : 지원자는 이쯤에서 숫자를 살펴보고 계산할 시간을 요청해야 합니다. 서두르다가 틀린 답을 말하는 것보다는 잠깐 시간을 들여 계산하고 올바른 답을 찾아내는 것이 낫습니다. 답을 말하기 전에 그 답이 합리적인지 스스로 자문해보세요. 만약 그렇지 않다면, 돌아가서 다시 계산해야 합니다. 엎지른 물을 다시 담을 수는 없습니다. 단순한 계산 실수로 중요한 기회를 놓치지 않았으면 합니다.

계산이나 메모 중에 또는 차트를 그리는 동안은 아무 말도 하지 않고 침묵해도 괜찮다는 점을 잊지 마세요.

지원자 : 만약 가격을 그대로 유지한다면, 고객사의 순이익은 33억 달러입니다. 가격을 인하하면 순이익이 30억 8,000만 달러가 될 것이고, 가격을 인상하면 순이익은 33억달러가 될 것입니다.

면접관 : 그러니까 가격을 인상하거나 그대로 유지하거나, 고객사의 순이익은 동일하다는 말이네요. 그러면, 어떻게 하는 것이 좋을 것 같습니까? 그리고 이유는 무엇이죠?

지원자 : 저는 가격을 그대로 유지하고 싶습니다. 시장 점유율이 주요 목표라고 말씀하셨는데, 가격을 인상하면 고객사는 55,000대를 덜 판매하게 됩니다. 이것은 5% 수준의 판매 감소이며, 고객사의 시장 점유율

이 떨어지게 될 것입니다. 만약 고객사가 오토바이를 더 많이 판다면, 특수 의류 또한 더 많이 판매하게 될 것이고, 궁극적으로는 부품들도 더 많이 팔게 될 것입니다. 그리고 생산량을 줄인다고 하더라도 고객사는 여전히 Y2에 남은 재고들이 많이 있습니다. 그 다음 모델이 출시되었을 때, 이 재고들을 어떻게 해야할까요? 만약 이 재고들을 할인해서 판매한다면, 신제품에 대한 카니발라이제이션이 발생할 것입니다.

면접관 : 흥미로운 의견입니다. 그렇지만 어떤 점에서 틀렸는지 말씀드리고 싶군요. 만약 고객사가 가격을 인상하면, 인건비를 줄일 수 있습니다. 직원들을 해고할 수 있기 때문이죠. 게다가, 높은 가격은 브랜드 이미지를 강화할 것입니다. 당신이 말한 다른 문제에 대해서 이야기해보자면, 달러가 약세인 지역에 글로벌 유통 채널을 확대하는 방안을 말했습니다. 그렇게 하게 되면, 재고분을 해외로 운반해 더 높은 가격에 팔 수 있죠. 특수 의류 판매 또한 신시장에 진출했을 때 증가하는 경향이 있습니다. 따라서, 시장 점유율은 문제가 되지 않습니다.

분석 : 저런! 지원자가 심사숙고하여 답했는데도 불구하고, 면접관이 날카롭게 지적했습니다. 다행히 지원자는 "당신이 왜 틀렸는지 말해주겠다."는 말이 일종의 테스트라는 점을 알고 있습니다. 지원자는 감정을 잘 추스르고 면접관이 원하는 대로 행동했습니다. 본래의 답안을 유지한 채 침착하게 방어하는 것이요.

지원자 : 면접관님께서 말씀하신 점도 분명히 일리가 있습니다. 하지만, 설득력이 충분한 것 같지는 않습니다. 우선, 그 모든 것을 18개월 안에 해내기 힘들다고 생각합니다. 따라서, 현재의 경기 현황을 고려했을 때는 가격을 그대로 유지하는 것이 최선일 것입니다. 특히, 시장 점유율을 늘리고 싶다면 말입니다.

면접관 : 좋아요, 알겠습니다. 장기적으로 매출 관점에서의 전략과 비용 관점에서의 전략을 두 가지씩 말씀해주세요.

지원자 : 잠깐 메모 좀 해도 괜찮을까요?

면접관 : 그럼요.

지원자 : 약 30초 정도 후 네, 우선 매출 관점입니다. 가장 우선인 것은 여성 고객뿐만 아니라 더 젊은 남성 고객을 대상으로 한 새로운 모델을 만드는 것입니다. 전기 오토바이를 만들면 좋겠습니다. 이것은 고객사로 하여금 특수 의류 이외에 여성 고객층을 마케팅하는 방안이 될 것입니다. 또한, 스쿠터 회사를 인수할 수 있을지 고려해 보고 싶습니다. 고객사는 인수 회사에 할리 데이비슨 브랜드를 쓸 수는 없겠지만, 여성과 스쿠터라는 오토바이 산업에서 가장 빠르게 성장하는 분야를 공략할 수 있습니다. 게다가, 엄청난 시너지 효과를 기대할 수 있습니다. 비용 측면에서, 고객사는 철강 가격을 걱정하고 있습니다. 따라서 가격 인상에 대비해 철강 선물 거래를 할 수도 있고, 현재 가격으로 철강을 매점 하는 방법도 있습니다. 그리고 새로운 모델을 만들 때, 철

강이 아닌 합성 금속을 더 많이 사용할 수도 있습니다. 신기술을 이용해 공장을 현대화할 수 있고, 해외 생산을 늘릴 수도 있습니다. 저는 고객사가 아시아 지역에서 제품을 생산할 수 있다고 생각합니다.

면접관 : 네, 태국이요. 그러면 이제 이 케이스를 요약 정리해주시겠어요?

지원자 : 고객사 할리 데이비슨은 이익과 판매량이 감소했다는 소식으로 주가가 5% 하락했습니다. 먼저 외부 요인을 살펴보았는데, 산업 전반의 문제라기보다 할리 데이비슨의 문제인 것을 확인했습니다. 할리 데이비슨은 오토바이 산업에서 가장 빠르게 성장하고 있는 두 영역, 즉 여성과 스쿠터 시장을 놓치고 있습니다. 그래서 매출과 비용에 기반해 장기적 전략과 단기적 전략을 도출해봤습니다. 매출 관점의 단기적 전략은 예를 들어, 고객에게 저금리 대출 상품을 제안하는 것입니다. 비용 측면에서는 기업 부채를 차환할 수 있습니다. 장기적 관점에서 보자면, 여성과 젊은 남성을 겨냥한 새로운 모델을 만들 수 있고, 스쿠터 제조업체를 인수할 수 있습니다. 비용 측면에서는 철강 소재의 가격 변동 리스크를 줄이고, 철강 대신 다른 합성 금속을 사용해 부품을 제작하는 방안이 있습니다. 할리 데이비슨이 이런 전략들과 저희가 앞서 언급한 내용들을 따른다면, 24개월에서 36개월 안에 높은 이익을 기대할 수 있을 것입니다.

분석 : 지원자는 마무리 부분을 아주 잘 해냈습니다. 가격을 그대로 유지해야 한다는 선택을 잘 방어한 것이 인터뷰의 전환점이었습니다. 이때부터 자신감이 붙기 시작했고, 마무리에서 그대로 나타났습니다.

쿠어스

CASE PRACTICE 02

면접관: 우리 고객사는 쿠어스입니다. 쿠어스는 지난 60년 간 쿠어스 맥주의 핵심 원료가 로키 산맥의 지하수라는 점을 광고해왔습니다. 쿠어스의 CEO는 당신을 불러 쿠어스가 생수 시장에 진출할지 고민 중이라고 말했습니다. 저는 당신이 시장을 분석하고 핵심 이슈를 파악해서 시장에 진출해야 하는지 말아야 하는지 알려주셨으면 합니다.

지원자: 고객사는 쿠어스이고, 현재 생수 시장에 진출하려고 하고 있습니다. 산업 분석과 중요한 이슈들을 찾아내는 것 이외에, 제가 알아야 하는 또 다른 목표가 있습니까?

면접관: 네, CEO는 이사회에 5년 안에 매출을 50% 늘리지 못하면 사임하겠다고 말한 상태입니다.

분석: 지원자가 다른 목표에 대해 물어본 것은 대단히 중요한 지점입니다. 그러지 않았다면, 매출을 50% 증가시켜야 한다는 사실을 알지 못했을 것입니다. 만약 물어보지 않았다면, 면접관은 이 사실을 인터뷰 도중에 알려주었을 것이고, 이로 인해 지원자는 감점 처리되었을 것입니다.

지원자: 제 생각에는 그것은 회사 전체의 매출을 말하는 것 같습니다. 따라서, 저의 가정은 생수 시장에 진출함으로써, 쿠어스는 회사 매출을 50% 늘리게 된다는 것입니다. 잠시 메모를 하고 싶습니다.

분석 : 지원자가 주도하는 인터뷰이므로, 지원자는 인터뷰 시작 5분 만에 가설을 제시했습니다. 그리고 답변의 구조를 짜기 위해 잠시 시간을 요청했지요.

메모를 끝낸 후, 면접관이 메모한 내용을 볼 수 있도록 돌려 놓고 설명을 시작했습니다.

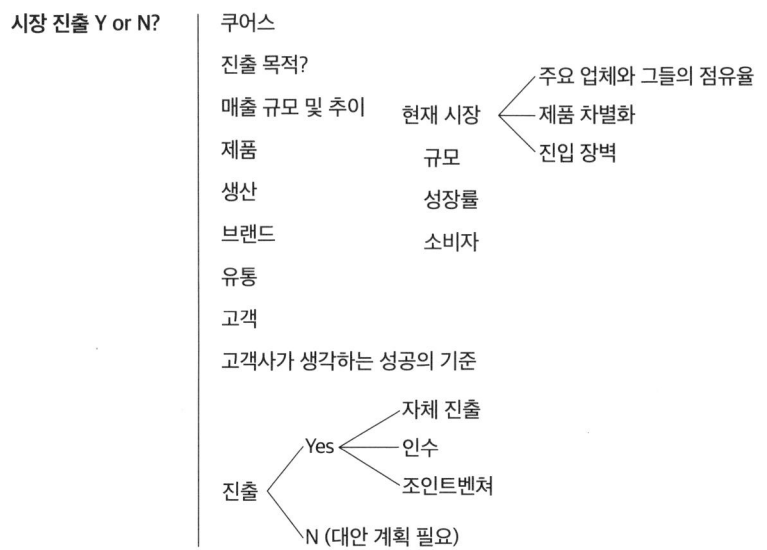

지원자 : 먼저 쿠어스의 내부 상황을 살펴보고, 생수 시장에 대해 알아보고 싶습니다. 그 후 쿠어스가 신시장에 진출할 수 있는 최선의 방안을 찾아보겠습니다. 그리고 만약 쿠어스가 신시장에 진출하지 않아야 한다면, 쿠어스가 향후 5년 동안 누적하여 50% 매출 상승을 달성할 수 있는 대안을 마련해보겠습니다.

우선, 쿠어스를 살펴보겠습니다. 왜 이 시장에 진출하고 싶어 할까요? 만약 매출을 50% 올려야 하기 때문이라면, 현재의 매출을 알아야 합니다. 또한, 생산 라인과 생산 과정이 어떠한 지 알고 싶습니다. 이런 면에서 병 맥주는 생수와 비슷합니까? 브랜딩 또한 중요합니다. 고객사는 쿠어스 생수라는 이름을 쓸 예정입니까, 아니면 다른 이름을 사용할 계획입니까? 다음으로 유통입니다. 제가 생각하기로 고객사는 이미 미국 전역에 걸쳐 맥주 유통업체를 갖고 있을 것입니다. 생수를 유통하기 위해 동일한 유통업체를 이용할 계획입니까? 고객 세분화 그룹은 비슷할까요? 저는 더 많은 사람들이 맥주보다 생수를 마실 것이라 확신합니다. 마지막으로, 고객사가 생각하는 성공의 기준은 무엇입니까? 쿠어스는 5년 동안 생수 시장의 몇 %를 확보할 수 있다고 기대합니까?

다음으로, 생수 산업에 대해 알아보고 싶습니다. 생수 산업의 작년 매출액은 얼마였고, 과거 3년 동안의 추세는 어땠습니까? 생수 산업에 대한 전망치가 있습니까? 주요 업체와 그들의 시장 점유율은 얼마입니까? 그들의 제품이 쿠어스의 제품과는 어떻게 다른가요? 로키 산맥 지하수를 판매하는 다른 업체가 존재합니까? 그리고 생수 산업에 진입 장벽 내지는 철수 장벽이 있는지 알고 싶습니다.

마지막으로, 시장에 진입하는 최선의 방법을 생각해보고 싶습니다. 쿠어스는 0에서 시작해서 유기적으로 성장할 수도 있고, 인수를 통해 진입하거나 조인트 벤쳐를 통해서도 가능합니다. 저는 각각의 장단점을 살펴보고자 합니다.

분석 : 지원자가 대단히 잘 해냈습니다. 면접관이 볼 수 있도록 메모를 돌려놓고, 지원자는 면접관을 케이스 문제에 완전히 몰입하게 만들어 면접 담당자라기보다는 진짜 고객처럼 느껴지도록 했습니다.

지원자는 고객사를 분석하는 것으로 시작했습니다. 많은 학생들이 생수 시장 분석으로 시작하는 실수를 범합니다. 쿠어스가 왜 생수 시장에 진출하고 싶어하는지 먼저 이해하는 것이 필요합니다. 지원자는 또한 그가 조사해야 하는 사항들을, 고객 입장에서의 성공 기준을 포함하여 상당히 꼼꼼하게 만들었습니다. 이것을 아는 것은 대단히 중요합니다. 그래야만 목표를 제대로 설정하고 고객사의 반응을 현실적으로 검증할 수 있거든요.

다음으로, 지원자는 중요한 산업 정보를 모두 요청했습니다. 그리고 신시장 진출을 위한 여러 선택지를 나열했습니다.

면접관 : 좋습니다. 어디서부터 시작하고 싶은가요?

지원자 : 왜 생수 시장에 진출하고자 합니까?

면접관 : CEO는 5년 동안 회사의 매출액을 50% 늘리려는 목표를 갖고 있습니다. 그는 맥주만으로는 이 목표를 달성할 수 없습니다. 맥주 시장을 제로섬 시장이라고 가정했을 때, 맥주 판매량은 지지부진했고 향후 5년 동안에도 계속 이 상태를 유지할 거라는 전망입니다. 어떤 신제품을 출시하더라도 현재 제품들에 대한 카니발라이제이션만 만들 것입니다.

지원자 : 작년 매출은 어떻게 됩니까?

면접관 : 52억 달러입니다.

지원자 : 그렇다면, 빠르게 계산한 뒤 매출을 26억 달러를 늘려 총 78억 달러를 달성해야 한다는 뜻이네요.

면접관 : 맞습니다.

지원자 : 쿠어스 맥주회사는 쿠어스 맥주와 쿠어스 라이트 맥주를 생산한다고 알고 있습니다. 다른 제품도 있습니까?

면접관 : 그 둘 이외에, 키스톤과 키스톤 라이트를 갖고 있습니다. 당신이 수중에 1.5달러 밖에 없을 때나 사게 되는 그런 맥주이죠. 그리고 킬리언 아이리쉬 레드와 블루문도 있습니다.

지원자 : 맥주가 아닌 제품도 있습니까?

면접관 : 없다고 가정합시다. 브랜드와 유통 채널에 대해 언급했었는데, 그것들에 대해 잠시 이야기해 보죠. 쿠어스를 마시는 사람들은 누구라고 생각하나요?

지원자 : 블루 컬러 고객층, 건설현장 노동직이나 대학생들, 스포츠 팬들일 것 같습니다. 대부분 남성 고객이라고 생각합니다.

면접관 : 네. 당신이 메모한 내용을 보면 쿠어스가 5년 동안 생수 시장의 몇 %를 확보할 수 있을지 궁금해하네요. 10%입니다. 또 무엇이 궁금하세요?

지원자 : 생수 산업 전반에 대해 궁금합니다. 성장 추세, 주요 업체와 시장 점유율, 제품 차별화, 유통 채널 그리고 진입 및 철수 장벽에 대해서요.

면접관 : 작년 생수 산업의 매출액은 110억 달러였습니다. 향후 5년 동안 매년 5%씩 성장할 것으로 전망됩니다. 일반 정수가 시장의 96%를 차지하고, 탄산수는 4%입니다. 주요 업체가 세 군데 있는데 코크와 펩시 그리고 네슬레입니다. 이 세 업체가 전체 시장의 60%를 차지한다고 보시면 됩니다. 그 외 업체가 열두 개 정도 있는데, 해외 업체도 있고 지역 업체도 있습니다. 지역 업체 중 몇몇은 그들 이름으로 생산할 뿐만 아니라 PB 상품을 만들기도 합니다. 전체 시장의 36%를 차지하죠. 남은 4%가 탄산수입니다. 주요 탄산수 제조업체는 산 펠레그레뇨, 페리에, 보스 그리고 폴란드 탄산수입니다.

그리고 생수는 세가지 급으로 분류됩니다. 프리미엄 급은 피지나 에비앙, 산 펠레그레뇨 같은 브랜드입니다. 주요 3사인 코크, 펩시, 네슬레는 전국적으로 중급 생수입니다. 이 영역이 쿠어스가 진출하고 싶어하는 곳입니다. 중급 생수 시장이요. 가장 낮은 급은 주로 지역 생수인데, 이것들은 보통 가격이 더 낮게 책정되어 있습니다. 그 다음은 어떤 점이 궁금합니까?

5 : 케이스 문제 연습

지원자 : 잠깐 몇 가지를 계산해 보고 싶습니다. 쿠어스는 5년 동안 매출을 26억 달러나 더 늘려야 합니다. 이것은 5년 동안 시장의 10%를 차지하는 것입니다. 생수 시장의 10%가 26억 달러 이상입니까? 만약 시장이 지난 해 110억 달러 규모였고 향후 5년 동안 5%씩 성장한다면, 고객사는 현재로부터 5년 동안 생수 매출이 어떻게 될지 계산해 봐야합니다.

지원자는 $A = 11b \times (1+0.05)^5$라고 적었다가 생각하는 방식을 바꾸었습니다.

지원자 : 산업이 연간 5% 성장률로 5년 동안 성장하면, 일단 25%입니다. 다만 복리를 고려해야 하는데, 25% 보다는 크고 30% 보다는 작다는 사실을 이미 알고 있습니다. 가장 합리적인 추측은 28% 정도입니다. 따라서 110억 달러에 1.28을 곱하면, 계산식을 적는다. 대략 140억 달러가 될 것입니다. 이것의 10%는 14억 달러인데, 목표치보다 12억 달러가 부족합니다.

분석 : 지원자는 복잡하고 불필요한 계산을 할 뻔 했습니다. 면접관은 두 가지 이유에서 당신이 계산기를 사용하지 못하도록 합니다. 첫째, 어떻게 생각하는지 보기 위해서, 둘째 답을 말하기 전에 한 번 더 생각하는지 확인하기 위해서입니다. 어떤 면접관도 가만히 자리에 앉아서 지원자가 제곱 계산을 거듭하거나, 11억에서 5%가 늘어난 숫자를 구하고 그 숫자에서 다시 5%가 늘어난 숫자를 또 구하고 다시 또 구하는 계산 반복을 보고 싶어 하지 않습니다.

또 다른 관심사는 지원자가 많은 0을 다루는데 문제가 있는지 살펴보는 것입니다. 이를 테면, 140억 달러 대신 1,400억 달러를 도출하는 것입니다. 1,400억 달러는 전혀 현실적인 숫자가 아닐 뿐더러 지원자가 대답하고 나서 바로 실수를 알아차렸다 하더라도, 내뱉은 말을 주워 담을 수는 없습니다. 인터뷰에서조차 생각 없이 답을 한다면, 실제 프로젝트 중 고객 앞에서는 어떻게 행동할까요? 그런 지원자는 신뢰할 수 없고, 신뢰할 수 없는 지원자를 채용할 수는 없습니다.

면접관 : 고객사가 26억 달러라는 목표를 달성하려면 생수 시장의 몇 %나 확보해야 할까요?

지원자 : 10%가 14억 이고 20%가 28억이니 20%보다는 적습니다. 대략 18%라고 생각합니다.

면접관 : 좋습니다. 5년 안에 고객사가 생수 시장의 18%를 점유할 길은 없습니다. 운이 좋으면 10%를 확보하겠지요. 시장 점유율을 늘리는 가장 빠른 방법이 무엇일까요?

지원자 : 가격을 낮추는 것입니다.

면접관 : '가장 빠른' 방법이 뭘까요?

지원자 : 마케팅 캠페인인 것 같습니다.

면접관 : 시장 점유율을 늘리는 '가장 빠른' 방법을 물었습니다.

지원자 : 인수하는 것일까요?

분석 : 지원자는 자신감을 잃었습니다. 면접관이 지원자에게 질문을 했고, 지원자의 답이 마음에 들지 않아서 같은 질문을 두번이나 다시 물었습니다. 지원자는 첫번째 답을 할 때 자신감이 있었지만, 면접관이 질문을 반복하면서 흔들렸습니다. 이 케이스 문제풀이 과정을 다 살펴보고 압축하자면, 결국 가장 중요한 두 가지는 구조와 자신감입니다. 보통 하나가 다른 하나를 따라오게 되죠.

면접관 : 좋습니다. 쿠어스는 전미 시장 점유율의 4%를 차지하고 있는 조지아 주 아테네의 지역 생수업체인 불독 생수를 인수하려고 합니다. 불독 생수의 수원은 아테네 지역의 상수도이고, 쿠어스 생수의 수원은 로키 산맥의 지하수입니다. 거의 2,000 마일 떨어져 있는 아주 다른 수원이지요. 쿠어스는 별개의 두 회사를 운영할 계획입니다. 이것은 괜찮습니다. 쿠어스는 중급 생수이고, 불독은 가장 낮은 급의 생수이니까요. 시장 점유율이 증가하는 것 이외에, 불독 생수를 인수할 때 생기는 이점 두 가지는 무엇일까요?

지원자 : 전문성입니다. 쿠어스는 생수 시장에 처음 진입하므로…

면접관 : 좋습니다. 그리고요?

지원자 : 생산 설비 측면에서…

면접관 : 쿠어스는 생산 비용을 줄이려고 생수를 탱크에 실어서 2,000마일이나 운송하지는 않을 것입니다. 또 뭐가 있을까요?

지원자 : 유통 채널입니다.

면접관 : 맞습니다. 쿠어스는 불독 생수의 유통 채널에 업혀갈 수 있겠죠.

분석 :   지원자가 잘 대처했습니다. 면접관이 중간에 말을 끊었지만 추가적인 답을 제시해냈습니다.

면접관 : 아까 브랜딩에 대해서도 물어보셨죠. 쿠어스는 쿠어스 생수라는 이름을 써야 할까요, 아니면 다른 이름을 써야 할까요?

지원자 : 맥주 회사가 생수를 판매하는 것을 시장이 수용할지가 핵심입니다 쿠어스라는 이름은 너무 맥주와 연결되어 있지 않을까요? 저는 그렇게 생각합니다. 생수는 순수하고 건강한 느낌이지만, 맥주는 그렇지 않습니다. 제 생각에는 어머니들이 자녀가 쿠어스 이름이 붙은 것을 마시게 할 것 같진 않습니다. 게다가, 전세계에서 가장 유명한 브랜드 중 하나인 코크도 코크 생수라는 제품을 파는 대신, 다사니라는 이름을 붙였습니다.

면접관 : 쿠어스는 미국 전역에 있는 개별적인 맥주 유통업체들에게 맥주를 운반합니다. 쿠어스가 생수를 유통하기 하기 위해 맥주 유통업체를 활용해야 할까요?

지원자 : 네, 운반 비용과 새로운 유통 네트워크를 만드는데 필요한 비용을 절감할 수 있기 때문입니다.

면접관 : 어떤 점이 틀렸는지 알려 드릴게요. 생수는 맥주보다 세 배는 많은 곳에서 판매됩니다. 맥주를 자판기에서 살 수도 없고, 맥도날드나 학교에서도 살 수 없죠. 만약 쿠어스가 생수 시장의 10%를 원한다면, 생수를 판매할 수 있는 모든 곳에서 팔아야 합니다. 게다가, 초등학교 앞에서 맥주 트럭을 세우고 생수를 내리는 것은 좋은 모습이 아닐 것 같군요. 나쁜 인상을 줄 것입니다. 그리고 마지막으로 지적하고 싶은 점은 쿠어스가 매출 증가에 관심이 있는데, 지원자께서는 왜 비용에 집중하는 것이죠?

면접자 : 모두 일리 있는 말씀입니다. 면접관님이 맞습니다. 쿠어스는 새로운 유통망을 만들어야 합니다.

분석 : 면접관들은 당신이 공격적으로 반응하지 않으면서 답변을 잘 방어할 수 있는지 보기 위해서 질문의 다른 면을 가져올 것입니다. 그리고 나서 설득력 있는 주장을 펼치죠. 이 케이스 문제에서 지원자는 자신이 말한 답이 틀렸다는 것을 알아차렸습니다. 스스로 틀렸다는 것을 인정하는 것은 전혀 부끄러운 일이 아닙니다. 단지 틀렸다는 것을 인정하기 싫어서 설득력 없는 내용을 반복하는 것보다는 틀린 것을 인정하는 것이 더 낫습니다.

면접관 : 좋습니다. 쿠어스가 로키 산맥 암반수라고 이름 붙였다고 합시다. 새로운 유통망도 구축하고, 전국적인 마케팅 캠페인도 펼치고 있습니

다. 심지어는 유명인도 섭외하고, 출시 기념으로 특별 할인가에 판매합니다. 코크가 어떻게 대응할까요? 아니면, 코크가 대응하긴 할까요?

지원자 : 처칠을 인용하자면, 코크는 요람 속 아이의 숨통을 서서히 조이려고 할 것 같습니다. 쿠어스는 너무…

면접관 : 잠깐만요, 지금 쿠어스를 파시즘에 비유하는 건가요?

지원자 : 이 인용은 볼셰비즘에 대한 것입니다. 볼셰비즘이 요람 속에서 질식되도록.

면접관 : 확실합니까? 저는 윌리엄스 대학에서 역사를 전공했습니다.

지원자 : 확실합니다. 코크는 대응, 그것도 빠르게 대응할 것입니다. 쿠어스가 시장에 발을 디디고 점유율을 빼앗아가는 것을 원치 않을 테니까요.

분석 : 케이스 문제가 논점에서 이탈할 뻔 했습니다만, 지원자가 중심을 잘 잡았습니다. 자칫 잘못하면, 처칠이나 2차 세계대전 이야기로 샐 뻔 했는데, 지원자가 중심을 잘 잡고, 이야기를 원점으로 가져왔습니다.

면접관 : 쿠어스가 그 모든 것들을 다 한다고 합시다. 그래도 여전히 12억 달러가 부족합니다. 이 차이를 어떻게 메꾸죠? 쿠어스가 이미 자금을 다 썼다는 사실을 잊지 마세요. 다른 회사를 인수할 수도 없고, 수출할 만한 여력도 없습니다.

5 : 케이스 문제 연습

지원자 : 잠시 생각한 뒤 쿠어스는 새로운 브랜드를 만들기 위해 많은 시간과 노력 그리고 돈을 썼습니다. 새로운 유통 채널을 만드는 데에도 역시 많은 시간, 노력, 돈을 썼고요. 이 모든 것들은 생수 한 병을 위한 것이었습니다. 어려운 부분들은 모두 끝마쳤으니, 제품 믹스를 늘려야 합니다. 향이 첨가된 생수를 추가할 수도 있고, 로키 산맥 레모네이드, 로키 산맥 아이스티, 로키 산맥 녹차 등도 가능하고, 스포츠 음료도 만들 수 있습니다. 로키 산맥 라벨 뿐만 아니라 불독 라벨로도요.

면접관 : 아주 좋습니다. 이것들을 다 해냈다고 칩시다. 그리고 나서도 여전히 목표 대비 5,000만 달러가 부족합니다. CEO 미팅에서 뭐라고 말하겠습니까?

지원자 : 잠깐 생각할 시간이 필요합니다. 지금 당장 말하게 되면, CEO에게 26억 달러 매출 증진 목표에 못 미친다는 점을 말해야만 합니다. 저는 어떻게 하면 CEO에게 모든 것이 가능하다고 말씀드릴 수 있을지 생각해보고 싶습니다. 우선, 5년 뒤의 경기는 지금보다 더 좋을 것입니다. 따라서, 부족한 5,000만 달러의 대부분은 맥주 판매가 증가하는 것으로 채울 수 있습니다. 두번째, 고객사는 또 다른 알코올 제품을 고려해 볼 수 있습니다. 보드카나, 테킬라, 아니면 마이크 하드 레모네이드 같은 알코팝 알코올이 첨가된 청량음료 이요. 또한, 본래의 과제가 생수 시장을 분석하고 쿠어스가 진출하는 것이 옳은 선택일지 결정하는 것이었다는 점을 짚고 싶습니다. 생수 시장은 고객사의 목표까지 거의 95%를 달성하도록 합니다. 5,000만 달러가 부족하다고 고객사가 모든 것을 내팽개 쳐야 할까요?

면접관 : 방금 CEO가 방에 들어와서 당신의 제안을 듣고 싶어한다고 합시다. 뭐라고 말하겠습니까?

면접자 : 네, 고객사는 생수 시장에 진출해야 합니다. 왜냐하면 맥주 판매는 계속 부진할 것 같은데 비해, 생수 시장은 연간 5%씩 성장할 것이기 때문입니다. 고객사는 '로키 산맥 지하수'라는 새로운 브랜드명으로 진출해야 합니다. 리스크 요소가 있는데, 가장 큰 리스크는 경쟁업체의 대응과 맥주 회사 이미지가 연관된다는 점으로 시장 점유율 10%를 달성하지 못하는 것입니다. 10%를 확보하지 못할 확률은 사실 현실적인 가능성입니다. 이 목표를 달성하는 것은 대단히 어렵습니다. 다음으로, 단기적인 관점에서 고객사는 시장 점유율과 전문성 그리고 유통 채널을 고려해 불독 생수를 인수해야 하고, 새로운 유통 채널 또한 구축해야 합니다. 장기적으로 고객사는 레모네이드나 아이스티와 같은 제품을 추가해야 합니다.

분석 : 지원자는 마무리를 잘 해냈습니다. 인터뷰가 지원자로부터 시작되었는데, 물어보기만 하는 것이 아니라 질문에 대한 답을 확실하게 찾았습니다. 쿠어스와 불독 생수 모두 추가적인 제품을 만들어야 한다는 점은 참신했습니다. 그렇지만, 확실히 끝맺음을 한 부분은 CEO와의 미팅 상황에서 확실하게 진출해야 한다고 답하고 그에 대한 방법을 제시한 것입니다. 대부분의 학생들이 "생수 시장에 진출하는 것은 유망해 보입니다만, 목표 대비 5,000만 달러가 부족할 것입니다." 라고 대답할 것입니다. 게다가 지원자는 지원자가 생각하는 제안 방향을 먼저 말하고 구체적인 계획으로 보강했습니다. 중간중간

5 : 케이스 문제 연습

공격을 받긴 했지만, 침착함을 유지하며 면접의 주도권을 다시 가져왔습니다.

케이스 문제 접근법

많은 학생들이 케이스 문제를 처음 접근하는데 어려움을 겪습니다. 핵심 이슈에 대해 생각하고, 올바른 질문을 던지고 구조를 짜는 것 말입니다. 이 영역은 당신이 케이스 문제를 접근하는 것을 돕기 위해 만들어졌습니다.

몇몇 프레임워크는 정말 단순하다는 것을 잊지 마세요. 장기적 관점과 단기적 관점, 내부 요인과 외부 요인처럼요. 한발짝 물러나서 큰 그림을 보세요. 억지로 적용하려고 하거나 매번 같은 구조를 적용하려고 해서도 안 됩니다. 많은 학생들이 모든 케이스에 P=R-C를 적용하려 한다는 것을 알고 있습니다. 제가 보기에 이것은 마치 5C나 4P처럼 천편일률적인 프레임워크 중 하나일 뿐입니다. 그런 학생들은 사실 이익 공식을 체크리스트처럼 사용하는 것이고, 이는 창의성과 상상력 그리고 지적 호기심이 없다는 점에서 감점 처리됩니다.

케이스 문제를 풀 때는 문제를 요약하고, 목표를 확인한 뒤, 애매한 부분을 명료하게 만드는 질문을 던지고 나서 답변의 구조를 짜야 합니다. 앞서 다룬 아이비 케이스 시스템의 5단계 출발법을 참고하세요. 이번 챕터의 내용을 최대한 잘 활용하기 위해서는 마치 진짜 인터뷰인 것처럼 케이스 문제를 크게 소리 내어 읽으세요. 5단계 출발법, 케이스 문제 요약, 목표 확인 및 핵심 질문 던지기를 하는 동안 스스로를 녹음하세요. 그리고 녹음한 내용과 다음 페이지에 나와 있는 내용을 비교해 보세요. 반드시 일치할 필요는 없습니다. 단 하나의 올바른 정답은 없다는 사실을 기억하세요. 면접관은 당신이 어떻게 생각하고, 어떻게 생각을 구조화하며, 어떻게 의사소통 하는지 알고 싶은 것입니다. 녹음한 내용을 다시 틀어 말의 빠르기, 톤 그리고 목소리에서 느껴지는 자신감이 어떠한 지 들어보세요. 처음에는 어색할 것입니다. 아마 당황스러울 거에요. 그러나 연습하면 할수록 나아집니다.

케이스 문제 접근 - 예시

예시 1 : 발전소와 화학, 종이 및 섬유 공장들이 중국의 호수와 강의 약 70%를 오염시켰습니다. 중국 소비자들이 가장 걱정하는 부분은 수질입니다. 그들은 더 안전한 대안으로서 생수에 눈을 돌리고 있습니다. 도시들은 계속 성장하고 있고, 생수 시장도 마찬가지입니다. 네슬레는 시장 점유율을 확대할 수 있는 최선의 방법을 찾고 있습니다.

예시 2 : 해커가드는 미국 내 개인정보보호 시장을 이끄는 선도업체입니다. IPO를 하고 싶어 하지만, 이익이 들쑥날쑥 해왔고 지난 10개 분기 중 6개 분기는 손실이 발생했습니다. 어떻게 하면 이런 상황을 안정화하고 이익을 증가시킬 수 있을까요? 면접관이 차트를 나눠줍니다.

예시 3 : 홍콩 회사가 미국 내 비디오 게임 회사를 인수하려고 합니다. 어떤 사항을 고려해야 할까요?

예시 4 : 이탈리아의 대형 전자제품업체는 최근 새로운 태블릿 PC를 발표했는데, 이것은 아이패드와 상당히 유사합니다. 가격을 어떻게 책정해야 할까요?

예시 5 : 고객사는 디트로이트에 본사가 있는 글로벌 자동차 제조업체입니다. 고객사의 부품사업부는 20%의 시장 점유율을 갖고 있으며, 500,000개의 부품과 자동차 옵션, 자동차 개조를 위한 액세서리를 판매합니다. 고객사는 지난 몇 년 간 수익이 나지 않았으며, CEO는 강력한 수직계열화가 오히려 고객사를 위태롭게 만든다고 생각하고 있습니다. 고객사는 자체 부품의 약 80%를 직접 만들고 있는데 반해, 주요 경쟁업체들은 약 40% 수준입니다. CEO

가 이 상황에 대해 의견을 구해왔습니다. 당신이라면 이 문제에 어떻게 접근하시겠습니까?

▶ **예시 1 – 중국 생수 시장**
발전소와 화학, 종이 및 섬유 공장들이 중국의 호수와 강의 약 70%를 오염시켰습니다. 중국 소비자들이 가장 걱정하는 부분은 수질입니다. 그들은 더 안전한 대안으로서 생수에 눈을 돌리고 있습니다. 도시들은 계속 성장하고 있고, 생수 시장도 마찬가지입니다. 네슬레는 시장 점유율을 확대할 수 있는 최선의 방법을 찾고 있습니다.

케이스를 요약하세요. 중국의 식수, 특히 도시 지역에서의 식수는 말그대로 끔찍한 수준입니다. 생수 시장은 성장하고 있으며, 네슬레는 시장 점유율을 늘리고 싶어합니다. 제가 신경 써야할 다른 목표가 있을까요?
없다고 가정합시다.

답변의 구조를 짜세요.
첫째, 네슬레에 대해 물어봐야 합니다. 중국 생수 시장 내 네슬레의 위치와 현재 시장 점유율, 성장률 그리고 네슬레가 생각하는 성공의 기준을 물어보세요. 고객사가 원하는 시장 점유율은 어느 정도이며, 과연 그것은 현실적인 수준입니까? 네슬레는 몇 개의 브랜드로 생수를 팔고 있습니까? 네슬레의 가격 정책은 무엇입니까? 업계의 선도업체와 비교하면 어떻게 가격 책정이 되어 있습니까?

둘째, 중국 생수 시장에 대해 조사해야 합니다. 성장률, 주요 업체와 그들의 시장 점유율, 산업 내 주요 변화 합병, 신규 업체 등장, 신기술 등 와 확대 장벽을 물어보세요. 혹시 외국 기업이 일정 수준의 시장 점유율 이상을 보유할 수 없도록 제한하는 조치가 있습니까? 회사 배송 시장보다 가정 배송과 소매시장이 더 빠르게 성장하고 있습니까?

셋째, 가장 뼈대가 되는 몇 가지 주요 성장 전략에 대해서도 조사해야 합니다. 유통 채널 확대 네슬레 직영 판매, 기타 점포, 가정 배달 및 길거리 가판대, 제품 라인 확대 및 다양화 더 많은 브랜드, 더 많은 종류의 생수 - 비타민 워터, 향이 첨가된 생수 등, 마케팅 캠페인 투자, 경쟁업체 인수 그리고 계절성 수요 전략 겨울 동안 비타민 C 생수 판매 등 등이 있습니다.

넷째, 네슬레의 미국과 유럽을 포함 다른 생수 시장 내 점유율이 어떻게 되는지 확인해야 합니다. 그 시장들은 어떻게 성장하고 있습니까? 자원을 그 시장들에 투자하는 것과 중국에 투자하는 것 중, 무엇이 더 현명하겠습니까?
당신이 메모한 내용은 다음과 유사해야 합니다.

	시장 점유율 확대	
중국 식수 오염	네슬레	중국 물 시장
생수 시장 성장	현재 시장 점유율	규모
네슬레는 시장	성장률	성장률
점유율 확대를 원함	네슬레가 생각하는	주요 업체와 시장 점유율
	성공의 기준	산업 내 변화 (합병, 신규업체, 신기술)
	브랜드	장벽 - 정부 규제
	가격 전략	시장
	성장 전략	가정, 회사, 소매
	유통 채널 확대	
	기타 점포	대체 시장
	네슬레 직영 점포	북미, 남미, 유럽, 아시아
	가정 배송	
	길거리 가판대	
	회사 배송	
	생산 라인 확대	
	생수 종류 및 브랜드 확대	
	마케팅 캠페인	
	경쟁업체 인수	
	계절성 수요 창출	
	가격 인상?	

참고 : 중국 생수 시장은 2000년 10억 달러에서 2017년 160억 달러로 증가했으며, 2020년까지 250억 달러 규모로 성장할 것입니다. 북미 시장은 2020년까지 18% 성장하여 300억 달러 규모가 될 것이고, 유럽 시장은 큰 변화 없이 유지될 것입니다. 네슬레의 현재 중국 생수 시장 점유율은 1.7%이고, 네슬레의 중국 생수 시장 매출은 지난 해 대비 7% 상승했습니다. 중국 생수 시장을 이끄는 선도업체는 항저우와하하 그룹이며, 14%의 시장 점유율을 갖고 있습니다.

▶ 예시 2 – 해커가드

해커가드는 미국 내 개인정보보호 시장을 이끄는 선도업체입니다. IPO를 하고 싶어 하지만, 이익이 들쑥날쑥 해왔고 지난 10개 분기 중 6개 분기는 손실이 발생했습니다. 어떻게 하면 이런 상황을 안정화하고 이익을 증가시킬 수 있을까요? 면접관이 차트를 나눠줍니다.

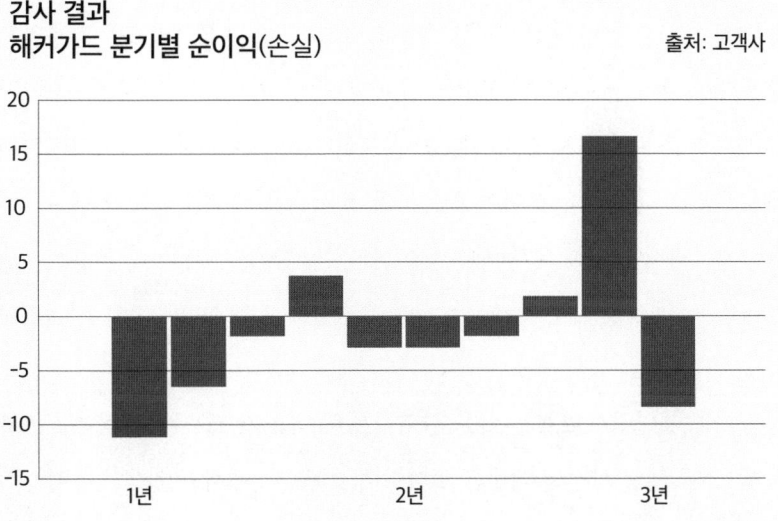

케이스를 요약하세요. 해커가드는 IPO를 하고 싶어 하나, 손익 현황을 안정화 시켜야 하는 상황입니다. 이에 대해 손익이 들쑥날쑥한 이유가 무엇인지 알아내고 이익을 증가시킬 방법을 찾아내야 합니다. 문제를 파악하고 이익을 늘리는 것 이외에, 제가 신경 써야 할 문제가 있을까요?

없다고 가정합시다.

첫째, 1분 정도 차트를 분석하세요. 차트가 의미하는 바가 무엇입니까? 변동 폭에 어떤 패턴이 존재하는 것 같지는 않습니다. 어떤 것은 그 폭이 상당히 크기도 하고요. 어떻게 하면 해커가드는 한 분기에 1,200만 달러를 잃기도 하고, 또 다른 분기에는 1,800만 달러를 벌어들이기도 했을까요?

답변의 구조를 짜세요.
이 케이스는 손익 분석 문제이므로, 즉시 손익 분석 프레임워크를 떠올리고 그를 토대로 나아가야 합니다. E(P=R-C)은 가장 먼저 시도할 수 있는 프레임워크입니다. 이를 토대로 시작할 때는, 외부 요인 먼저 살펴보세요. 해커가드만의 문제입니까, 아니면 같은 분야에 있는 모든 회사들은 비슷한 문제를 겪고 있습니까? 내수 경제에 대해 고려해봐야 하는 사항들은 몇 가지가 있습니다. 실업률, 이자율, 그 외 미국 가구의 가처분 소득에 영향을 줄 만한 것들이 그것들입니다.

다음으로, 개인정보보호 산업을 살펴보세요. 해커가드의 시장 점유율은 어떻게 됩니까? 해당 시장의 매출은 얼마이며, 최근 3년에서 5년 간의 추이는 어떻습니까? 다른 업체들의 손익도 들쑥날쑥합니까, 아니면 해커가드만의 문제입니까? 산업 내 모든 회사들의 이익이 급상승한 적이 있습니까? 만약 그렇다면, 이것은 소니나 티제이맥스, 에퀴팩스 등에서 그랬던 것처럼 거대 기업에서 개인정보 유출 사고 같은 일이 발생했었다는 의미입니다.

산업을 이해하고 난 뒤에는 회사 내부를 들여다봐야 합니다. 수익 구조부터 시작하세요. 해커가드의 주요 수익 구조가 무엇이고, 어떻게 변해왔습니까? 고객 세분화도 살펴봐야 합니다. 해커가드의 고객은 누구입니까? 중산층 가정입니까? 고객의 수가 얼마나 되며, 그들은 월간 또는 연간 단위로 얼마를 지불합니까? 고객들은 해커가드 서비스를 얼마나 오랫동안 유지합니까? 통신 요금과 비슷한 유사한 계약 조건이 있습니까? 서비스 제공자를 변경하는 고객의 비율은 얼마나 됩니까? 이렇게 서비스 제공자를 변경하는 고객의 비율은 동종 산업내 경쟁업체와 비교하면 어떻습니까? 또한 통신사 등 다른 산업과 비교했을 때는 어떻습니까?

다음은 비용입니다. 해커가드의 주요한 비용 요인은 무엇이고, 어떻게 변해왔습니까? 비용에 대해 경쟁업체를 벤치마킹할 수 있습니까? 과거에 다른 업체 인수 또는 사내 컴퓨터 시스템 업그레이드 등으로 비용이 많이 발생한 적이 있었습니까?

당신이 메모한 내용은 다음과 유사해야 합니다.

```
해커가드: 개인        이유 및 매출 안정화 방안
정보보호 시장
선도업체                     E(P=R-C)M

IPO를 희망하나,
손익이 들쑥날쑥   높은 실업률로 인한 가처분    산업 내 매출 추이 (3개년)
한 상황          소득 감소                경쟁업체도 동일한 문제를 겪는지?
                                      동일한 형태의 이익 급증
이유 및 매출                             동일한 형태의 막대한 손실
안정화 방안

                매출                    비용
                매출에서 증가한 항목?      비용에서 증가한 항목?
                고객 세분화              과도하게 발생한 비용 항목?
                고객의 수               벤치마크 비용
                고객 당 평균 매출         구매
                가입 기간                 인수?
                고객 이탈률               IT 업그레이드?
```

▶ **예시 3 – 홍콩 비디오 게임**

홍콩 회사가 미국 내 비디오 게임 회사를 인수하려고 합니다. 어떤 사항을 고려해야 할까요?

케이스를 요약하고 목표를 명확하게 확인하세요. 이 케이스 문제는 분량이 상당히 짧은 편입니다. 따라서, 케이스 문제를 들은 대로 반복하지 말고, 바로 "인수를 위해 고려해야 하는 사항을 결정하는 것 이외에, 제가 신경 써야 하는 다른 목표가 있습니까?" 라고 물어보세요.

없다고 가정합시다.

답변의 구조를 짜세요. 이것은 인수 합병 문제입니다. 회사, 시장 현황 분석, 실사 및 리스크, 비용, 그리고 철수 전략으로 나눠서 생각해보세요.

당신이 메모한 내용은 다음과 유사해야 합니다.

홍콩 회사	인수 관련 주요 이슈	
비디오 게임 제조사 인수 고려	홍콩 회사 어떤 회사인가? 사모펀드? 인수 대상의 경쟁업체?	현재 시장 규모 및 성장률 경쟁업체 및 시장 점유율 제품 차별화 고객 세분화 산업 내 변화 - 합병, 철수, 신규 업체
주요 고려 사항?	인수 목적? • 전략 • 특허 기술 • 시장 점유율 확대 • 비용 절감 시너지 효과	실사 및 리스크 • 경기 • 시장 선도업체? • 확보 가능성? -고객, 공급사, 유통사 및 경영진 • 조직 문화 융합 • 마진 • 경쟁업체 대응
	기존에 보유하고 있는 다른 회사 존재? 비용 공정 가치? 감당 가능 여부	철수 전략 • 매각 • 분사 및 상장 • 사업 종료 및 자산 매각

회사 : 홍콩 회사에 대해 먼저 물어봐야 합니다. 이 회사는 사모펀드입니까, 아니면 인수 대상의 경쟁업체입니까? 왜 인수하려고 하나요? 미국 시장에 진출하기 위해서입니까? 특허기술 때문입니까? 시장 점유율을 늘리기 위해서입니까? 아니면, 비용 절감 효과를 누리기 위해서입니까? 이 회사는 또 어떤 회사를 보유하고 있습니까? 다른 게임 관련 회사를 갖고 있습니까?

시장 현황 : 시장 현황은 어떻습니까? 성장하고 있습니까? 어떤 트렌드가 있거나 전망이 있습니까? 주요 업체들은 어디이며, 그들의 시장 점유율은 어떻습니까? 경쟁업체의 제품은 인수 대상 회사의 제품과는 어떻게 다릅니까? 산업이 어떻게 세분화되어 있고, 합병이나 신규 업체 등 어떤 변화가 생겼습니까?

실사 : 전반적인 경제 상황을 봐야 합니다. 인수 대상 회사가 업계 선도주자입니까? 인수 대상 회사의 고객, 공급사, 유통사 그리고 고위 경영진은 얼마나 안정적입니까? 두 회사의 문화가 잘 융화될 것 같습니까? 기대되는 마진은 어떻습니까? 인수 대상 회사를 인수하는 것에 대한 시장의 반응은 어떨 것 같습니까?

철수 전략 : 이번 인수가 실패할 시의 전략은 무엇입니까? 인수 후, 매각 예정입니까? 아니면, 인수한 회사를 분사한 뒤 IPO를 할 계획입니까? 아니면, 인수한 회사를 쪼개서 일부 사업부만 매각할 계획입니까?

▶ **예시 4 - 이탈리아 태블릿 PC**

이탈리아의 대형 전자제품업체는 최근 새로운 태블릿 PC를 발표했는데, 이것은 아이패드와 상당히 유사합니다. 가격을 어떻게 책정해야 할까요?

케이스를 요약하고 목표를 명확하게 확인하세요. 다른 목표가 있는지 물어보세요. 예를 들면, CEO가 이 시장에 진출하고 싶어하는 다른 이유가 있는지 등이요.

답변의 구조를 짜세요. 당신이 메모한 내용은 다음과 유사해야 합니다.

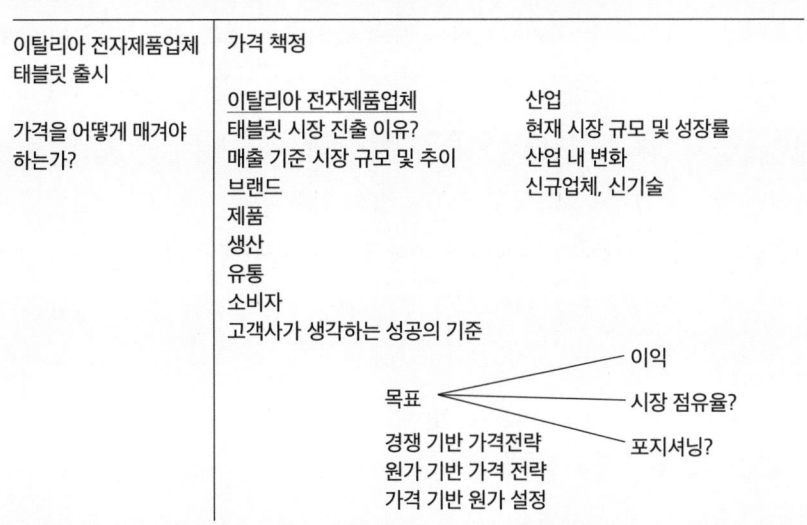

첫째, 회사에 대해 알아야 합니다. 이 시장에 왜 진출하고 싶어 하나요? 매출 면에서 회사의 규모는 얼마나 크고, 최근 트렌드는 어떻습니까? 유명한 브랜드를 갖고 있습니까? 어떤 제품을 갖고 있습니까? 생산지는 어디입니까? 유통 채널을 만들었습니까? 새 제품이 현재의 고객군과 잘 맞습니까? 고객사가 생각하는 성공의 기준은 무엇입니까?

둘째, 시장 규모, 트렌드, 전망치 등 산업에 대해 알아야 합니다. 최근 신규 업체나 신기술이 등장하는 등 주요한 변화가 있었습니까? HP가 태블릿 PC를 출시한지 3주 만에 회수하고 다시 일 년 뒤에 새로운 태블릿을 출시한 사례를 기억하세요.

셋째, 4가지 가격 전략에 대해 살펴보세요. 첫번째는 고객사의 목표입니다. 이것은 고객사가 생각하는 성공의 기준과 긴밀하게 연결되어 있습니다. 이익이 목표이고, 애플처럼 프리미엄급으로 가격을 매기고 싶은 건가요? 아니면 삼성처럼 시장 점유율을 목표로 하고 가격을 약간 낮추고 싶은가요? 아니면 아마존처럼 적당한 가격에 태블릿을 판매하고 연관 상품으로 이익을 만드는 데 관심이 있나요? 두번째는 경쟁사 분석 가격 전략입니다. 경쟁사는 누구이며, 그들의 제품은 고객사의 태블릿과 어떻게 다릅니까? 그리고 그들의 제품은 얼마입니까? 대체재가 존재합니까? 고객사의 시장 진출에 경쟁사들은 어떻게 반응할 것 같습니까? 세번째는 비용 기반 가격 전략입니다. 고객사가 제조, 유통, 마케팅하는데 드는 비용은 얼마입니까? 모든 숫자가 고려되도록 신경 쓰세요. 고객사는 고객사의 다른 제품에서 얼마만큼의 마진을 얻습니까? 네번째는 가격 기반 원가 책정입니다. 소비자들이 어느 수준까지 지불할 것 같습니까? 고객사의 원가 이상입니까?

▶ **예시 5 – 글로벌 자동차 제조업체**

고객사는 디트로이트에 본사가 있는 글로벌 자동차 제조업체입니다. 고객사의 부품사업부는 20%의 시장 점유율을 갖고 있으며, 500,000개의 부품과 자동차 옵션, 자동차 개조를 위한 액세서리를 판매합니다. 고객사는 지난 몇 년간 수익이 나지 않았으며, CEO는 강력한 수직계열화가 오히려 고객사를 위태롭게 만든다고 생각하고 있습니다. 고객사는 자체 부품의 약 80%를 만들고 있는데 반해, 주요 경쟁업체들은 약 40% 수준입니다. CEO가 이 상황에 대해 의견을 구해왔습니다. 당신이라면 이 문제에 어떻게 접근하시겠습니까?

케이스를 요약하고 목표를 명확하게 확인하세요. 문제를 반복해서 말하며 당신이 이해한 바가 맞는지 확인하세요. 그 뒤, 목표를 명확히 하세요. 이 케이스 문제에서 목표는 고객사의 수익성을 개선할 전략적 계획을 수립하는 것입니다. 이 케이스를 손익 분석 문제라고 생각할 수도 있겠으나, 조금 다르게 접근해보세요.

답변의 구조를 짜세요. 당신이 메모한 내용은 다음과 유사해야 합니다.

자동차제조업체	전략	
부품사업부 500,000개 부품 판매 및 시장점유율 20%	자동차 제조업체 매출 부품사업부 매출 및 추이 부품사업부 이익 및 추이 부품사업부 시장점유율 추이 비용 변화 고객사가 생각하는 성공의 기준	자동차 산업 현재 시장 　규모 　성장률 　산업 내 변화 　신기술
수익성 저조 강력한 수직계열화 때문	전략 수립	
자체 부품의 80% 생산, 경쟁업체들은 40% 수준	비용 ← 내부 (노조 임금, 원자재 비용) 　　　　외부 (이자율, 유가, 배송, 경기) 전략적 가치 ← 비용 절감 　　　　　　특허 기술	
전략 도출	대안 ← 부품 종류 줄이기 　　　 동일 부품 활용도 제고 목적 자동차 리디자인 철수 전략 ← 사모펀드 또는 대주주에게 매각 　　　　　　분사 및 상장	

회사와 부품사업부에 대해 물어보세요. 전반적인 회사의 매출이 어떻게 되며, 최근 트렌드는 어떻습니까? 부품사업부의 매출과 트렌드는 어떠하며, 부품사업부가 전체 회사 매출에 차지하는 비중은 몇 %입니까? 지난 3년 간 부품사업부의 시장 점유율은 증가했습니까, 감소했습니까? 비용 측면에서 변화가 생겼습니까? 고객사가 생각하는 성공의 기준은 무엇입니까?

산업에 대해 물어보세요. 자동차 산업의 전반적인 트렌드는 어떻습니까? 부품 산업에서 신규 업체나 신기술 등 변화가 있습니까? 전략을 세울 때는 비용,

전략적 가치, 대안 그리고 철수 전략 등 네 영역을 나눠서 생각하세요.

비용 : 외부 요인 전반적 경기 현황, 이자율, 유가, 운송비 등 과 내부 요인 노조가 주장하는 임금 수준, 원자재값 등 을 모두 살펴보세요.

전략적 가치 : 고객사만이 생산할 수 있는 부품을 만드는 것의 진정한 가치가 무엇일까요? 초기에는 비용 절감 효과가 있었을 지 모르나, 아마 바뀌었을 것입니다. 고객사의 자동차에만 있는 특허 기술이 있습니까?

대안 : 대안이란 자동차 한 대에 들어가는 개별적 부품의 수를 줄이거나 널리 사용되는 부품을 최대한 많이 적용한 새로운 모델을 만드는 것입니다. 이 부분이 헷갈리기 쉬운데요, 혹자는 GM이 곤경에 빠지게 된 이유가 GM의 모든 차들이 다 똑같이 생겼기 때문이라고 합니다. 다른 벤더로부터 부품을 공급받는 것이 더 저렴할까요?

철수 전략 : 고객사가 부품사업부를 사모펀드 또는 대주주에게 매각할까요? 부품사업부를 완성차 제조업체에서 분사시켜서 독립적인 회사로 만들까요? 회사는 이를 통해 무엇을 얻을 수 있고, 이로 인해 얻은 돈으로 무엇을 할까요?

실전 문제

케이스 문제를 실제 인터뷰 상황에서 풀 듯이 연습하는 것처럼 좋은 것은 또 없겠지만, 그 다음으로 좋은 것은 가능한 많은 케이스 문제를 읽어보는 것입니다. 이를 통해 당신의 기억 저편에 일종의 케이스 문제 보관소를 만들어 둘 수 있습니다. 그리고 이렇게 하면 케이스 문제를 풀 때 머리 속에서 또 다른 케이스 문제를 불러올 수 있습니다. 이 영역을 활용하는 가장 좋은 방법은 문제 개요만 먼저 읽고, 답변의 구조를 짜보는 것입니다. 당신이 생각한 답과 제가 생각하는 답은 아마 일치하지 않을 것입니다. 당신은 케이스 문제 중간에 추가될 변수들을 모두 예측할 수 없으니까요. 답변의 구조를 짰으면, 앉아서 케이스 문제와 풀이를 천천히 읽으면서 당신이 미처 생각하지 못했던 것들을 다 메모해두세요. 그리고 다시 읽으세요. 두 번째 읽을 때 더 많을 것을 적게 될 것입니다.

케이스 리스트

- ▶ 넷플릭스
- ▶ 엑스헤드
- ▶ 눈삽
- ▶ 플랫라인
- ▶ 잔디깎기
- ▶ 일회용 컵
- ▶ 자메이카 배터리
- ▶ 파워스포츠
- ▶ 레드로켓스포츠
- ▶ 코카콜라
- ▶ 담배회사
- ▶ 카바나 핏
- ▶ 이동통신사
- ▶ 중개수수료
- ▶ 빌 게이츠 재단
- ▶ MUSIC TO MY EARS
- ▶ IN THE RED

넷플릭스   CASE 01

면접관 : 고객사는 넷플릭스입니다. 넷플릭스는 DVD 우편 렌탈 멤버쉽 서비스를 언제 어떻게 중단해야 할지에 대한 전략을 요청해왔습니다.

지원자 : DVD 우편 렌탈 멤버쉽 중단 전략 수립 이외에 제가 고려해야 하는 다른 목표가 있습니까?

면접관 : 없습니다.

지원자 : 두 가지를 확인하고 싶습니다. 넷플릭스는 왜 DVD 우편 렌탈 멤버쉽 서비스를 중단하려고 합니까?

면접관 : 당신 생각은 어때요?

지원자 : 몇 가지 이유를 생각해 볼 수 있습니다. 먼저 더 이상 수익성이 없다는 것입니다. 이 서비스는 더 이상 쓸모가 없어져버렸습니다. 넷플릭스는 기존 고객층을 스트리밍 서비스로 흡수시키고 싶어할 것 같습니다. 아마 DVD를 보관하는 공간을 줄이고 핵심 비즈니스에 집중하려는 것일지 모르겠습니다. 또 다른 프로젝트를 위해 창고 공간이 필요할 수도 있고요.

면접관 : 모두 좋습니다. 그렇다면 넷플릭스는 왜 지금까지 이 서비스를 중단하지 않았을까요?

지원자 : 왜냐하면 지금까지는 수익성이 좋았을 테니까요.

면접관 : 다른 질문은 무엇이죠?

지원자 : 서비스 중단을 결정하게 만든 사건이나 어떤 수치가 있습니까?

면접관 : 넷플릭스는 이 서비스가 여전히 수익성이 있지만 중단하려고 합니다.

지원자 : 네, 알겠습니다. 잠깐 생각을 정리하고 메모를 해도 될까요?

면접관 : 물론입니다.

지원자는 2분에 걸쳐 메모를 세 영역을 나눠 정리했습니다.

지원자 : 저는 이 문제를 세 가지 영역으로 나눠 살펴보고 싶습니다. 현재 상황, 서비스 종료 방법 그리고 서비스 종료 시기입니다.

먼저 현재 상황입니다. 저는 우선 서비스 운영 방법과 서비스 이용료에 대한 가격 전략, 회원 수 그리고 멤버쉽 가입 추이를 알아보고 싶습니다. 그리고 이 서비스와 국내 스트리밍 서비스 모두의 지난 3년간 매출과 이익을 알고 싶습니다. 마진도 살펴봐야 하며, DVD 렌탈이 넷플릭스의 국내 매출에 차지하는 비중과 그 비중이 어떻게 변해왔는지도 알고 싶습니다. 그리고 넷플릭스가 보관 창고를 통합하거나 닫았을지도 궁금합니다.

5 : 케이스 문제 연습

서비스 종료 방안에 대해서는 다섯 가지를 고려해야 한다고 생각합니다. 고객, 운영 인력, 창고와 장비, DVD 제품, 그리고 출구 장벽입니다.

우선, 고객층은 축소되고 있습니까? 빠져나간 고객들은 어디로 향하는 것일까요? 그들을 스트리밍으로 유인할 수 있을지 생각해봐야 합니다. 이 서비스의 줄어든 매출을 어떻게 보충할 수 있을까요? 멤버쉽 연장 중단이나 신규 회원 가입 중단 등 이 사업을 정리하기 위해 필요한 절차를 생각해봐야 합니다.

운영 인력들을 다른 부서나 업무로 재배치할 수 있을지 살펴봐야 합니다. 몇 명을 해고해야 하며, 이것은 금전적 관점과 조직 사기 관점에서 얼마나 큰 손실이 될지 파악해야 합니다.

보관 창고를 어떻게 할 것인지도 생각해봐야 합니다. 창고를 매각하거나 임대할 수 있습니다. 아니면, 용도를 변경하거나 계속 보유해서 토지 임대처럼 활용할 수 있습니다.

보유하고 있는 DVD를 어떻게 할지도 고민해야 합니다. 팔아버리거나 폐기처분 하거나 나눠줄 수 있을 것 같습니다. 아니면, DVD를 판매할 수 있는 해외시장을 찾아볼 수도 있습니다.

출구 장벽도 중요합니다. 법적으로 양도가 어려운 고정 자산이 있는지 아니면 감정적 요인이 있는지 알아봐야 합니다.

면접관 : 출구 장벽으로서 감정적 요인이요?

지원자 : 네, DVD라는 것은 오늘의 넷플릭스를 만든 상품입니다. 리드 헤이스팅스 넷플릭스 회장이 DVD에 감정적인 애착이 있다면, 서비스를 중단시키기 어렵지 않을까요?

면접관 : 흥미롭네요.

지원자 : 마지막으로, 서비스 종료 시점입니다. 만약 이익과 비용을 잘 트래킹할 수 있다면, 이익이 제로가 되는 시점을 알 수 있지 않을까요? 새로운 콘텐츠를 개발하거나 다른 프로젝트에 투자하기 위해 현재 DVD 렌탈 서비스에 할당된 자원이 필요하다면, 새로운 DVD 타이틀을 업데이트하지 않거나 서비스 이용료를 인상해서 DVD 렌탈 서비스 가입 고객들이 탈퇴하도록 할 수 있지 않을까요?

면접관 : 서비스 이용료와 멤버쉽에 대한 정보를 알고 싶은 것 같군요. DVD 우편 렌탈 서비스의 월간 이용료는 고객이 선택하기에 따라 월 4.99달러에서 최대 14.99달러입니다. 고객이 한 번에 빌릴 수 있는 최대 DVD의 수에 따라 서비스 이용료가 달라집니다.

면접관은 지원자에게 차트를 건네줍니다.

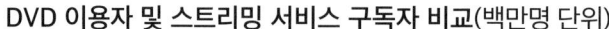

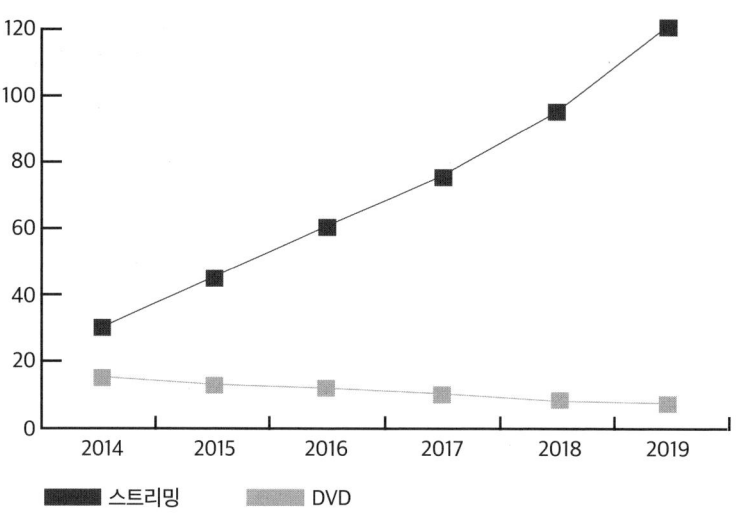

지원자 : DVD 렌탈 서비스는 확실히 회원 수가 줄고 있네요. 그렇지만, 여전히 서비스 고객의 수익성은 좋아 보입니다. 어쩌면 스트리밍 고객보다도 더 수익성이 좋을 것 같습니다. 그런데도 넷플릭스는 지금 렌탈 서비스를 중단하려고 하네요. 혹시 이익 마진에 대한 정보도 있을까요?

면접관 : 여기 있습니다. 어떻게 생각하세요?

면접관은 지원자에게 차트를 전달합니다.

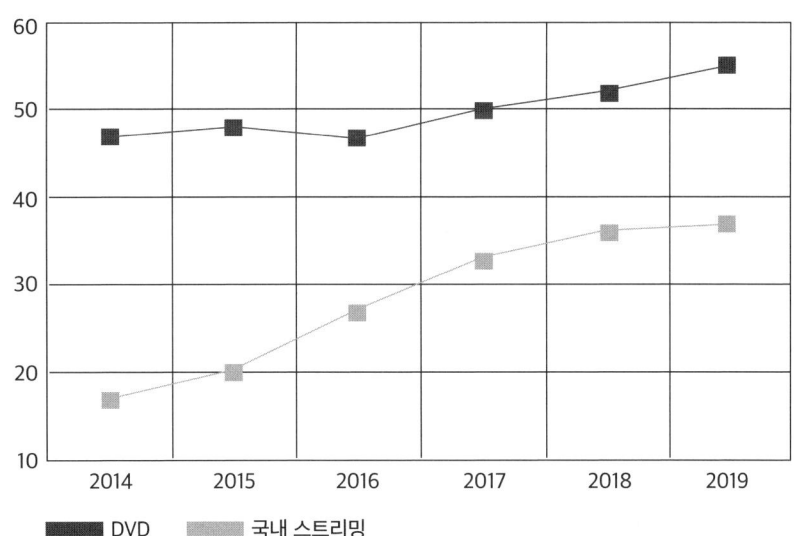

지원자 : DVD 렌탈 서비스 이용자에 대한 이익 마진은 55%네요. 놀라운 수치입니다. 스트리밍 이용자에 대한 이익 마진도 37% 정도인데, 이 역시 매우 좋은 수치입니다. 놀라운 점은 DVD 렌탈 서비스의 회원 수가 계속 감소하고 있음에도 불구하고 이익 마진은 계속 상승하고 있다는 것입니다.

면접관 : 왜 그런 것 같습니까?

지원자 : 이것은 비용이 줄어들고 있다는 뜻입니다. 이 문제에서 가장 중요한 비용은 배송입니다. 저의 가정은 이미 이용료를 지불한 회원들의 DVD 렌탈이 감소하고 있다는 것입니다. 마치 제가 등록해 놓고 절대 가지 않는 헬스장 멤버쉽처럼요. 다른 비용은 주로 회원가입 및

5 : 케이스 문제 연습

고객 지원 관련 비용일 텐데, DVD 배송이 줄어들면서 운영 비용이 줄었기 때문에 아마 감소했을 것입니다.

면접관 : 다른 것도 있을까요?

지원자 : 네. 콘텐츠적인 측면에서도 비용이 줄었을 것입니다. 회원 수가 줄었다는 것은 동일한 DVD를 더 적게 보유해도 된다는 의미입니다. 그리고 DVD 배송량이 줄어들면, 넷플릭스 입장에서는 보관 창고의 수와 관련 운영인력을 줄일 수 있습니다.

면접관 : 넷플릭스는 실제로 보관 창고를 50개에서 17개로 줄였고, 이로 인해 배송 시간이 길어졌습니다. 보유하고 있는 DVD 수도 줄었고, 보관 창고도 줄었으니까요. 새로운 DVD가 나왔을 때, 누가 먼저 받아봐야 한다고 생각합니까?

지원자 : 선착순 아닐까요?

면접관 : 지금 답변하는 건가요, 아니면 저한테 물어보시는 건가요?

지원자 : 답변드리는 것입니다.

면접관 : 틀렸습니다. 전통적으로 넷플릭스는 특정한 기간 동안 렌탈 횟수가 가장 적은 회원에게 우선권을 줍니다. 이들은 동일한 비용을 지불하고도 서비스를 가장 적게 이용했으니 이들이 보고 싶은 DVD가 있

을 때 우선권을 가져야 한다는 논리이죠. 그런데, 이 정책은 더 이상 유효하지 않습니다. 왜 그럴까요?

지원자 : 왜냐하면 이 고객들이 DVD를 더 느리게 반납하기 때문입니다.

면접관 : 맞습니다. 다음 질문이 있나요?

지원자 : 제 생각에는 DVD 렌탈 서비스에 계속 비용을 내고 있다는 것을 모르는 고객들이 많을 것 같습니다. 지난 해 DVD 렌탈 서비스 사업으로 인해 이익이 얼마나 될까요?

면접관 : 약 2억 5,000만 달러입니다.

지원자 : 스트리밍 서비스의 콘텐츠를 개발하는데 쓸 수 있을 정도의 돈이네요.

면접관 : 넷플릭스는 이 서비스를 종료하고 난 다음에는 DVD를 어떻게 처리해야 할까요?

지원자 : 몇 가지 아이디어가 있습니다. DVD 렌탈 서비스 우수 고객들이 스트리밍 서비스에 가입한다면 이들에게 DVD를 보내줘도 됩니다. 그리고 미국 내 도서관에 기부할 수도 있고요. 국내외로 온라인 판매를 할 수도 있습니다. 아니면, 불법 유통되지 않도록 다 부수어 버릴 수도 있습니다.

면접관 : 여기 마지막 차트가 있습니다. 2분 정도 시간을 드릴 테니, 살펴보고 넷플릭스가 언제 이 서비스를 종료시켜야 하는지 제안해주세요.

면접관은 지원자에게 차트를 줍니다.

모든 숫자는 백만 단위입니다.

국내 DVD	'19	'18	'17	'16
회원 수	3.4	4.1	4.9	5.7
매출	462	542	645	765
비용	250	262	323	397
기여 이익	250	280	322	368
기여 마진	54%	52%	50%	48%

지원자는 2분 간 몇몇 계산을 하고, 어떤 제안을 할 지 결정했습니다.

지원자 : 넷플릭스는 최소 5년 동안은 DVD 우편 렌탈 서비스를 중단하지 말아야 합니다. 넷플릭스의 고객층은 매년 17% 정도 이탈하고 있습니다. 그러나 증가하는 이익 마진은 순이익을 끌어올리며, 비용 감소 수준이 매출 감소 수준을 훨씬 상회합니다. 리스크 요인은 언젠가 비용이 더 이상 줄어들 수 없는 시점이 도달할 것이고 이익 또한 더 이상 수익성이 있다고 보거나 유의미한 순이익이라고 보기 어려운 순간이 올 것이라는 점입니다. 단기적인 관점에서의 후속 조치는 콘텐츠를 줄여 나가면서 어떤 고객이 신규 DVD를 먼저 받아볼 지 결정하는 알고리즘을 조정하는 것입니다. 장기적 관점에서 저는 이 문제를 3년 후에 다시 살펴보고 상황을 다시 분석해 볼 것을 권해드리고

싶습니다. 이 또한 제가 도와드릴 수 있습니다.

시사점
- 지원자는 완성도가 높은 구조로 답변했습니다. 전통적인 답변 구조는 아니지만 주어진 상황에 맞춰 만들어진 형태였습니다. 만약 지원자가 기존에 알고 있는 답변 구조를 문제에 끼워 맞추려고 했다면 아주 우스꽝스러웠을 것입니다.
- 지원자는 가설을 제시하지 않았습니다.
- 지원자는 면접관이 질문을 하거나 지원자가 틀렸다고 지적했을 때 잘 대처해냈습니다.
- 지원자가 제안한 바는 전혀 복잡하지 않고, 확실하며, 합리적이었습니다.
- 마지막 그래프를 분석할 때 깔끔하게 계산해냈습니다.

엑스헤드   CASE 02

면접관 : 우리의 고객사 엑스헤드는 젊은 층을 타겟으로 감각적인 헤드폰, 무선이어폰, 스피커 독 그리고 익스트림 스포츠에 적합한 의류 및 액세서리를 판매하는 회사입니다. 고객사는 현재 웨어러블 시장에 진출하는 것을 고려하고 있습니다. 엑스헤드는 시장을 분석하고 어떻게 하면 좋을지 제안해달라고 요청했습니다.

지원자 : 고객사인 엑스헤드는 전자제품 및 의류회사로 익스트림 스포츠를 즐

기는 청소년을 주요 타겟으로 삼고 있으며, 현재 웨어러블 시장 진출을 생각 중입니다. 이에 대해 시장을 분석하여 진출 여부에 대해 제안해야 합니다. 이외에, 제가 신경 써야 할 다른 목표가 있을까요?

면접관 : 고객사는 매출을 10%, 시장 점유율을 2% 늘리고 싶어 합니다.

지원자 : 고객사의 현재 매출은 얼마나 됩니까?

면접관 : 1억 6,000만 달러입니다.

지원자 : 그렇다면 시장 점유율을 2% 늘리고, 매출은 1,600만 달러를 늘려야 하는 것이군요.

면접관 : 네.

지원자 : 고객사는 왜 웨어러블 시장에 진출하고 싶어합니까?

면접관 : 고객사는 해당 시장이 미래에 유망할 뿐만 아니라, 웨어러블 시장의 주요 고객들이 고객사의 좋은 타겟이 될 것이라 생각합니다. 또한, 가장 큰 경쟁자인 스컬캔디를 누르고 싶어하죠.

지원자 : 잠깐 생각을 정리하겠습니다. 지원자는 2분 정도 생각을 정리했습니다.

지원자 : 우선 고객사에 대해 이해하고 싶습니다. 그 뒤 웨어러블 시장을 살펴

보겠습니다. 마지막으로 웨어러블 시장에 진출할 수 있는 여러 방법을 살펴보겠습니다.

고객사에 대해서 지난해 매출이 1억 6,000만 달러였다는 사실을 알고 있습니다만, 고객사의 성장율, 즉 지난 3년 간의 매출과 이익을 알고 싶습니다. 엑스헤드의 소비자에 대해서도 알고 싶습니다. 젊은 층이라고 하셨는데, 연령대와 성별을 알고 싶습니다. 제품 믹스와 생산 능력에 대해서도 알아야 합니다. 또한, 어떤 종류의 웨어러블 제품을 고려하고 있는 것일까요? 엑스헤드의 브랜드 파워는 얼마나 강력하며, 주요 유통 채널은 무엇입니까?

다음으로, 웨어러블 시장입니다. 시장 규모와 성장률 그리고 트렌드를 봐야 합니다. 시장 규모를 알아야 2%가 1,600만 달러보다 큰지 알 수 있습니다. 산업을 움직이는 요인은 무엇입니까? 산업 내에 있는 다른 제품들도 알고 싶고 제품별 고객 세분화 그룹도 알고 싶습니다. 마진은 항상 중요한 요소입니다. 합병이나 신기술처럼 산업 내 주요한 변화가 있습니까? 고객사의 현재 유통 채널과 산업 내 유통 채널이 일치하는지도 확인해봐야 합니다. 시장을 이끄는 주요업체가 어디인지 그리고 그들의 시장 점유율은 얼마이고 고객사의 제품과 그들의 제품이 어떻게 다른지도 당연히 확인해야 합니다. 마지막으로, 시장 진입 장벽이 존재합니까?

엑스헤드가 시장에 진출하기 위한 최선의 방법에 대해서는 유기적 성장, 인수, 조인트벤쳐 또는 아웃소싱을 살펴봐야 합니다. 엑스헤드는 현재 엑스헤드의 모든 제품을 직접 제조합니까? 만약 아니라면, 어느 업체가 제조하나요?

일단 저는 고객사가 웨어러블 시장에 진출해야 한다고 생각합니다. 왜냐하면 고객사는 어찌 되었든 그들의 제품을 구매할 튼튼한 핵심 고객층을 갖고 있기 때문입니다. 이들이 고객사로부터 제품을 구매하지 않는다면, 경쟁사로부터 구매하게 되겠죠.

면접관 : 좋은 질문들입니다. 회사에 대해 몇 가지 먼저 말씀드리죠. 우선 매출은 지난 3년 간 매년 5%씩 늘었습니다. 이익 마진은 30%이고요. 고객층은 주로, 그러니까 약 70% 정도가 남성이고 연령대는 12살에서부터 29살까지입니다. 엑스헤드는 생산능력이 제한적이고, 제품 대부분은 아웃소싱 됩니다.

브랜드는 잘 알려져 있습니다. 엑스헤드와 스컬캔디는 그 분야에서 가장 브랜드 파워가 큰 두 업체이죠. 엑스헤드는 스케이트보더와 스노우보더 그리고 BMX 자전거 선수들을 후원하면서 청소년층의 지지를 얻었습니다. 유통 채널 관련해서는, 본래는 전문 매장에서만 판매되었다가 현재는 타겟, 월마트, 베스트바이 등 전국적으로 판매됩니다. 회사 홈페이지에서도 판매되고요. 엑스헤드의 제품은 총 82개국에서 판매되고 있습니다.

지원자 : 말씀대로라면 틈새 시장을 성공적으로 공략한 회사라고 생각됩니다. R&D 비용이 낮을 것 같습니다. 왜냐하면 엑스헤드는 그들의 위

치를 잘 알고 있고, 갑자기 새로운 제품을 만들기 보다는 아웃소싱할 수 있는 기존 제품에 엑스헤드 로고를 붙일 테니까요. 제가 놓친 점이 있을까요?

면접관 : 글쎄요, 좀 더 봅시다. 시장에 대해 알려드리겠습니다. 스마트 웨어러블 기기는 지난해 2억 1,600만대가 팔린 것으로 평가됩니다. 2025년까지 6억 1,500만 대가 팔릴 것으로 예상되죠. 시장 수요는 주로 계속 생겨나는 혁신과 새로운 제품 카테고리에서 생겨날 것입니다. 스마트 원단이나 히어러블 제품 같은 것들 말이죠.

주요 업체들은 역시 애플, 핏빗, 파슬, 메드트로닉 그리고 트랜센드인포메이션인데, 이들은 그들 브랜드 제품을 자체 생산합니다.

소비자들을 성별로 나눠보면 47%가 여성, 53%가 남성입니다. 여기 연령별로 구분한 차트가 있습니다.

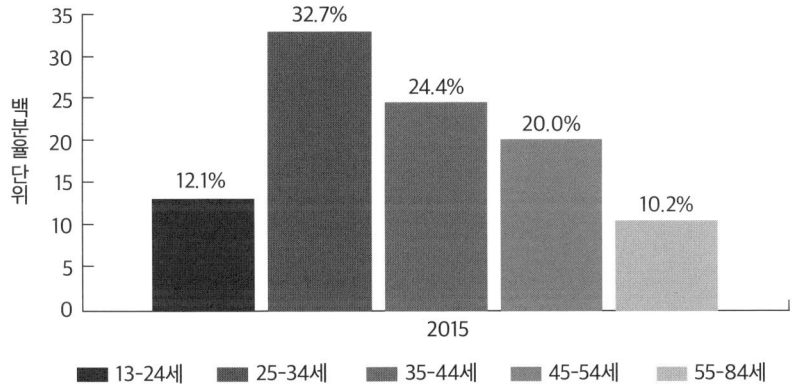

5 : 케이스 문제 연습

지원자 : 차트에 따르면 18세 이하를 타겟으로 한 시장은 너무 작아서 굳이 고려하지 않아도 됩니다. 고객사의 시장은 18세에서 24세까지 12.7% 전체 그리고 이에 25세~29세 그룹을 더한 것까지입니다. 25세에서 34세까지가 32.7%이므로, 이를 10으로 나눠서 각 연령별 비중을 계산하여 25세부터 29세까지를 각 3.3%로 계산하면, 약 16-17%가 됩니다. 이것을 20%로 반올림하고 12.7%와 합치면, 약 32%입니다. 이것을 반으로 나누겠습니다. 주요 소비자는 남성이니까요. 결국 고객사의 주요 소비자 층은 웨어러블 시장의 16%입니다. 고객사는 현 상황에서 2%를 확보하려는 것인데요, 달러 매출 기준 시장 규모를 알 수 있을까요?

면접관 : 250억 달러입니다.

지원자 : 아 좋습니다. 시장의 10%는 25억 달러이고, 1%는 2억 5,000만 달러입니다. 2%면 5억 달러이네요. 뭔가 잘못된 것 같습니다. 현실성을 체크해봐야 합니다. 1,600만 달러는 문제가 안 될 것 같지만, 2%는 특정한 연령대에서의 2%가 아니라면 문제가 될 것 같습니다. 제품별로 나뉘어진 시장 규모가 있을까요?

면접관 : 제가 갖고 있는 것은 이 차트 뿐입니다.

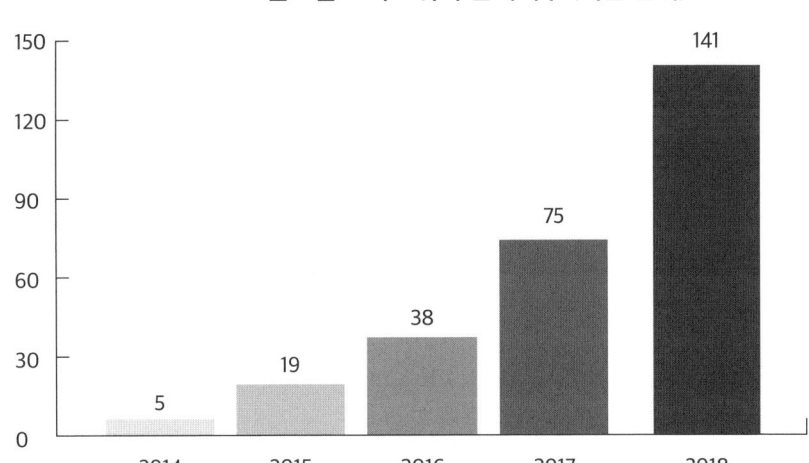

2014-2018 글로벌 스마트워치 판매대수 (백만 단위)

지원자 : 네, 2억 1,600만대 중에서, 1억 4,100만대는 스마트워치였네요. 전체의 절반은 1억 800만대이고, 10%는 약 2,100만대네요. 따라서, 약 65%입니다. 고객사가 웨어러블 시장을 겨냥해 어떤 제품 믹스를 갖고 있는지는 모르겠지만, 스마트워치는 확실히 중요한 제품일 것입니다.

면접관 : 그리고요?

지원자 : 고객사는 전세계 82개국에 진출해 있습니다. 그리고 차트에 있는 스마트워치 숫자는 전세계 기준입니다. 고객사의 가장 중요한 시장은 어디입니까?

면접관 : 고객사의 시장은 성장률에 따라 상, 중, 하 세 가지로 구분됩니다. 아

시아는 '상'입니다. 북미와 유럽은 '중'이고 남미, 아프리카 그리고 중동은 '하'입니다. 중국은 미국 시장의 2.5배로 예측되고요.

지원자 : 아시아, 북미 그리고 유럽 각 지역의 고객사 사업 비중은 어떻게 됩니까?

면접관 : 아시아는 10%입니다. 북미는 50%, 유럽은 25%이고요.

지원자 : 스컬캔디가 고객사의 최대 경쟁자라고 하셨는데, 그들의 지역별 비중은 어떻게 되나요?

면접관 : 고객사와 비슷하다고 보시면 됩니다.

지원자 : 시장 관련하여 질문이 하나 더 있습니다. 소득 수준별 자료가 있습니까?

면접관 : 네. 저소득층이 45%, 중소득층은 30% 그리고 고소득층이 25%입니다.

지원자 : 네, 그것은 좋은 소식이네요. 시장의 75%가 저소득층 또는 중소득층입니다. 그리고 이 75%가 제 생각에는 고객사의 주요 시장입니다. 제품 믹스에 대해 질문 드리고 싶습니다. 고객사는 어떤 제품을 선보일지 생각한 부분이 있습니까?

면접관 : 네. 스마트워치와 피트니스 트래커 그리고 헬멧입니다.

지원자 : 헬멧이요?

면접관 : 고객사의 주요 소비자 중 하나가 보드나 바이크를 타는 사람인 것을 떠올려보세요. 넘어졌을 때 두개골에 가해지는 충격을 측정하는 것이죠. 이 기술은 다방향 충격 보호 시스템 Multi-Directional Impact Protection System, MIPS 라고 불립니다. 풋볼용 헬멧에서 찾아볼 수 있죠. 그 외에 다양한 생체 정보를 측정합니다. 멋진 물건이죠. 그리고 카메라가 내장되어 있고, 헤드폰도 달려 있습니다. 유일한 걱정거리는 가격입니다.

지원자 : 제가 생각하기에 세번째로 다뤄야 할 주제는 시장에 진출하기 위한 최선의 방법입니다. 고객사는 모든 제품을 아웃소싱한다고 했으므로, 이것은 크게 달라지지 않을 것입니다. 단순히 웨어러블 제품을, 특히 헬멧을 생산할 수 있는 제조업체를 찾아, 고객사의 디자인을 적용한 뒤 로고를 붙이면 됩니다. 아웃소싱을 한다는 것은 브랜드를 제 3자의 손에 던져주는 것과 마찬가지입니다. 따라서 고객사는 새로운 제조업체의 품질과 고객사가 원하는 시간 안에 필요한 양을 생산해낼 수 있는지 굉장히 꼼꼼하게 따져봐야 합니다.

면접관 : 이제 고객사의 제품 믹스도 아셨는데, 어떤 시장에 집중하는 게 좋다고 생각하나요?

지원자 : 아시아 특히, 중국 같은 경우는 미국 시장보다 2.5배가 크긴 하지만, 저는 북미와 유럽에 집중해야 한다고 생각합니다. 제가 생각하기에

중국에는 엄청나게 많은 제조업체가 있을 것입니다. '짝퉁'은 말할 것도 없고요. 경쟁하기도 어려울 거고, 비용이 많이 들 것입니다. 만약 고객사가 중국 시장에서 발판을 마련하면, 바로 불법 복제업체들이 뛰어들 것입니다. 그래서 저는 북미와 유럽 시장에 집중해야 한다고 생각합니다. 북미와 유럽 시장은 고객사가 집중하는 시장의 75%를 차지합니다. 뿐만 아니라 중국 제품들은 아시아 밖에서는 판매가 원활하지 않습니다.

면접관 : 현재 가격대는 40달러에서 160달러입니다. 신제품들의 평균 가격대가 60달러에서 240달러이고 대부분의 판매는 낮은 가격대에서 일어난다고 해봅시다. 고객사가 목표를 달성할 수 있을까요?

지원자 : 웨어러블 신제품의 평균 판매가격이 120달러라는 가설을 세우고 시작하겠습니다. 판매 측면에서 1,600만 달러를 달성하려면 고객사는 간단한 계산을 한 후 매년 130,000대를 팔아야 하고, 이는 즉 매월 11,000대입니다. 만약 평균 가격을 100달러로 잡으면, 고객사는 기존 제품을 매년 160만대, 즉 매월 13만대를 팔아야 합니다. 이것의 10%는 13,000대이고 고객사는 11,000대를 말하고 있습니다. 따라서, 매출의 10%일 수는 있지만, 판매 대수의 8%에 불과합니다.

면접관 : 방금 CEO가 들어왔습니다. 뭐라고 제안하시겠습니까?

지원자 : 네, 고객사는 웨어러블 시장에 진출해야 합니다. 이것은 향후 5년 동안 2배로 성장하는 폭발적인 시장입니다. 이 시장에 진출하는 것은

고객사의 최대 경쟁자 대비 시장 점유율을 확보하는데 도움이 될 것이며, 현재 고객사의 소비자층 또한 새로운 시장과 잘 맞습니다. 그리고 혁신적인 헬멧 제품은 고객사의 평균 가격을 15% 인상하면서도 시장의 리더로 자리매김하도록 할 것입니다.

제 생각에는 고객사는 가장 유리한 두 시장, 미국과 유럽에 집중해야 합니다. 생산은 아웃소싱 체제를 그대로 유지하고 마케팅과 유통에 집중해야 합니다.

리스크 요인은 첫째, 애플을 포함해 강력한 브랜드를 자랑하는 몇몇 업체가 과점하고 있는 경쟁이 심한 시장이라는 점입니다. 이 리스크는 매우 큰 편인데, 고객사만의 소비자층은 그들만을 대상으로 만들어진 더욱 독특한 제품들을 원할 것입니다. 시장 점유율 2%를 확보하는 것은 어렵습니다. 이것은 비현실적인 목표라는 결론입니다. 또 다른 리스크는 현재 빠르게 성장하고 있는 중국 시장에 집중하지 않는다는 점입니다. 이에 대한 제 생각은 중국 시장에서의 경쟁은 더 치열하고 불법 복제율이 훨씬 더 높다는 점에서 크게 우려하지 않아도 된다는 것입니다.

마지막 리스크 요인은 고객사의 생산을 맡길 제조업체를 찾는 것입니다. 아웃소싱 업체가 고객사가 원하는 높은 수준의 품질 그리고 수요 예측에 맞춰서 생산할 수 있을지 굉장히 꼼꼼하게 점검해야 합니다. 이것은 신시장인만큼 다른 업체들도 아웃소싱을 할 것이라는 점에서 심각한 리스크 요인입니다. 고객사는 모든 제품을 아웃소싱 생산하므로, 잠재적 생산 파트너를 꼼꼼하게 점검할 수 있어야 하고 산업 내 강력한 커넥션을 만들어야 합니다.

후속 조치는 다음과 같습니다. 단기적으로 고객사는 우선 제품을 디자인하고 각 제품에 적합한 제조사를 찾아야 하며, 북미 시장 및 유럽 시장을 향한 마케팅 전략을 세워야 합니다. 장기적으로 고객사는 다른 시장, 즉 아프리카와 중동 그리고 남미 시장의 유통 가능성을 조사해봐야 합니다.

시사점
- 지원자가 답변한 구조가 좋았습니다.
- 지원자는 가설을 제시했습니다.
- 지원자는 관련 있는 숫자들을 정량화하고, 트렌드를 물어봤습니다.
- 지원자가 계산한 내용은 깔끔했고, 이것을 지원자의 분석에 잘 녹여 냈습니다.
- 지원자가 제안한 바는 전혀 복잡하지 않고, 확실하며, 합리적이었습니다.

눈삽

CASE 03

면접관 : 스노우쇼블 이하 "SSI" 은 눈삽을 수입 및 유통합니다. 눈삽 시장은 상대적으로 안정적입니다. 예상하는 대로 판매량은 수요에 달려 있고, 수요는 날씨에 달려 있죠. SSI는 4달 전에 발주를 합니다. 눈삽을 몇 개나 주문해야 할까요?

지원자 : SSI는 눈삽을 수입 및 유통하고 4달 전에 발주를 하는데, 눈삽을 몇 개 주문해야 할지 알고 싶어하는 상황 맞습니까?

면접관 : 네, 맞아요.

지원자 : 발주량을 계산하기에 앞서, 제가 신경 써야 하는 다른 목표가 있습니까?

면접관 : 네. 리스크를 최대한 줄이고 이익을 극대화하는 것입니다. 재고 또한 최저 수량으로 줄여야 하고요.

지원자 : 고객사는 미국 내 어느 지역에서 사업을 하고 있습니까?

면접관 : 매사추세츠의 웨슬리 지역뿐입니다.

지원자 : 다른 지역으로 확장하는 것을 고려해 보고 싶습니다.

5 : 케이스 문제 연습

면접관 : 안 됩니다. 고객사는 딱 해당 지역에만 집중하고 싶어합니다.

지원자 : 고객사의 유통 채널을 늘릴 수 있을 것 같습니다. 고객사는 유통 채널을 몇 개나 갖고 있습니까?

면접관 : 좋은 질문입니다만, 제가 이 문제에 대해 염두에 두고 있는 것들과는 상관없을 것 같군요.

지원자 : 그러면, 고객사는 작년에 눈삽을 몇 개나 주문했습니까?

면접관 : 2,000개입니다.

지원자 : 작년 해당 지역의 날씨는 어땠습니까?

면접관 : 추웠습니다. 눈도 많이 왔고요.

지원자 : 작년에 고객사는 그 전 해로부터 이월된 재고를 갖고 있었습니까?

면접관 : 네, 500개가 있었습니다.

지원자 : 그렇다면, 작년에 고객사가 눈삽을 모두 2,500개를 판매했다고 생각해도 무리 없습니까?

면접관 : 네.

지원자 : 올해에는 작년으로부터 넘어온 재고가 없다는 말씀이십니까?

면접관 : 맞습니다. SSI는 재고를 이월시키는 것을 싫어합니다.

지원자 : 고객사가 작년에 더 많이 판매할 수 있었습니까? 미처 다 채워지지 않은 주문량이 있었습니까?

면접관 : 네. SSI는 보통 추운 겨울에는 3,000개를, 온화한 겨울에는 1,000개를 판매한다고 봐도 무방합니다.

지원자 : 혹시 이번 겨울에 대한 예보가 있습니까?

면접관 : 추운 겨울이 될 거라는 예측이 40%, 온화한 겨울이 될 거라는 예측이 60%입니다.

지원자 : 네. 정리하자면, 고객사가 눈삽 3,000개를 팔 수 있는 추운 겨울이 올 확률이 40%, 고객사가 눈삽 1,000개를 팔 수 있는 온화한 겨울이 올 확률이 60%입니다. 그리고 SSI는 재고를 이월하고 싶어하지 않습니다. 고객사는 눈삽을 얼마에 구매하고, 구매한 눈삽의 소비자 가격은 얼마입니까?

면접관 : 고객사는 10달러에 구매해서 20달러에 판매합니다.

지원자 : 그렇다면 눈삽 하나 당 10달러를 버는 거네요. 계산해보면 3,000개

의 40%는 1,200개이고 1,000개의 60%는 600개입니다. 이를 합치면 1800개입니다.

면접관 : 그게 당신이 생각하는 답인가요? 왜 모두가 1,800개라고 생각할까요? 오늘 이 문제를 5번이나 출제했는데 모든 사람들이 다 1,800개라고 하네요. 제가 드린 정보를 조금 더 생각해 보세요. 목표에 대해서도 다시 생각해 보시고요.

지원자 : 기댓값으로 살펴 보겠습니다. 만약 고객사가 눈삽 1,000개를 주문한다면 날씨에 상관없이 1,000개를 모두 다 팔 수 있습니다. 이 경우는…

발주량	판매량	매출	원가	이익	가능성	예상 이익
1,000	1,000	1,000 x 20	1,000 x 10	10,000	100%	$10,000
						$10,000

만약 고객사가 2,000개를 주문한다면, 1,000개 밖에 못 파는 온화한 겨울이 올 확률 60%, 2,000개를 전부 팔 수 있는 추운 겨울이 올 확률 40%입니다. 이 경우는…

발주량	판매량	매출	원가	이익	가능성	예상 이익
2,000	1,000	1,000 x 20	2,000 x 10	0	60%	0
2,000	2,000	2,000 x 20	2,000 x 10	20,000	40%	$8,000
						$8,000

만약 3,000개를 주문한다면, 1,000개를 파는 온화한 겨울이 올 확률이 60%, 3,000개를 모두 팔 수 있는 추운 겨울이 올 확률이 40%입니다. 이 경우는…

발주량	판매량	매출	원가	이익	가능성	예상 이익
3,000	1,000	1,000 x 20	3,000 x 10	10,000	60%	$ 6,000
3,000	3,000	3,000 x 20	3,000 x 10	30,000	40%	$12,000
						$6,000

지원자 : 위에서 계산한 숫자에 근거해 생각해보면, 고객사가 리스크를 지고 싶어하지 않다는 점을 고려했을 때, 눈삽을 1,000개만 주문할 것을 제안하겠습니다. 이렇게 하면 10,000달러 이익이 보장됩니다. 만약 3,000개를 주문한다면 40%의 확률로 12,000달러를 벌 수 있지만 60%의 확률로 6,000달러를 손해 보게 됩니다.

면접관 : 좋습니다. 그래프로 그려볼 수 있나요?

지원자 : 네, 다음과 같은 형태입니다.

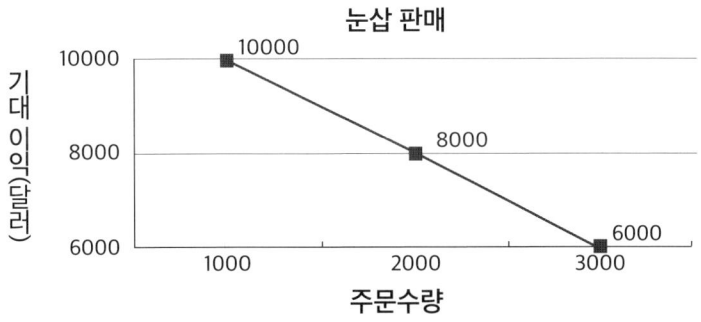

지원자 : 마지막 질문이 하나 있습니다. 이 케이스에서 현 시점에서의 재고를 손실로 봤는데, 사실 이것은, 폐기 처분할 계획이 없다면 자산이라고 생각합니다.

면접관 : 좋은 지적입니다. 말씀하신 바가 맞습니다. 그렇지만 이 케이스에서는 그것을 고려하지 않았습니다.

케이스 문제 유형 : 전략

시사점
- 이 문제는 결국 '리스크'가 핵심입니다. 지원자는 빨리 답을 찾으려고 하다가 면접관의 반응을 보고 재빨리 물러서 '전략'에 대해 다시 생각했습니다. 기댓값은 아마 MBA 출신이 아닌 학생들에게는 익숙하지 않은 개념일 수 있으니, 위 내용을 다시 한번 꼼꼼하게 읽어보시기 바랍니다. 참고로, 저는 이 문제를 학생들에게 40번이나 출제해봤지만, 딱 2명밖에 정답을 맞히지 못했습니다. 1에서 10까지의 난이도가 있다고 했을 때, 이 문제의 난이도는 아마도 9입니다.

플랫라인

CASE 04

면접관 : 고객사는 심혈관 질환에 쓰이는 제품을 생산하는 10억 달러 규모의 미국 기반 의료기기 제조업체입니다. 고객사 제품 중 마진 관점에서 수익성이 제일 좋은 것은 대동맥 판막 치환술에 쓰이는 인공 심장 판막입니다. 대동맥 판막 치환술이란 85세가 넘은 사람들에게 영향을 끼치는 중증 대동맥 판막 협착증을 치료하기 위한 것입니다. 오직 훈련 받은 의사들 몇백 명만이 대동맥 판막 치환술을 시술합니다. 이 의료기기로 인해 매출은 지난 해 2억 5,000만 달러였으나, 이익은 지난 2년간 계속 부진했습니다. 고객사의 CEO는 왜 이익이 계속 부진한지, 상황을 긍정적으로 볼 수 있는 여지가 있는지 살펴보고 이익을 늘릴 방법에 대해 브레인스토밍해 주길 요청했습니다.

지원자 : 케이스 문제에 대해 제가 이해한 바를 잠시 정리해봐도 되겠습니까? 의료기기 제조사의 CEO는 연간 2억 5,000만 달러의 매출, 다시 말해 회사 전체 매출의 25%를 내는 고마진 제품의 이익이 왜 부진한지 이유를 밝혀주길 요청했습니다. 또한, 이 상황을 긍정적으로 볼 수 있는 여지가 있는지 그리고 여지가 있다면 그 기회를 어떻게 잡을 수 있는지에 대해 알아봐 주길 원합니다. 제가 고려해야할 다른 목표가 있을까요?

면접관 : 없습니다.

5 : 케이스 문제 연습

지원자 : 한 가지 확인하고 싶은 것이 있습니다. 고객사가 생각하는 성공의 기준은 무엇입니까? 이익을 일정한 수준 이상 끌어올리는 것입니까? 그리고 이를 위해 주어진 시간은 얼마나 됩니까?

면접관 : 우선, 주어진 시간은 ASAP입니다. 이익 측면에서 이 제품의 마진이 높고 CEO는 상당한 수준의 이익을 기대하고 있긴 하지만, 딱 정해진 목표는 없습니다.

지원자 : 생각을 구조화할 시간이 필요합니다.

지원자는 60초 동안 메모한 뒤 면접관을 향해 돌려 놓았다.

지원자 : 네, 이 문제에 대해 외부 요인이 존재하지는 않는다고 생각합니다만, 먼저 시장을 한번 살펴보겠습니다. 주요 목표가 이익을 늘리는 것이기 때문에, 매출과 비용 관점에서 접근해야 합니다. 이익은 결국 매출에서 비용을 뺀 것이니까요. 매출 역시 결국 가격에 수량을 곱한 것입니다. 비용은 변동 비용과 고정 비용을 나눌 수 있고요. 저는 우선 이 다섯 가지를 살펴보고자 합니다.

면접관 : 좋은 접근이네요.

지원자 : 우선 가격입니다. 고객사의 가격은 경쟁사의 가격과 비교했을 때 어떠합니까?

면접관 : 사실, 고객사는 대동맥 판막 치환술에 필요한 의료기기를 제조하는 유일한 업체입니다. 넓게 보자면, 경쟁업체가 두 군데 있긴 하지만, 한 곳은 제품을 출시하기까지 12개월이 남았고, 다른 곳은 16개월이 남았습니다.

지원자 : 시장 상황이 좋네요. 고객사가 가격을 인상할 수 있는 기회가 있습니까? 주 고객의 연령층이 85세 이상이라는 점을 생각해보면, 국민건강보험이 비용을 부담할 것 같습니다. 이 의료기기는 국민건강보험으로 커버됩니까, 아니면 부분적으로 커버되나요?

면접관 : 좋은 질문입니다. 국민건강보험은 대동맥 판막 치환술이 다른 수술보다 효과가 좋고 안전하기 때문에 이에 대해 완전히 부담하고 있습니다. 대동맥 판막 치환술은 다른 수술에 비해 비용도 저렴한데, 그 이유는 재입원율도 낮고 비용을 증가시키는 복잡성도 덜하죠. 그러나, 국민건강보험은 비용의 상한선을 정해 놨고, 고객사는 지금 그에 맞부딪힌 것이죠.

지원자 : 만약 국민건강보험이 완전히 부담한다면, 상한선 이상으로 가격을 올리는 것은 좋은 아이디어가 아니라고 생각합니다. 수량을 살펴보겠습니다. 고객사의 연간 판매량은 어떻게 됩니까? 앞서 이 수술 기법을 훈련 받은 의사는 겨우 몇 백 명이라고 말씀하셨습니다. 그러므로, 훈련 받은 의사의 숫자가 적은 만큼 의료기기의 판매량도 제한적일 것이라 생각합니다.

5 : 케이스 문제 연습

면접관 : 정확합니다. 여기 지난 해 이 의료기기 판매량 차트가 있습니다.

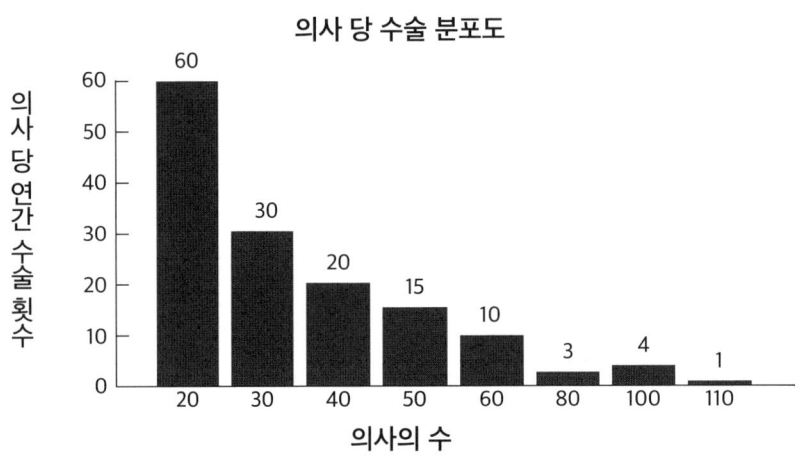

지원자 : 감사합니다. 수술 한 번을 의료기기 한 대라고 봐도 괜찮습니까?

면접관 : 네, 맞습니다.

지원자 : 제가 만약 이 차트를 정확하게 해석한 것이라면, 의사 20명이 각각 60번의 수술을 했고, 의사 30명이 30번의 수술을 했고… 이렇게 되는데, 맞습니까?

면접관 : 네, 그래서 작년에 고객사는 이 의료기기를 얼만큼 팔았을까요?

지원자 : 네, 수술 횟수와 의사의 수를 곱한 뒤 모두 더하면, 전체 수술 횟수를 알 수 있겠네요.

지원자는 면접관에게 (20 x 60 = 1,200) + (30 x 30 = 900) + (20 x 40 = 800) + … 계산식을 보여주고, 모두 계산했습니다.

지원자 : 계산하면 총 수술 5,000번 즉, 의료기기 5,000대입니다. 매출이 2억 5,000만 달러이므로, 의료기기 1대 당 5만 달러입니다.

면접관 : 맞습니다. 그 외에 이 차트에서 무엇을 알 수 있을까요?

지원자 : 소수의 의사가 많은 수술을 진행하고, 대다수의 의사들은 수술을 거의 진행하지 않는 것으로 보입니다. 상당히 편향되어 있는 상황입니다.

면접관 : 정확합니다. 왜 그럴까요?

지원자 : 제 생각에는 두 가지 때문인 것 같습니다. 85세 이상 인구의 지리적 분포와 해당 지역 내에서 수술이 가능하도록 훈련된 의사의 가용성입니다.

면접관 : 그게 아마 사실일 것 같군요. 그래서 그 다음은 어떻게 하고 싶으십니까?

지원자 : 판매량에 대해서는 잠깐 미뤄두고 비용에 집중해 보고 싶습니다. 비용 측면에서 고객사의 이익에 영향을 끼칠 만한 변화가 있었습니까?

면접관 : 사실, 고객사는 이미 고정 비용과 변동 비용 모두 줄일 수 있을 만큼 줄였습니다. 더 이상 줄일 여력이 없습니다.

지원자 : 네, 그렇다면 판매량에 집중해야 할 것 같습니다. 지난 2-3년 간 85세 이상 인구층에서 어떤 변화가 있었습니까?

면접관 : 85세 이상 인구층은 큰 변화없이 유지되고 있다고 보시면 될 것 같네요.

지원자 : 고객사가 시장 전체에 완전히 침투하는 것이 가능합니까? 미국 내 85세 이상 인구가 얼마나 되고, 그들은 어느 지역에 있습니까?

면접관 : 좋은 질문입니다. 여기 지역별 분포도가 있습니다.

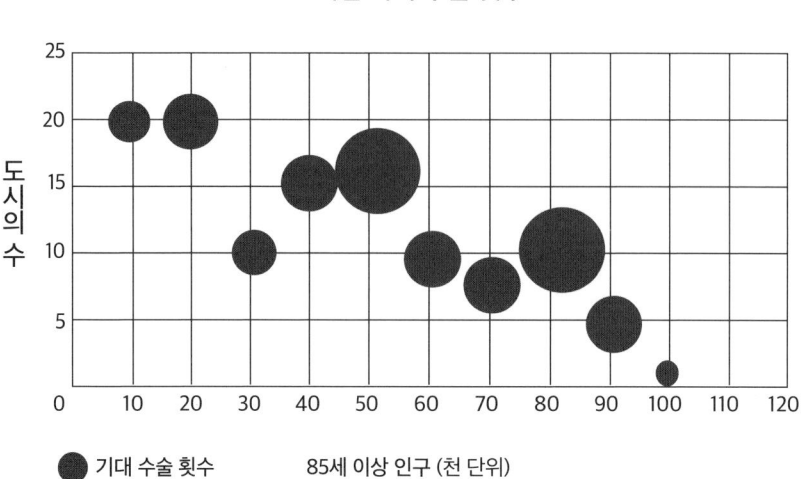

지원자 : 흥미로운 차트입니다. 이 차트는 고객사의 주요 고객층이 있는 도시의 숫자를 보여줍니다. 다시 말해, 85세 이상 인구가 10,000명인 도시가 20개이고, 20,000명인 도시가 20개이고 이런 식입니다. 맞습니까?

면접관 : 맞습니다. 그리고 차트를 통해 뭘 더 알 수 있을까요?

지원자 : 누구나 예측하는 바와 같이 85세 이상 인구는 늘어나고 있는데, 해당 인구가 있는 도시의 숫자는 줄어들고 있습니다. 이 차트를 통해 인구는 알 수 있지만, 의료기기 숫자는 알 수 없습니다. 버블의 크기는 무엇을 의미하나요?

면접관 : 역시 좋은 질문입니다. 그 정보는 사실 일부러 빼놨습니다. 버블의 크기는 85세 이상 인구층 대비 의료기기의 비율을 의미합니다. 유병률을 고려했을 때 85세 이상 인구 10,000명 당 의료기기 10대라고 알고 있습니다.

지원자 : 그 숫자가 바로 고객사가 판매해야 하는 의료기기 대수를 예측하기 위해 필요했습니다. 차트의 왼쪽에서부터 시작하겠습니다. 10,000명이 있는 도시가 20개입니다. 각 도시마다 의료기기 10대라고 하면, 10 x 20, 즉 총 200대입니다.

지원자는 2분 가량 표를 그리며 면접관에게 계산 과정을 설명했습니다. 그리고 표를 면접관이 볼 수 있도록 돌려 놓았습니다.

5 : 케이스 문제 연습

지원자 : 표는 다음과 같습니다.

85세 이상 인구 단위 : 10,000명	도시의 수	예상 수술 횟수
10	20	200
20	20	400
30	10	300
40	14	560
50	16	800
60	9	540
70	8	560
80	10	800
90	5	450
100	1	100

지원자 : 예상 수술 회수를 모두 더하면, 4,710회가 되는데 이것은 현재 고객사가 판매하고 있는 의료기기 5,000대보다 낮은 수치입니다. 예상 수술 회수 = 의료기기 대수임을 상기하시길 바랍니다.

면접관 : 그 의미가 무엇이라고 생각합니까?

지원자 : 두 가지가 있습니다. 첫째, 앞서 말씀해주신 85세 이상 인구층 10,000명 당 의료기기 10대라는 비율이 정확하지 않을 수 있다는 것입니다. 둘째로, 고객사가 이 비율을 초과해서 공급할 수 있는 도시가 몇 있을 수 있습니다. 대동맥 판막 치환술을 할 수 있는 의사들이 있는 도시에 대해 만 명 당 의료기기 대수 관점에서 고객사의 시장 침투율

을 분석해 본 적이 있습니까? 즉, 고객사는 만 명 당 열 대 비율보다 높습니까, 낮습니까?

면접관 : 예리한 질문입니다. 말씀하신 점을 살펴보고 나서 다음 차트 같은 결론을 낼 수 있었는데요, 이 차트를 보면 어떤 것을 알 수 있을까요?

면접관은 지원자에게 다음 차트를 보여줍니다.

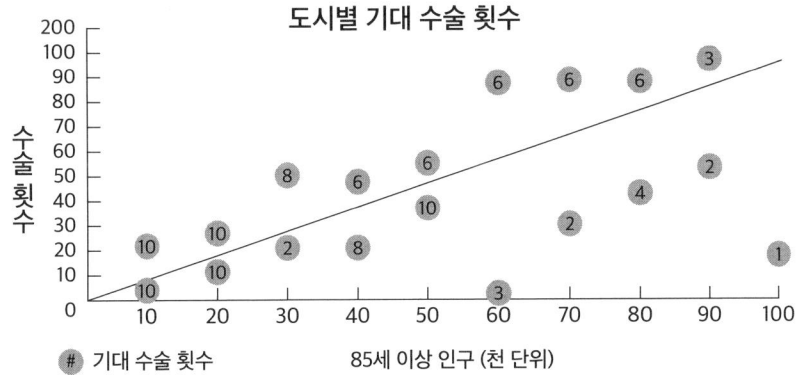

지원자 : 흥미롭네요. 사선으로 된 선이 고객사의 만 명 당 의료기기 10대의 비율인 것이 한 눈에 보입니다. 제 가설이 맞았던 것 같습니다. 몇몇 도시에서는 고객사의 비율이 만 명 당 의료기기 10대 이상, 다시 말해 시장에 과다 침투되어 있습니다. 그리고 몇몇 도시에서는 고객사의 비율이 만 명 당 의료기기 10대 이하, 즉 과소 침투되어 있습니다. 예를 들어, 85세 이상 인구층이 60,000명이 있는 도시 중 6군데는 고객사가 의료기기를 100대씩 공급했습니다만, 3군데는 0대, 단 하나도 공급하지 못 했습니다. 이런 지역에도 수술을 할 수 있는 의사가 충분히 있다고 가정해도 괜찮겠습니까?

면접관 : 네, 의사의 공급은 전국적으로 85세 인상 인구층 만 명 단위로 균일하게 분포되어 있다고 가정하세요. 여유분 즉, 추가로 더 공급할 수 있는 수량을 어떻게 계산할 생각입니까?

지원자 : 저는 과소 침투되어 있는 도시들을 사선 그래프로 '올려 놓고' 계산하겠습니다.

면접관 : 다음 자료를 봤을 때, 성장할 수 있는 여지가 얼마나 될까요?

85세 이상 인구 단위 : 10,000명	도시의 수	예상 수술 횟수	예상 판매 대수 미만 판매 도시의 수	도시 당 평균 수술 횟수	성장 여력 수술 횟수
10	20	200	10	5	50
20	20	400	10	10	100
30	10	300	2	20	20
40	14	560	8	20	160
50	16	800	10	40	100
60	9	540	3	0	180
70	8	560	2	30	80
80	10	800	4	40	160
90	5	450	2	50	80
100	1	100	1	20	80

지원자 : 이 자료에 따르면 성장 여력은 지원자는 마지막 열을 모두 더했습니다. 1,010대입니다. 달러로 환산하면, 이것은 505만 달러입니다. 2억 5,000만 달러 매출 관점에서 이것은 25%가 증가하는 것입니다.

면접관 : 좋습니다. 고객사는 어떻게 하면 이 성장 여력을 실제로 가져올 수 있을까요?

지원자 : 우선 고객사가 과다 침투되어 있는 도시들에서 고객사가 어떻게 했는지 먼저 살펴보겠습니다. 가령, 그 도시들에서 고객사가 어떤 마케팅을 펼쳤나요?

면접관 : 사실, 그 도시들에서 고객사는 병원과 파트너십을 맺어 노인층이 대동맥 협착증 검사를 받도록 장려하기 위해 노력했습니다. 이를 통해, 고객사는 노인층이 수술을 더 빠르게 받게 할 수 있었습니다. 수술을 활성화시키기 위해 무엇을 할 수 있을지 아이디어가 있나요?

지원자 : 한 가지 생각한 것은 담당 의사를 교육시키는데 집중하는 것입니다. 담당 의사를 본 뒤에 특별한 훈련을 받은 의사를 만나야 하는 시스템이므로, 담당 의사들에게 이 수술에 대해 교육시키는 것이 중요합니다.

면접관 : 그러면 이제 CEO에 내용을 요약 전달해 보시겠습니까?

지원자 : 고객사는 매출은 25%, 대략 5,000만 달러 정도 늘릴 수 있는 기회가 있습니다. 이를 위한 두 가지 방법이 있는데, 고객사가 과소 침투해 있는 도시들에서 환자들에게 접촉하기 위한 노력을 늘리는 것과 담당 의사들의 대동맥 판막 치환술 수술에 대한 인지도를 높이는 것입니다.

시사점

이것은 수학적으로 까다로운 문제였습니다. 지원자는,

- 주요 숫자를 백분율로 잘 정량화했고,
- 면접관에게 계산 과정을 차근차근 설명했습니다.
- 그래프에서 결론을 이끌어낼 수 있었으며,
- 그래프에 근거해 표를 그려냈습니다.

지원자는 그래프에서 빠져 있는 정보가 있다는 점도 짚어 냈습니다. 또한, 그래프를 제대로 읽어 냈음을 증명했고, 지원자가 요약한 내용은 간결하면서도 핵심을 찔렀습니다.

잔디깎기   CASE 05

면접관: 고객사는 앨라배마 남부에 있는 개인 소유의 작은 잔디깎기 기계 제조사입니다. 고객사는 저가의 기계를 생산하며, 저소득층을 타겟으로 하고 있습니다. 미국 시장 전역의 1%를 차지하고 있죠. 전국적으로 경쟁 업체는 25군데가 있습니다.

업계 나머지 업체들이 다 그렇듯, 고객사의 판매량 또한 부진합니다. 그러나 더 큰 문제는 지난 40년 동안 거래를 유지해 온 고객사의 엔진 구매처가 갑자기 파산 신청을 했고 문을 닫는다는 소식을 전해온 것입니다. 고객사는 새로운 엔진 제조사를 찾아봤지만, 고객사가 찾을 수 있었던 업체는 고객사가 그동안 지불하던 것보다 40%를 더 비싸게 지불해야 하는 업체 단 한 곳이었습니다. 이러한 이유는 고객사는 대부분의 다른 잔디깎기 기계업체들이 사용하는 플랫탑 엔진이 아닌 측방장착형 엔진을 사용해왔기 때문입니다. 고객사는 측방장착형 엔진을 40년 동안이나 사용해왔습니다. 측방장착형 엔진은 저렴하며 안정성이 있는, 믿을 만한 부품입니다. "그들은 예전과 같은 것을 만들지 않습니다."라는 오래된 말을 들어본 적 있을 겁니다. 이 엔진이 바로 "예전과 같은 것"입니다. 게다가, 이 측방장착형 엔진은 수 년 동안 고객사의 대표적인 특징이었죠.

여기 잔디깎기 기계 산업에 대한 차트가 있습니다. 보다시피, 경쟁업체가 25개인데, 그중 23개 업체가 시장의 98%를 차지하고 있습니다.

잔디깎기 기계 산업		
18%	5	
40%	8	
40%	10	
2%	X	Y
	ENG	

우리 고객사는 차트에 표기된 X입니다. 고객사의 가장 큰 경쟁사는 Y이고요. 이 둘이 함께 시장의 2%를 차지합니다. Y 또한 고객사와 동일한 엔진 제조사 ENG로부터 엔진을 구매합니다. 한마디로 둘 다 현재 같은 처지입니다. X와 Y는 지난 40년 간 경쟁해 왔으며, 서로

5 : 케이스 문제 연습

가 서로를 별로 탐탁치 않아 합니다. 만약 양 사의 기계가 한 방에 있으면, 구별하기 쉽지 않을 것입니다. 한 쪽에 큰 X 표시가 있는 것 말고는요. 이것들은 기본적인 잔디깎기 기계입니다. 코드를 당겨서 시동을 걸고 밀면, 깎인 잔디가 측면으로 배출되죠. 고인돌 게임에서 앞에 있는 공룡을 잡는 것과 거의 비슷한 수준이죠.

고객사가 가격을 12% 올리면, 가격대가 아예 다음 단계로 넘어가게 됩니다. 10개 제조사가 40%의 시장 점유율을 놓고 치열하게 싸우는 가격대로요. 더 중요한 것은 그 가격대에는 브랜드 파워가 강력한 혼다, 론-보이 그리고 존 디어가 있다는 것이죠. 이들의 제품은 고객사 제품보다 벨과 호각이 훨씬 더 많습니다. 고객사는 대폭적인 디자인 변경과 업그레이드 없이는 그 가격대에서 경쟁하기 어렵습니다.

제가 지금까지 정보를 엄청나게 많이 전달한 것은 알고 있는데, 마지막 하나가 더 있습니다. 고객사는 JIT 재고관리 방식을 사용합니다. 이는 통상적으로 좋은 방식입니다만, 파산하게 될 줄 몰랐기 때문에 성수기로 접어드는데도 현재 한 달 치 엔진 밖에 없습니다. 어떻게 해야 할까요?

지원자 : 정보가 엄청 많네요. 제가 다 이해했는지 확인하고 싶습니다. 고객사는 앨라바마 남부에 위치한 개인 소유의 잔디깎기 기계 제조사이며, 전체 시장의 1%를 차지하고 있습니다. 고객사의 엔진 공급사가 갑자기 파산 신청을 하게 되었고, 이로 인해 고객사는 성수기가 다가오는데 재고가 거의 없는 상황에 처했습니다. 유일한 대체 엔진은 고객사

가 그동안 지불하던 가격에 비해 40%가 비쌉니다. 그러나, 만약 고객사가 기계 가격을 올리게 되면 아예 가격대가 달라지는데, 달라진 가격대에서는 혼다와 존 디어 같은 회사들과 직접적으로 경쟁해야 합니다. 따라서 고객사의 목표는, 제가 생각하기로 이 위기를 극복해내는 것 이외에 판매량과 시장 점유율을 증가 내지는 유지하는 것입니다. 제가 고려해야 할 다른 목표가 있을까요?

면접관 : 없습니다.

지원자 : 몇 가지 질문을 드려도 괜찮겠습니까?

면접관 : 물론이죠.

지원자 : 고객사의 마진은 어떻게 됩니까?

면접관 : 20%입니다.

지원자 : 기계의 제조 원가는 얼마이며, 그 중 엔진은 몇 %를 차지합니까?

면접관 : 제조하는데 드는 비용은 100달러로 생각하시면 됩니다. 그리고 이것을 유통업체에는 125달러로 넘깁니다. 엔진은 잔디깎기 기계 원가의 60%를 차지합니다. 바퀴나 외관, 핸들 같은 다른 부분들이 25%를 차지하고, 인건비가 15%입니다.

지원자 : 엔진이 기계 원가의 60%라면, 60달러네요. 그리고 엔진 가격이 40%가 뛴다면 지원자는 모눈종이에 대고 빠르게 계산합니다. 24달러가 오르니까, 총 84달러입니다. 이것으로 고객사의 새 기계는 124달러가 될 것입니다. 만약 고객사가 기계 가격을 인상하지 않으면, 마진이 꽤 많이 깎일 것입니다.

면접관 : 이제 고객사의 딜레마가 느껴지죠?

지원자 : 고객사의 잔디깎기 기계는 앨라배마에서 생산됩니다. 그렇기 때문에 인건비는 합리적인 수준이라 가정할 수 있습니다. 중국이나 멕시코로 생산 공정을 옮긴다고 해도 특별한 이익이 있을 것 같진 않습니다. 고객사는 다른 부품들을 어디서 구매하나요?

면접관 : 앨라배마입니다. 고객사는 주변 지역업체들을 돕는 것이죠. 역시나 바퀴를 멕시코에서 구매한다고 해서 문제가 해결되지 않는다고 생각하시면 됩니다.

지원자 : 잠깐 생각을 구조화해도 되겠습니까?

면접관 : 그렇게 하세요.

지원자 : 질문이 하나 더 있습니다. 플랫탑 엔진은 구형 측방장착형 엔진과 비교했을 때 가격이 어떻게 됩니까?

면접관 : 가격은 같습니다. 혹자는 품질이 측방장착형만큼 좋지는 않다고 주장할는지 모르겠지만요.

지원자는 메모지 중간에 선을 하나 긋고 메모를 시작합니다.

지원자 : 저는 장기적 관점에서의 해결책과 단기적 관점에서의 해결책 두 가지로 나눠서 생각하고 싶습니다. 단기적 관점에서 고객사는 몇 가지 옵션이 있습니다. 새로운 엔진을 구매하고 기계 가격을 인상할 수 있으나, 이 경우 혼다와 경쟁해야 하므로, 이상적인 옵션은 아닙니다. 사업을 접고 회사를 유동화 할 수 있습니다. 아니면 저가격 잔디깎기 기계 시장에 진출하고 싶어하는 혼다에 회사를 매각할 수도 있습니다. 이 역시 이상적인 옵션은 아닙니다. 성수기에는 마진을 조금 포기한 뒤 비수기에 들어섰을 때 플랫탑 엔진으로 전환할 수도 있습니다. 기계를 새로 디자인하고 공장을 재정비하는데 얼마나 시간이 걸리는지 알 수 있을까요?

면접관 : 8주입니다.

지원자 : 또다른 단기적 해결책은 파산한 엔진 제조사를 인수하는 것입니다. 만약 고객사가 엔진 제조사를 인수하고 빠르게 가동할 수 있다면, 성수기를 놓치지 않을 수 있습니다.

면접관 : 흥미롭군요. 엔진 제조사 인수와 관련해 무엇을 알고 싶으신가요?

5 : 케이스 문제 연습

지원자 : 가장 먼저 알고 싶은 것은 엔진 제조사가 파산하게 된 이유입니다.

면접관 : 엔진 제조사가 파산하게 된 데에는 두 가지 이유가 있습니다. 부실 경영과 200만 달러의 부채입니다. 엔진 제조사 자체는 항상 캐시카우였습니다. 마진도 25%였지요. 그런데, 제조사의 소유주가 모든 현금을 갖고 새로운 산업의 신사업을 시작하기 위해 대출을 받았는데, 그게 실패했죠. 현재는 대출금을 갚을 길이 없고 은행은 엔진 제조사의 나쁜 신용기록과 빡빡한 신용 거래 시장 상황을 이유로 더 이상 대출을 연장해주지 않습니다.

지원자 : 고객사는 현재 200만 달러의 잔여금이 있습니까?

면접관 : 아니오. 고객사는 현재 100만 달러를 보유하고 있습니다. 그런데 은행은 엔진 제조사의 달러 기준 평가액 40%만 받을 의향이 있고, 제조사는 현재 200만 달러 평가됩니다. 그러니까 10년 정도 되어 이제 수명이 2-3년 정도 남은 빌딩과 장비를 가져갈 수 있다는 거죠. 제조사의 소유주가 경주마인지 뭔지에 돈을 쏟아 붓지 말고 새로운 장비에 투자했더라면 상황이 훨씬 나았을 것입니다. 새로운 장비가 있었다면, 엔진 제조사는 측방장착형 엔진을 더 저렴하게 생산하고 다른 엔진들도 만들 수 있었겠죠.

지원자 : 은행은 80만 달러를 받는 거네요. 인수를 위해 고객사의 잔여금 중 80%나 지불하는 것이 걱정스럽습니다. 고객사의 신용 상태는 어떻습니까?

면접관 : 좋습니다. 만약 고객사가 50만 달러를 걸어 두면, 나머지는 대출받을 수 있습니다. 또 어떤 게 궁금하죠?

지원자 : 또 다른 엔진 공급처가 있을지 궁금합니다.

면접관 : 없다고 생각하시면 됩니다. 그리고요?

지원자 : 고객사가 근로자들, 특히 현장 감독을 다시 데려올 수 있을까요? 그리고 만약 데려온다면, 고객사와 엔진 제조사의 문화가 잘 융화될까요?

면접관 : 앨라배마 남부에서 방금 해고된 만큼, 고객사는 근로자들을 다시 데려올 수 있을 것입니다. 한쪽에서는 엔진을 만들고 다른 쪽에서는 잔디깎기 기계를 만들겠죠. 근로자들은 아마 같은 소프트볼 리그에서 뛰고 있을 거고, 같은 맥주를 마실 겁니다. 또 질문이 있나요?

지원자 : 측방장착형 엔진 기계가 고객사가 만드는 유일한 제품입니까? 그리고 엔진 제조사의 공급처들은 상태가 좋습니까? 문제가 있다는 신호가 없더라도, 철저하게 찾아내야 합니다. 이것은 오래된 디자인이고, 부품 중 몇몇은 구하기 어려울 수 있습니다.

면접관 : 좋아요. 네, 고객사는 우선 그 제품 하나만 보유하고 있습니다. 그리고 공급처들은 좋은 상태입니다. 그리고요?

지원자 : 철수 전략을 다시 살펴 봐야합니다. 만약 인수가 실패하면 어떻게 될

까요? 인수가 성공적이었을 때는요? 철수 전략이 항상 중요도가 높은 것은 아니지만, 이 문제에서는 고려해야만 하는 것입니다.

면접관 : 알겠습니다. 좋아요. 그 다음은요?

지원자 : 마지막으로 경쟁업체들의 대응입니다. 업계의 99%는 어떻게 되든 상관 안 할 것입니다. Y에 대해 생각해봐야 합니다. Y는 어떻게 대응할까요? 고객사가 엔진 제조사를 인수하면, Y가 고객사로부터 엔진을 구매할까요? 고객사도 Y가 고객사로부터 엔진을 구매하는 것을 원할까요?

면접관 : 네, 엔진 제조사와 Y가 거의 40년 가까이 거래해왔다고 해보죠. 최근 30년 동안 그 둘 사이에는 어떤 계약서가 존재하지는 않았습니다. 다시 말해, 고객사가 꼭 엔진을 판매해야 하는 법적인 의무가 있거나 한 것은 아니죠. 고객사가 원한다면 판매할 수 있지만, 꼭 그럴 필요는 없습니다. Y와 관련하여 어떻게 하시겠습니까? 그리고 그 이유는 무엇입니까?

지원자 : 제가 보기에 고객사는 세 가지 선택지가 있습니다. 첫째, Y와의 거래를 완전히 중단하여, 다른 엔진 제조사로부터 40% 프리미엄을 주고 엔진을 구매하도록 만드는 것입니다. 이렇게 되면 Y는 결국 기계 가격을 인상하게 되고, 더 경쟁이 치열한 가격대로 진입해야만 할 것입니다. 그리고 고객사는 Y의 시장 점유율을 먹어 치울 수 있습니다. 아니면 Y는 한동안 마진을 줄였다가 나중에 플랫탑 엔진으로 전환할 수 있습니다. Y는 선택지가 별로 없습니다. 1% 마진으로 살 수

는 없으니까요.

둘째, 고객사는 Y에게 엔진을 팔되 가격을 30% 인상할 수 있습니다. Y는 고객사로부터 엔진을 계속 구매하겠지만 마진이 크게 떨어질 것이고, 그렇게 되면 제 생각에 고객사는 성수기까지만 엔진을 구매한 뒤 플랫탑 엔진으로 전환할 것입니다. 세번째 선택지는 Y에게 엔진을 5% 인상한 가격에 파는 것입니다. 이렇게 되면 Y는 고객사로부터 구매를 유지할 것입니다. 고객사는 엔진 제조사를 인수하기 위해 80만 달러를 썼고 결과적으로 수익 구조의 절반을 잘라낼 여력이 없습니다. 이 선택지는 또한 Y가 플랫탑 엔진 잔디깎기 기계를 제조하는 선택을 하지 않도록 할 것입니다. 이것은 고객사가 여전히 시장의 측방장착형 엔진을 활용하는 기계에 독점적으로 공급하게 된다는 점에서 긍정적이며, 고객사 또한 플랫탑 엔진 잔디깎기 기계를 생산할 필요가 없어진다는 점에서 좋습니다. 만약 고객사가 이렇게 하고 싶어 한다면, 저는 2년 계약을 권할 것입니다. 그런데 그전에, 몇 가지 숫자를 계산해보고 싶습니다. 엔진 제조사의 마진이 25%라는 사실은 알고 있습니다. 엔진 제조사가 일년에 엔진을 몇 대 판매하는지 알 수 있을까요?

면접관 : 좋은 질문입니다. 그런데 그 쪽으로 더 파고 들고 싶지는 않군요. 고객사가 Y에게 향후 2년간 계속 판매한다고 가정합시다. 고객사의 성공을 위해 또 어떤 조치가 필요할까요?

지원자 : 혹시 새로운 장비가 얼마인지 그리고 빌딩 가치가 얼마인지 정보가 있습니까?

면접관 : 없습니다.

지원자 : 우선 새로운 장비를 통해 제조 비용을 줄이고 고객사의 제품 라인을 확대할 수 있다면, 새로운 장비를 구매해야 할 것입니다. 저라면 신규 장비를 잔디깎기 기계 생산처와 동일한 곳에 세팅하겠습니다. 이를 통해 고객사는 오래된 장비와 빌딩을 매각할 수 있고 수익금을 신규 장비를 구입하거나 은행에 갚아야 하는 30만 달러를 지불하는 데 쓸 수 있습니다. 둘 다 할 수도 있고요. 고객사가 누릴 수 있는 시너지 효과와 비용 절감 효과가 있을 것입니다.

면접관 : 이 문제에서 비용을 줄일 수 있는 방법 세 가지를 제시해 주세요. 모든 것을 한 곳으로 이동시키는 것 이외에요.

지원자 : 고객사가 이제 신규 장비를 갖췄으니 고객사의 잔디깎기 기계 생산 라인을 확대하는 것 이외에 새로운 엔진을 제조해 팔 수 있습니다. 예초기를 만들 수도 있고, 낙엽 청소기를 만들 수도 있습니다. 심지어는 제설기를 위한 엔진을 만들어서 생산 라인의 계절적 균형을 맞출 수도 있습니다.

면접관 : 네, 그게 한 가지네요. 그리고요?

지원자 : 고객사는 근로자들이 엔진과 잔디깎기 기계 모두 만들 수 있도록 교차훈련 시킬 수 있습니다. 또한, 고객사는 조립 라인을 수요에 따라 한 제품에서 다른 제품으로 빠르게 전환할 수 있도록 재정비할 수

있습니다. 세번째 방법은 공급망의 끝까지 돌아가서 고객사의 공급처들과 다시 협상하는 것입니다. 더 긴 계약을 맺을 수도 있고, 만약 엔진과 잔디깎기 기계가 부품을 공유한다면 대량 주문을 통해 할인을 받을 수도 있습니다. 게다가, 이자율이 40년 만에 최저 수준에 가까우므로, 부채를 차환할 수도 있습니다.

면접관 : 좋습니다. 이제 케이스를 요약해주시겠습니까?

지원자는 케이스를 거의 즉시 요약하기 시작했습니다.

지원자 : 고객사는 개인 소유의 작은 잔디깎기 제조사입니다. 고객사의 엔진 공급처가 문을 닫기 직전이고 적당한 대안이 없는 상황입니다. 단기적 전략을 몇 가지 살펴본 결과, 최선의 전략은 파산 신청한 그 엔진 공급처를 인수하는 것입니다. 생산 공간을 통합하고 근로자를 합치는 것을 포함해 고객사를 좀 더 생산적으로 만들 수 있는 여러가지 아이디어를 확인해 본 결과, 경쟁사 Y가 계속 고객으로 남을 수 있다는 점을 확인했습니다. 또한 재고를 줄이고 부채를 차환하는 등 비용을 줄일 수 있는 몇몇 방법을 찾았습니다.

면접관 : 네, 좋습니다.

케이스 유형 : 인수 합병

시사점 • 지원자는 아주 잘 해냈습니다. 문제의 시작이 길고 복잡했으나, 지원자는 문제를 아주 잘 요약해냈습니다. 시작부터 좋은 질문을 던졌고, 즉시 비용 절감이 주어진 문제를 해결하지 못한다는 것을 알아차렸습니다. 지원자는 문제의 해결책을 단기적 관점과 장기적 관점으로 나눴고, 그렇게 하자마자 이 문제가 인수 합병 문제라는 것을 알아차렸습니다. 엔진 제조사에 대해 훌륭한 질문들을 던졌습니다. 그리고 경쟁사 Y와 관련해 감정적인 반응으로 비추어질 수도 있는 선택지인 Y를 제거하기를 기계적으로 고르는 대신 세 가지 옵션을 제시하면서 상황을 잘 분석했습니다.

일회용 컵   CASE 06

면접관: 고객사는 일회용품 산업을 선도하는 일회용 소비재 제조사이며, 접시, 컵, 그릇, 기타 부엌용품 및 냅킨 등 일회용품을 생산합니다. 일회용 컵을 제외한 나머지 제품군은 모두 지난 4년 간 성장해왔습니다. 일회용 컵 제품군의 지난 2년 간 매출은 부진했습니다. 고객사의 사업부장은 매출 감소의 이유를 밝히고 감소를 막고 다시 한번 성장을 일굴 방법을 제안해줄 것을 요청했습니다.

지원자: 문제에서 주어진 내용과 목표에 대해 제가 이해한 바를 되짚어 보고 싶습니다. 고객사는 일회용품을 생산하고 있으며, 다른 제품군은 모두 성

장하는데 반해, 컵 제품군은 지난 2년간 부진했습니다. 고객사는 이에 대한 이유와 어떻게 하면 해당 제품군을 다시 성장세로 돌려놓을 수 있을지에 대해 의견을 요청했습니다. 맞습니까?

면접관 : 네, 정확합니다.

지원자 : 네, 잠시 어떻게 접근할지 고민해봐도 되겠습니까?

면접관 : 그럼요.

지원자 : 지원자는 약 30초 동안 어떻게 접근할 지 적어 내려갑니다. 어떤 상황인지 이해하기 위해 저는 우선 고객사의 경쟁사를 포함해 산업 전반을 조사하고 싶습니다. 그 뒤에 일회용 컵 제품군 안에 세부 세그멘트가 있는지 그리고 무슨 일이 벌어지고 있는지 좀 더 구체적으로 살펴보겠습니다. 마지막으로, 하락세를 성장세로 전환할 수 있는 방법들을 살펴보겠습니다.

혹시 경쟁사 현황에 대해 말씀해 주실 수 있으십니까? 경쟁업체가 몇 곳인지, 최근 몇 년 간 그들의 매출은 어땠는지, 지난 3년 간 컵 제품군은 어떠했는지 등이 궁금합니다. 또한, 산업 내 신기술 등장이나 합병 같은 변화가 있었습니까? 모든 일회용품의 유통 채널은 동일합니까? 만약 일회용 컵과 일회용 접시가 같은 유통 채널을 사용하고 접시 제품군이 성장했다면, 유통 채널이 문제는 아닐 것 같습니다만, 여전히 한번 살펴봐야 합니다. 그리고, 경쟁사의 일회용 컵은 고객사와는 어떻게 다릅니까?

면접관 : 이 그래프를 한번 보시고 어떤 생각이 드는지 말씀해주시겠어요?

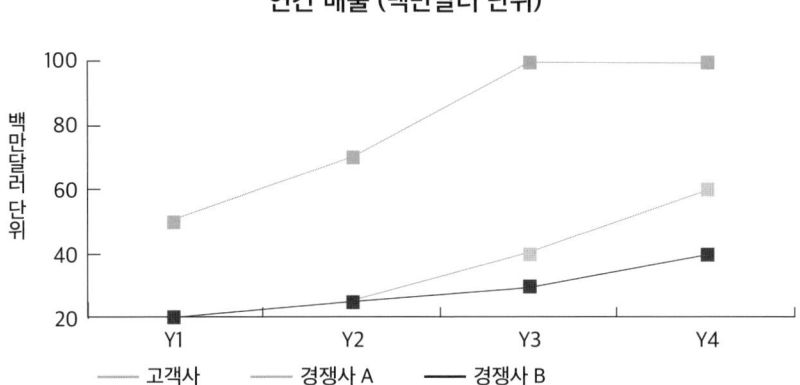

지원자 : 감사합니다. 그래프에 따르면 고객사의 매출 성장에 전반적으로 영향을 끼치는 요인은 없는 것으로 보입니다. 전체 판매량이 Y1에 9,000만 달러에서 Y4에 2억 달러로 성장한만큼 컵 제품군이 성장하고 있다는 것은 분명합니다. 그리고, 일회용 컵 제품군의 성장은 고객사가 아닌 경쟁사 A와 B가 주도하고 있는 것으로 보입니다. 즉, 고객사의 판매는 Y3 이후로 지지부진한데, 경쟁사의 판매량은 가속화되고 있습니다. 어떻게 보면, 경쟁사의 성장은 고객사의 손실입니다. 다시 말해, 고객사는 분명 여전히 일회용 컵 영역의 선도업체이지만, 시장 점유율은 줄어들고 있습니다.

경쟁사의 제품에 대해 조금 더 말씀해주실 수 있으십니까? 경쟁사 제품이 품질 면에서 더 우수한가요? 경쟁사들의 유통 채널이 더 나은가요? 가격 면에서 더 좋습니까? 소비자가 고객사 제품이 아니라 경쟁사 제품을 구매하게 만드는 요인이 있습니까?

면접관 : 좋은 질문입니다. 사실 경쟁사 제품에 특별한 점이 있진 않습니다. 눈으로 봤을 때 경쟁사 제품과 고객사 제품은 품질, 가격 그리고 외관이 모두 동일합니다. 고객사와 두 경쟁업체 모두 동일한 유통 채널을 갖고 있고요.

지원자 : 네. 일회용 컵은 여러 사이즈가 있습니다. 사이즈의 종류가 몇이나 됩니까? 그리고 모든 사이즈의 일회용 컵이 모두 성장하고 있습니까?

면접관 : 좋은 질문이네요. 일회용 컵은 사이즈와 소재에 따라 세 가지로 분류됩니다. '캐주얼' 컵은 전통적인 8온스 종이컵입니다. 다음은 '파티' 컵인데, 이것은 빨간색 플라스틱이고 12온스와 16온스가 있습니다. 마지막은 '스페셜' 컵인데, 역시 빨간색 플라스틱이고 더 큽니다. 보통 20온스이죠. 이 차트는 다양한 일회용 컵 카테고리에 대한 고객사의 연간 매출액입니다. 이걸 보고 바로 도출해낼 수 있는 결론이 있나요?

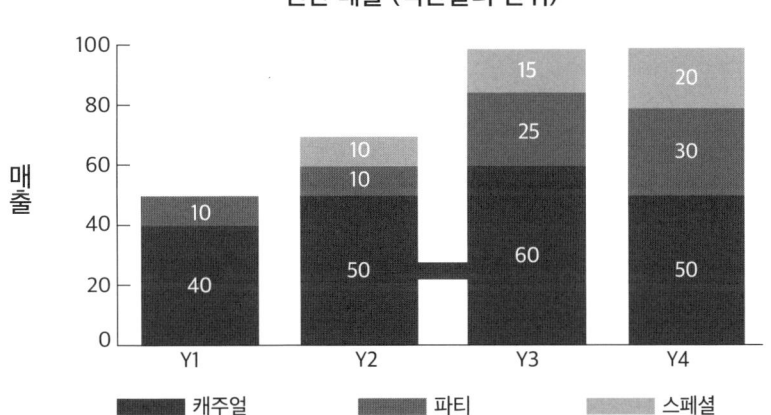

지원자 : 몇 가지가 있습니다. 첫째, 고객사의 성장을 이끄는 요인에 거대한 변동이 있습니다. Y1에서 Y3까지 고객사는 '캐주얼' 컵 영역에서 천천히 성장했습니다. 그러나, Y2부터 고객사의 성장은 '파티' 컵과 '스페셜' 컵에서의 결과입니다. 다음으로 Y3부터 Y4까지 이어지는 '캐주얼' 컵 영역에서의 매출 감소는 소비 패턴에서 어떤 변화가 있기 때문으로 생각됩니다. 다시 말해, '파티' 컵과 '스페셜' 컵의 성장세가 보여주듯 소비자들이 더 큰 컵을 원한다는 것입니다. 이 추론을 검증하려면, 경쟁사들의 매출 트렌드는 어떠한 지 봐야 합니다.

면접관 : 좋아요. 좋은 생각입니다. 여기 자료가 있습니다.

	경쟁사 A			경쟁사 B		
	캐주얼	파티	스페셜	캐주얼	파티	스페셜
Y1	0	20	0	0	20	0
Y2	0	25	0	0	25	0
Y3	0	40	0	0	30	0
Y4	0	60	0	0	40	0

지원자 : 제가 추론한 내용이 맞는 것 같습니다. 두 경쟁업체 모두 '캐주얼 컵'은 판매하지 않습니다. 아마 그들은 '파티' 컵이 성장할 것을 예측했을 것입니다. 흥미로운 사실은 왜 두 업체 모두 '스페셜' 컵을 팔지 않느냐 하는 것입니다. 고객사가 성장할 기회는 '스페셜' 컵에 있습니다.

면접관 : 좋은 지적입니다. 고객사가 어떻게 해야 한다고 생각하나요?

지원자 : 몇 가지가 있습니다. 제조 측면에서는 '캐주얼' 컵 생산을 천천히 접고, '파티' 컵과 '스페셜' 컵 생산을 늘려야 합니다. 고객사는 경제적 의사결정을 이해해야 합니다.

면접관 : '캐주얼' 컵 매출이 줄고 있긴 하지만 아직 고객사의 가장 큰 매출원이라는 점을 생각해보면, 흥미로운 전략이네요. 만약 고객사가 '캐주얼' 컵 생산을 줄여 나가기 시작하면, 경쟁사 중 한 곳이 그 시장을 가로챌 텐데요. 어쨌든 지원자께서 말씀을 꺼내셨으니, 경제적 의사결정에 대해 더 탐구해보죠. 고객사가 '캐주얼' 컵을 '스페셜' 컵으로 한번에 갈아타야 하는지 아니면 점진적으로 접근해야 하는지 결정하기 위해 어떤 데이터가 필요하신가요?

지원자 : 우선 고객사의 고정비용 및 변동비용 등 원가 구조를 알고 싶습니다. 고객사의 8온스 컵 연간 판매량은 어떻게 됩니까? 8온스 컵과 20온스 컵의 단가는 각각 어떻게 됩니까? 마지막으로, 더 큰 컵을 동일한 양만큼 생산한다고 가정해도 될까요? 아니면, 매장 진열 공간 때문에 더 적은 양을 생산한다고 해야 할까요?

면접관 : 좋은 질문들입니다. 먼저, 고정 비용은 1천만 달러 그대로일 것입니다. '스페셜' 컵의 변동 비용은 '캐주얼' 컵의 변동 비용의 3배입니다. 0.001달러 vs 0.003달러 작은 컵의 단가는 0.02달러고, 큰 컵의 단가는 0.05달러입니다. '스페셜' 컵이 더 크니까 '캐주얼' 컵을 '스페셜' 컵으로 대체하게 되면 '스페셜' 컵의 양을 절반으로 줄여야 한다고 가정하시죠.

지원자 : 네, 큰 도움이 되는 정보입니다. 말씀해 주신 바에 따르면, 고객사는 2015년 '캐주얼' 컵의 매출이 5,000만 달러였으므로, 고객사는 25억 개를 판매했습니다. 5,000만 달러/0.02달러 고객사의 총 생산비용은 고정비용 1,000만 달러 + 25억개 x 변동비용 0.001달러 = 1,250만 달러입니다. 스페셜 컵의 총 생산비용을 계산하기 위해서는 고객사가 매장에 진열할 수 있는 수량을 결정해야 합니다. '스페셜' 컵은 '캐주얼' 컵의 절반밖에 진열할 수 없다고 하셨으니, 12억 5,000만 개입니다. 25억/2 따라서 고객사의 총 생산비용은 고정비용 1,000만 달러 + 12억 5천만 개 x 변동비용 0.003달러 = 1,375만 달러입니다. '캐주얼' 컵을 '스페셜' 컵으로 대체하면 비용이 125만 달러 증가할 것으로 보입니다. 1,375만 달러 - 1,250만 달러

매출 측면에서 보겠습니다. 단가 0.05달러인 컵이 12억 5천만 개이면, 고객사는 매출 6,250만 달러를 달성할 수 있습니다. 즉, 고객사 매출은 5,000만 달러에서 6,250만 달러로 증가합니다. 따라서 경제적인 관점에서 봤을 때, '캐주얼' 컵에서 '스페셜' 컵으로 전환하는 것은 합리적입니다. 제가 생각하기에 또 고려해야 하는 사항은 유통입니다. 제품군의 변화가 유통 측면에서는 어떤 의미일지 고려해야 합니다. 제가 알기로 매장 진열 공간은 리테일에서 핵심입니다. 리테일러들이 고객사가 '캐주얼' 컵을 모두 빼고 '파티' 컵 또는 '스페셜' 컵을 넣는 것을 허락할까요? 잠깐 한발짝 물러나서 생각해보면, 소비자들은 큰 컵들을 어디서 구매할까요?

면접관 : 좋은 질문들입니다. 경제적인 관점에서 봤을 때 생산에는 아무런 문

제가 없다고 가정하죠. 유통에 좀더 집중해 봅시다. 여기 Y4 동안 각 제품을 유통채널별로 분석한 그래프가 있습니다.

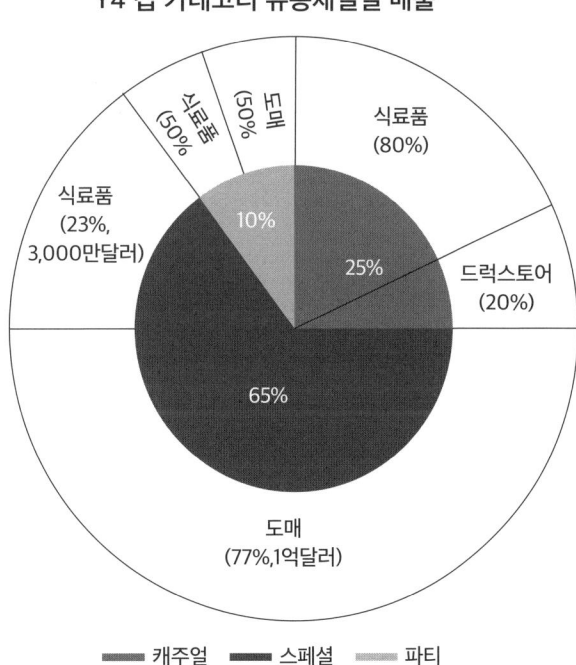

Y4 컵 카테고리 유통채널별 매출

지원자 : 흥미롭네요. 지원자는 1분에 걸쳐 차트를 새로 정리해 면접관이 볼 수 있게 돌려 놓았습니다. 그래프를 분석해 보면 데이터는 다음과 같습니다.

Y4 매출 (단위 : 백만달러)			
	캐주얼	파티	스페셜
식료품점	40	30	10
드럭스토어	10	0	0
도매	0	100	10

확실한 사실 하나는 '파티' 컵은 식료품점이나 도매 채널에서 주로 판매된다는 점인데, 대부분의 상품을 대량으로 판매하는 도매 채널의 특성과 파티를 할 때 수량이 많이 필요하다는 점을 고려하면, 합리적입니다. 고객사는 '캐주얼' 컵을 공급하는 유일한 업체이기 때문에 식료품점 채널에서의 대량 유통 영역과 드럭스토어 채널에서 독점적인 매장 진열 공간을 갖고 있습니다. 고객사가 식료품점 채널과 드럭스토어 채널에서 '캐주얼' 컵을 빼고 '파티' 컵이나 '스페셜' 컵을 넣는 것이 가능해 보입니다. 가능할까요?

면접관: 물론이죠. 내용을 정리하기 전에 더 알고 싶은 것이 있으신가요?

지원자: 도매 채널의 진열 공간에서, 우리 고객사가 경쟁사와 비교했을 때 얼마나 많은 공간을 차지하는지 알고 싶습니다. 이를 알 수 있는 방법 하나는 고객사의 '파티' 컵 매출 1억 달러가 전체 '파티' 컵 시장 매출의 몇 %인지 그리고 경쟁사들의 매출은 몇 %인지 아는 것입니다. 이것을 알면 고객사의 매장 진열 공간의 비중을 추정할 수 있습니다.

면접관: 그냥 내용을 정리해보는 건 어때요? 고객사에게 뭐라고 제안할 건가요?

지원자: 저는 소비자 수요와 매출 성장세를 고려했을 때, 고객사가 '캐주얼' 컵 생산을 줄이거나 중단하고 '파티' 컵 및 '스페셜' 컵 생산을 늘려야 한다고 제안하겠습니다. '캐주얼' 컵을 '스페셜' 컵으로 대체하면 매출이 1,250만 달러 달러 증가한다는 것을 확인했습니다. 성장세를 끌어올리고 성공 확률을 극대화 하기 위해서 현재 유통 채널을 적극

적으로 활용하고 프로모션이나 가격 전략 또는 컵 디자인 변경 등을 통해 고객사가 기존에 갖고 있는 매장 진열 공간을 확대해야 합니다.

시사점
- 계산 자체가 어려운 문제는 아니나, 계산기 없이 다른 사람 앞에서 계산할 때는 쉽지 않습니다. 지원자는 계산을 잘 해냈고, 면접관에게 잘 설명했습니다.
- 지원자는 처음 생각한 답변 구조에 유통 채널을 집어넣었으나, 이것은 해결책의 큰 일부에 불과하다는 사실을 깨닫고 바로 수정했습니다.
- 면접관이 '캐주얼' 컵 생산을 완전히 중단해버리는 것에 우려를 표했을 때, 지원자는 포기하지 않고 분석을 통해 본래 의견을 잘 유지했습니다.
- 지원자는 그래프를 대단히 잘 분석했고, 자신만의 차트로 재구성한 뒤 면접관이 볼 수 있도록 놓고 잘 설명했습니다.
- 지원자가 요약한 내용은 간결하고 핵심을 찔렀습니다.

자메이카 배터리   CASE 07

면접관 : 고객사는 자메이카 배터리입니다. 고객사는 현재 캐리비안, 아프리카 그리고 중남미 지역에 자동차 배터리를 판매합니다. 지난 20년 간 쿠바의 배터리 시장을 지켜봤습니다. 그러나, 국영기업이 쿠바 배터리 2차 전지 시장의 100%를 차지하고 있습니다. 이것이 가능한 이유는 쿠바 정부가 모든 수입 배터리의 제조 비용과 운송 비용에 50%의 관세를 부과하기 때문입니다.

5 : 케이스 문제 연습

쿠바 정부는 최근 향후 10년 동안 배터리에 부과되는 관세를 매년 5%씩 낮춰 최종적으로 0% 관세를 부과할 것이라 발표했습니다.

자메이카 배터리 이사회는 쿠바의 배터리 시장 규모와 가능하다면 언제 어떻게 해당 시장에 진출해야 할지 알고 싶어합니다.

지원자 : 자메이카 배터리 이사회는 쿠바의 시장 규모와 가능하다면 언제 어떻게 진출할 수 있을지 알고 싶어합니다. 현재 쿠바의 모든 수입 배터리는 제조 및 운송 비용에 대해 50% 관세가 부과되기 때문에, 쿠바 배터리가 쿠바 시장을 독점하고 있습니다. 그러나 쿠바 정부는 향후 10년 간 매년 관세를 5%씩 낮춰 0% 관세로 만들 예정입니다.

면접관 : 네, 맞습니다.

지원자 : 제 생각에 목표는 시장 점유율을 확보하고 수익성을 내는 것인데, 다른 목표가 또 있을까요?

면접관 : 없습니다.

지원자 : 고객사가 원하는 시장 점유율은 어느 수준입니까?

면접관 : 100%죠.

지원자 : 질문을 수정하겠습니다. 고객사가 합리적으로 기대하는 시장 점유율

은 얼마 정도의 기간 안에 몇 %입니까?

면접관 : 시장 진출 이후 5년 안에 25%입니다.

지원자 : 쿠바의 자동차 2차 전지 시장 규모를 먼저 추정해 보겠습니다. 쿠바 인구를 1천만 명으로 가정하겠습니다.

면접관 : 조금 적은 것 같지만, 좋습니다.

지원자 : 그리고 가처분 소득이 제한적이고 열 가구 중 한 가구만이 자동차를 갖고 있다고 가정하겠습니다. 따라서, 한 가구에 평균적으로 5명이 있다고 하면…

면접관 : 5명은 어떻게 나온 숫자인가요?

지원자 : 한 가구에 2세대가 모여 산다고 가정했습니다.

면접관 : 좋습니다.

지원자 : 200만 가구가 있고, 열 가구 중 한 가구만 차를 보유하고 있으면, 20만 대입니다. 택시, 트럭 그리고 정부기관 차량 등을 포함해 추가로 1만 대를 더하겠습니다.

면접관 : 그러면 21만 대네요.

5 : 케이스 문제 연습

지원자 : 네. 그리고 쿠바 사람들은 자동차를 오랫동안 탄다고 생각합니다. 따라서 평균적으로 3년에 한 번씩 배터리를 교체해야 한다고 가정하겠습니다.

면접관 : 3년이요? 그 가정은 어떤 근거가 있죠?

지원자 : 저는 공산주의 국가의 독점을 생각했습니다. 배터리 품질이 5년 정도 지속되는 자메이카 배터리의 제품만큼 좋지는 않을 것이라고 생각합니다.

면접관 : 계속 하세요.

지원자 : 따라서 21만 대 차량은 새 배터리가 매 3년마다 필요할 것입니다. 그러나 두 가지 요인을 더 고려해야 합니다. 첫째, 아까 추가로 고려했던 차량 1만 대의 절반은 정부 기관 또는 군용 차량이라고 한다면, 전체에서 5천 대를 빼야 합니다. 즉, 20만 5,000대를 3으로 나눠보면 배터리는 약 68,000개입니다. 또한, 시간이 지날수록 이 숫자는 줄어들 것입니다. 왜냐하면 고객사의 배터리는 3년이 아닌 5년을 쓸 수 있으니까요. 이 부분을 어떻게 감안해야 할 지는 잘 모르겠습니다.

면접관 : 괜찮습니다. 그 점을 고려했다는 것 자체가 중요하죠.

지원자 : 고객사가 이 시장의 25%를 원한다면, 이것은 연간 17,000개의 배터리를 말합니다.

면접관 : 좋아요. 그 다음은요?

지원자 : 몇몇 비용과 가격을 알고 싶습니다. 고객사 제품의 비용과 가격은 쿠바 배터리 제품과 비교했을 때 어떻습니까?

면접관 : 가격은 별로 연관성이 없습니다만, 비용은 그렇지 않죠. 쿠바 배터리의 배터리 생산 비용은 12달러입니다. 원자재 비용은 20%, 인건비는 50% 그리고 간접비 및 기타 비용이 30%입니다.

고객사 같은 경우는 배터리 생산 비용이 9달러입니다. 원자재 비용은 20%, 인건비가 25% 그리고 마케팅과 간접비를 포함한 기타 비용이 55%입니다. 그리고 쿠바까지 운송하는데 1달러가 들죠.

지원자 : 말씀해주신 내용을 정리해보겠습니다.

쿠바 배터리	자메이카 배터리
생산 비용 : 12달러	생산 비용 : 9달러
원자재 20%	원자재 20%
인건비 50%	인건비 25%
기타 비용 30%	기타 비용 55%
운송비 0달러	운송비 1달러
관세 0달러	관세 5달러
총 12달러	총 15달러

정리하자면, 고객사는 생산 비용이 9달러이고 운송비가 1달러, 총 10달러입니다. 여기에 관세 50%를 더하면, 배터리 가격은 15달러가 됩니다.

이제 고객사가 언제쯤 경쟁력이 생길지 알아내야 합니다. 5년 후, 관세는 50%에서 25%, 즉 절반으로 떨어집니다. 따라서 고객사는 배터리 제조 및 운송까지 10달러이고, 관세는 2.5달러입니다. 최종적으로 12.5달러입니다. 단순히 숫자만 보고 판단한다면 앞으로 6년 뒤에 시장에 진출해서 경쟁해 볼 수 있습니다. 그러나 고객사의 배터리가 3년을 넘어 5년 동안 쓸 수 있다는 점을 잘 설명하고 마케팅한다면 약간의 프리미엄을 얹을 수 있으므로 5년차에도 진출할 수 있을 것입니다.

면접관 : 잠깐 입장을 바꿔 봅시다. 이제 쿠바 배터리에게 조언을 하는 상황입니다. 뭐라고 말하겠습니까?

지원자 : 첫번째는 정부에 접촉해 관세 인하를 재고해보도록 만들라고 하겠습니다.

면접관 : 정부는 이미 결정했습니다. 관세는 인하될 거에요.

지원자 : 다음은 쿠바 배터리의 인건비가 높은 이유를 분석해보겠습니다.

면접관 : 이유가 뭐라고 생각해요?

지원자 : 지금 생각나는 두 가지는 기술과 의료 비용입니다. 기술이 낙후되었고, 생산 과정이 매우 노동집약적일 수 있습니다.

면접관 : 맞아요, 이유 중 하나입니다. 그리고요?

지원자 : 쿠바는 공산주의 국가이고 의료보험이 무료입니다. 의료 보험이 무료인 대신, 모든 서비스, 모든 재화는 그만큼 더 비싸다고 볼 수 있습니다. 국민건강보험을 갖고 있는 캐나다도 비슷한 이유로 인건비가 비쌉니다. 만약 캐나다 달러가 미국 달러에 비해 약세가 아니라면, 캐나다 기업들은 많은 재화에 대해 바로 시장가격을 매길 것입니다.

면접관 : 그것과 관련된 논의는 나중으로 미뤄두죠.

지원자 : 의료보험 비용과 관련해서는 어떻게 할 수 있는 것이 많이 없습니다. 그러나 기술을 업그레이드하는 것은 가능합니다. 기술을 업그레이드하면 배터리 가격적인 면에서도 더 경쟁력이 생길 것이고, 3년이 아닌 5년까지도 쓸 수 있을 것입니다.

면접관 : 기술을 업그레이드해서 이제는 세계적인 품질의 배터리를 9달러에 만들 수 있다고 합니다. 어떤 변화가 있을까요?

지원자 : 관세는 더 이상 의미가 없어질 것입니다. 관세 없이도 충분히 경쟁력 있을 수 있으니까요. 이것은 긍정적인 점입니다만, 여전히 인식의 문제가 있습니다. 제 생각에는 새로운 마케팅 캠페인을 전개해서 세계

적인 수준의 품질을 갖춘 배터리라는 것을 쿠바 국민들에게 알려야 합니다. 고객 서비스와 유통 채널 또한 점검해야 합니다. 이것들은 가끔 독점적 환경일 때 간과하는 핵심 요소들입니다.

면접관: 좋은 지적입니다. 고객 서비스는 심각한 수준이고 유통 채널 또한 하바나에 하나, 누에비타스에 하나, 도매 채널 총 두 곳으로 제한되어 있습니다. 마케팅 캠페인을 전개해야 한다고 하셨는데, 고객 서비스와 관련한 측면도 있어야 할 것 같습니다. 유통 채널 관련해서는 어떻게 해야 할까요?

지원자: 두 가지를 가정하고 싶습니다. 첫째, 자메이카 배터리가 쿠바 시장에 진출하기 전까지 적어도 2년의 시간이 있다는 가정입니다. 둘째, 미국계가 아닌 다른 배터리 회사 또한 자메이카 배터리와 비슷한 시기에 유사한 전략을 갖고 쿠바 시장에 진출할 것이라는 가정입니다.

면접관: 둘 다 합리적이네요.

지원자: 먼저, 쿠바 안에 있는 모든 주유소에 방문하겠습니다. 도시와 시골 모두요. 각각을 직접 만나서 배터리 가격을 설명하고, 진열대와 로고가 붙은 티셔츠를 증정하겠습니다. 지원금도 같이요. 이에 대해, 주유소들은 쿠바 배터리의 제품만 판매하겠다는 독점적 계약을 맺어야 합니다.

한 가지만 여쭤보겠습니다. 쿠바 정부가 타이어도 생산하나요? 만약 그렇다면, 품질은 어떻습니까?

면접관 : 네, 생산합니다. 품질은 형편 없습니다. 그러나, 당신의 조언대로 기술을 업그레이드하고 마케팅 캠페인을 시작할 것입니다. 타이어에 대한 관세도 없어지고 있기 때문에요.

지원자 : 제가 뭘 말씀 드리려는지 이미 알고 계시는 군요. 인근 주민들이 배터리와 타이어 그리고 오일까지 교체할 수 있는 서비스 센터를 열 수 있습니다. 외국계 기업이 들어오기 전에 최상의 거점들을 확보할 수 있죠.

면접관 : 다시 입장을 바꿔 봅시다. 이제 다시 자메이카 배터리에 조언을 주셔야 합니다. 쿠바 배터리가 공장을 업그레이드하고 유통 채널을 늘리고 쿠바 타이어와 조인트벤쳐를 맺고, 전국적인 마케팅 캠페인을 펼치는 것을 봤습니다. 그럼에도 쿠바 배터리 시장에 지출해야 합니까? 진출해야 한다면, 어떻게 해야 합니까?

지원자 : 새로운 시장에 진출할 때면, 반드시 사전에 검토해봐야 하는 것들이 몇 가지 있습니다. 시장의 주요 업체가 어디인지, 그리고 그들의 시장 점유율은 얼마나 되는지, 그들의 제품 및 서비스는 자사의 제품 및 서비스와는 어떻게 차별화되는지 그리고 진입 장벽이 있는지입니다. 이 문제에서 주요 업체는 쿠바 배터리이며, 시장을 100% 점유하고 있습니다. 2년 전 그들의 제품은 확실히 부족했으나 지금은 고객사와 유사한 수준입니다. 관세는 진입 장벽이었으나, 현재는 유통 채널이 위험 요인인 것처럼 보입니다.

새로운 시장에 진출하기 위한 주요 방법은 세 가지가 있습니다. 밑바닥에서부터 천천히 진입하는 것, 타 업체를 인수하는 것, 또는 조인트벤쳐를 만드는 것입니다. 각각에 대해 빠르게 비용-편익 분석을 해보겠습니다. 밑바닥에서부터 천천히 진입하는 방법은 고객사가 고객사의 유통 채널을 확실히 확보할 수 있을 때 훌륭한 전략이 될 수 있습니다. 만약 경쟁사가 모든 주유소를 확보하고 있고 타이어 및 배터리 센터를 지었을 경우, 고객사의 유통 채널은 제한적일 것입니다. 또한, 연간 배터리 17,000개를 판매하는 것만으로는 고객사만의 판매점을 설립하는 데 든 돈을 회수하기 어려울 것입니다.

두 번째 전략은 인수를 통한 방법입니다. 쿠바는 공산주의 국가이기 때문에, 인수 기회가 많지 않습니다. 만약 그래도 인수하려고 한다면, 인수 대상은 쿠바 배터리인데, 고객사는 인수 대상회사가 이렇게 거대한 경쟁사가 되기 전 여러모로 엉망인 회사였을 때 인수했어야 합니다.

세 번째 방법은 조인트벤쳐를 만드는 것입니다. 만약 독립적인 배터리 유통업체가 없다는 가정이 유효하다면, 우선순위는 시장에 진출하려고 하는 타이어 회사 중 하나와 조인트벤쳐를 맺는 것입니다. 제 추측으로는 시장에 진출하려는 타이어 회사와 배터리 회사가 몇몇 있을 것입니다. 따라서 고객사도 그 연합의 일부가 되어야 합니다.

면접관 : 그래서 결국 이 문제의 핵심은...

지원자 : 결국 이 문제의 핵심은 유통 채널로 귀결됩니다.

면접관 : 잘 하셨습니다.

케이스의 유형 : 전략, 신시장 진출, 시장 규모 추정

시사점
- 이 케이스는 대단히 길고 당신이 1시간에 걸쳐 대답해야 하는 마지막 인터뷰에서 받을 법한 문제입니다. 부분적으로 시장 규모 추정 문제가 포함되어 있으나, 가장 어려운 부분은 아마 입장을 바꿔야 하는 부분일 것입니다. 입장을 바꾸게 되면 지원자는 자신이 도출해낸 전략에 대한 대응전략을 만들어 내야 합니다.

  많은 학생들이 연간 관세 인하분을 구하려고 하는데, 이 지원자는 딱 중간 지점을 짚어내고 그로부터 생각을 진전시켜 시간을 줄이고 면접관에게 좋은 인상을 남겼습니다. 계산을 간소화해서 암산으로 풀어낼 수 있었습니다.

  지원자는 조그마한 표에 비용과 백분율을 적어뒀을 정도로 아주 잘 정리했습니다. 이것은 면접관에게 좋은 인상을 주었을 뿐만 아니라, 지원자가 노트를 왔다 갔다 하는 동안 알아보기 쉽게 만들었습니다.

파워스포츠   CASE 08

면접관: 고객사는 북미의 파워스포츠 산업에서 No.3 업체입니다. 주로 스노우모빌설상차, 오토바이 그리고 ATV를 생산합니다. 지난 해, 주식은 40달러에서 25달러로 떨어졌고, 총 수입이 13% 하락하는데 비해 순 이익은 18%나 하락했습니다. 어떻게 된 일일까요? 이 상황을 어떻게 해결할 수 있을까요?

지원자: 제가 이해한 바가 맞는지 확인하고 싶습니다. 고객사는 북미 지역 파워스포츠 산업의 3등 기업입니다. 주가는 40달러에서 25달러로 떨어졌으며, 이 하락폭은 40%에 조금 못 미치는 수준입니다. 순 이익은 18%, 총 수입은 13% 하락했습니다. 이 상황의 원인과 해결 방안을 찾아야 합니다.

면접관: 맞습니다.

지원자: 제가 고려해야 하는 다른 목표가 있습니까?

면접관: 없습니다.

지원자: 고객사의 경쟁사들도 동일한 문제를 갖고 있습니까?

면접관: 네.

지원자 : 고객사의 시장 점유율은 그대로입니까?

면접관 : 사실, 증가했습니다.

지원자 : 제가 처음 생각한 가설은 외부적인 요인에 의해 산업의 전반적인 매출이 감소했고, 같은 이유로 고객사의 총 수입도 하락했다는 것입니다. 그리고 고객사 CEO가 분기 애널리스트 콜에서 미온적인 가이드를 주었고, 이것이 주가 하락을 촉진했고요.

면접관 : 흥미롭군요. 왜 미온적인 가이드를 줬을까요?

지원자 : 만약 산업 전체가 같은 문제를 겪고 있다면, 외부적인 요인으로 인해 하락하는 것이고 이것은 하룻밤 사이에 바뀌지 않기 때문입니다.

면접관 : 어떤 포인트인지 알겠습니다.

지원자 : 구조화를 위해 잠깐만 생각해도 될까요?

면접관 : 물론입니다.

지원자는 답변 구조를 적고, 면접관에게 돌려 놓았습니다. 지원자는 E(P=R-C)]M이라고 적었습니다.

지원자 : 산업 내 변화와 경제적 요인 등 외부 요인을 먼저 살펴보겠습니다.

그 후 고객사의 제품 믹스, 매출 그리고 최근 3년 간 비용을 살펴보고, 장기적, 단기적 관점에서 매출과 이익을 늘릴 수 있는 방법을 도출해보겠습니다.

면접관 : 외부 요인에 대해 먼저 말해주세요.

지원자 : 전반적으로 세계 경기가 둔화되었습니다. 미국 달러 강세와 캐나다 달러 약세도 영향을 끼쳤습니다. 이상하게 따뜻한 겨울과 유가 약세가 맞물려 오프로드 차량과 설상차에 대한 수요를 억제했을 것이라 생각합니다.

면접관 : 낮은 유가는 ATV와 설상차에는 좋은 것 아닌가요?

지원자 : 소비자 입장에서는 맞습니다. 그러나, 제 생각에 고객사는 틀림없이 많은 ATV를 정유 회사에 판매할 텐데 유가 하락으로 인해 충격이 있었을 것입니다. 또한, 인력의 일부를 해고하고 비용을 축소해야만 했으리라 생각합니다. 그리고 직원들이 해고된다면, 이들은 새로운 설상차나 오토바이를 구매하지 않을 것입니다.

면접관 : 네, 그 다음은요?

지원자 : 시장에 대해 생각해보겠습니다. 업계 다른 업체들도 같은 이슈를 갖고 있는 동시에 고객사의 시장 점유율은 증가했다고 말씀하셨습니다. 이것은 고객사가 다른 회사를 인수했거나, 다른 업체가 시장을 떠나

면서 고객사의 시장 점유율이 자연스럽게 늘어난 것으로 생각됩니다.

면접관 : 고객사는 열악한 파워스포츠 산업 현황에도 불구하고 시장 점유율을 늘렸습니다. 고객사는 헬멧, 트레일러, 고글, 장갑 같은 액세서리 영역에서 회사를 인수했습니다. 동시에 설상차와 오토바이 영역에서는 유기적으로 성장했습니다.

지원자 : 고객사의 순 이익이 18% 줄었다고 하셨습니다. 산업 전반적으로는 어떻습니까?

면접관 : 25% 감소했습니다.

지원자 : 다음으로 고객사에 집중하겠습니다. 제품 믹스와 지난 3년 간의 매출 정보가 있을까요? 전반적인 이익도 궁금합니다.

면접관 : 이 차트가 제가 갖고 있는 정보입니다. 면접관은 차트를 지원자에게 전달합니다. 1분 정도 살펴보고 어떤 생각이 들었는지 말씀해주세요.

Y2 성과 요약 (단위: 천)			
세그먼트별 보고[1]	Y2	Y1	증감
오프로드 차량 및 설상차 판매	862,032	1,051,801	(18%)
오토바이 판매	162,558	122,219	33%
글로벌 인접 시장 (기타 제품 및 채널) 판매	81,028	100,980	(20%)
총 판매	1,105,618	1,275,000	(13%)
매출 총이익	310,274	367,573	(16%)

5 : 케이스 문제 연습

세그먼트별 보고[1]	Y2	Y1	증감
총 판매 대비 매출 총이익 비중	28.1%	28.8%	-77bps
운영 비용	169,072	176,927	(4%)
총 판매 대비 운영 비용 비중	15.3%	13.9%	141bps
영업 이익	159,160	210,000	(24%)
총 판매 대비 영업 이익 비중	14.4%	16.5%	-207bps
순이익	110,682	135,397	(18%)
총 판매 대비 순이익 비중	10%	10.6%	-60bps

1) 본 매출은 고객사의 부품, 의류 및 액세서리 관련 판매를 포함합니다.

지원자 : ATV와 설상차가 고객사를 무너뜨리고 있습니다. 이 세그먼트들은 매출이 18% 하락했을 뿐만 아니라, 전체 매출의 약 80%를 차지하고 있습니다. 오토바이 매출은 33% 증가했지만, 전체 매출의 고작 15% 밖에 되지 않습니다. 좋은 소식이지만, 큰 변화를 만들지는 못합니다. 또 한가지 흥미롭게 볼 점은 고객사의 운영 비용이 4% 줄었다는 점인데, 이것은 아마 매출이 감소하고 고객사가 생산을 줄여서 그런 것 같습니다. 빠르게 계산한 뒤

면접관 : 고객사는 지난 3년 동안 전반적인 영역에서 비용을 줄여오고 있습니다. 확실히 말씀드릴 수 있는데, 현재 개선할 만한 것들은 많이 없습니다.

지원자 : ATV와 설상차가 구체적으로 나뉘어져 있는 자료가 있습니까?

면접관 : 전체 매출의 80% 중, 90%는 ATV이고 10%는 설상차입니다.

지원자 : ATV는 전체의 72%를 차지하고, 고객사는 설상차보다 오토바이를

두 배 더 많이 판매합니다. 제 추측으로는 고객사는 초과 재고를 갖고 있을 것 같습니다. 고객사는 가격을 낮췄나요?

면접관 : 답을 먼저 하자면, 아닙니다. 고객사는 프로모션을 진행했지만, 가격 인하에 대해서는 주저하고 있습니다. 경쟁사들도 그렇고요. 그러나 제가 생각하기로는 한 곳이 그렇게 하면, 모두 다 그렇게 할 것입니다. 결국 가격 전쟁이 되겠죠.

지원자 : 생산량과 비용은 회사 자체적으로 쉽게 조정할 수 있겠지만, 산업 전체의 가격 조정이 있으려면, 모든 사업자가 참여해야겠네요.

면접관 : 그게 가격 담합이라는 거죠. 불법이고요.

지원자 : 저는 항공과 유가 관점에서 좀 더 생각해보고 있었습니다. 산업 전체가 가격을 올리지 않는다면, 장기적으로 모두에게 손해가 될 것입니다.

면접관 : 좋습니다.

지원자 : Y2 다음 해의 매출은 어떻게 되나요?

면접관 : 오토바이 매출은 67% 올랐으나, 전반적인 매출은 고작 5% 상승했습니다. 파워스포츠 산업의 약세에도 불구하고 작년 북미 지역에서 고객사의 모든 사업이 시장 점유율 증가를 이뤘습니다. 이제 이야기를 좀 앞으로 진행시켜 보는 건 어떨까요? 문제를 해결해야 하니까요.

5 : 케이스 문제 연습

지원자 : 외부적 위기들은 단기적으로는 고객사의 성장과 수익성의 발목을 잡을 것입니다. 하지만, 유가가 오르고 다가올 겨울에 눈이 많이 온다면, 고객사의 주가는 데드캣 바운스를 경험할 것입니다.

면접관 : 데드캣 바운스요?

지원자 : 재무 용어인데, 임시적인 회복을…

면접관 : 그게 무엇인지는 알고 있습니다. 이제 해결책을 주세요.

지원자 : 잠시만 생각을…

면접관 : 그렇게 하세요.

지원자는 60초 동안 생각을 정리하고 불렛 포인트 형태로 아이디어를 정리했습니다.

지원자 : 고객사의 주가와 이익을 장기적 그리고 단기적 관점에서 늘릴 방법을 찾아야 하는 상황입니다. 주가를 올리는 것과 관련하여, 대부분은 자기주식 취득을 조언할 것입니다. 주가는 현재 40% 이상 하락했으므로, 매우 괜찮은 조건일 것입니다. 그러나, 이 방법은 단기적으로만 주가를 상승시킬 것입니다.

제 생각에 고객사가 보유하고 있는 현금은 경쟁사 또는 공급사를 인수하는데 쓰이는 것이 더 좋을 것입니다. 고객사는 비용을 공격적으로 관리할 필요가 있고, 인수가 이를 위한 하나의 방법입니다. 게다가, 더 많은 제품들, 특히 브랜드가 만들 수 있는 액세서리들을 더 많이 출시해야 합니다. 그리고 가장 빠르게 성장하고 있는 세그먼트인 오토바이에 더 많은 광고비를 써야합니다.

고객사가 고려할 수 있는 또 다른 것은 소비자에게 0% 내지는 1% 파이낸싱 프로그램을 제공하는 것입니다. 보상판매 또한 더 많이 제공해야 합니다. 가격을 내리는 것은 중요하지 않다고 판단을 내렸습니다만, 고객사는 여전히 많은 재고를 갖고 있습니다. 재고와, 인수 대상이 될 수 있는 회사 또는 유가 하락을 견뎌낼 체력이 있는 회사의 주식과 교환하겠습니다. 그런 회사들의 주가는 고객사의 주가보다 더 침체되어 있습니다. 그 회사들이 사업을 중단할 가능성도 있지만, 장기적인 관점에서 보면 리스크를 감수할 만합니다. 그리고 만약 그 회사들이 인수되거나 호전되면, 고객사는 가격을 지키면서 더 큰 이익을 얻게 될 것입니다. 고객사는 이를 위해 실사를 제대로 실시해야 할 필요가 있습니다.

면접관 : 흥미롭네요. 좋습니다. 케이스를 요약해 주세요.

지원자 : 고객사의 주가와 이익이 왜 하락했는지 이유를 밝히고 상황을 호전시킬 해결책을 찾아내야 하는 상황입니다. 외부요인이 고객사의 이익을 해치고 있다는 사실을 빠르게 판단할 수 있었습니다. 대부분의 외부요인은 고객사가 어떻게 통제할 수 없는 것들이었지만, 침체된 시장 속에서 고객사가 보유한 현금을 활용해 적극적으로 인수에 나

서고 초과 재고와 정유 회사의 주식을 교환해 고객사의 가격을 유지하며 재고를 줄이도록 결정했습니다.

시사점
- 이 케이스는 자연스러운 대화체로 진행되었습니다.
- 지원자는 주요 숫자들을 백분율로 정량화 했습니다.
- 지원자는 경쟁사들도 동일한 문제를 겪고 있다는 점을 알게 된 뒤 가설을 제시했습니다.
- 많은 학생들이 외부적 요인을 고려하지 않은 채 막연하게 문제를 풉니다. 이 케이스 문제는 외부적 요인이 전부입니다. 외부적 요인에 대해 최소한 언급이라도 해야 한다는 점을 기억하세요.
- 지원자가 차트를 분석한 내용이 좋았습니다. 명백한 내용을 반복하지 않고, 백분율로 정량화 했으며, 그에 근거해 분석을 진행했습니다. 또한, ATV와 설상차를 구분한 데이터를 알고 싶어하는 등 더 깊게 파고 들었습니다.
  - 지원자가 생각한 초과 재고를 주식과 교환한다는 아이디어는 흥미롭고 색달랐습니다. 확실히 다른 사람들이 생각해 내기 어려운 것이었습니다.
  - 지원자가 답변한 구조도 좋고, 전반적으로 자신감이 있었습니다. 지원자는 대답한 내용을 잘 방어했으며, 기대되는 바 이상으로 창의성을 잘 발휘했습니다.

레드로켓스포츠

CASE 09

면접관 : 레드로켓스포츠는 의류 및 신발을 디자인하고 판매할 뿐만 아니라 의류, 신발 브랜드를 많이 보유하고 있습니다. 모든 제품은 유사한 제조 공정을 통해 생산됩니다. 게다가, 이 제품들은 비슷한 유통 채널을 활용하고 유사한 소비자들을 타겟으로 판매됩니다. 다음 표의 데이터를 살펴보고 레드로켓스포츠의 현황과 그들이 어디에 집중해야 하는지 말씀해주세요. 분석할 시간을 30분 드리겠습니다.

순 판매량	Y3	Y2	Y1
신발	$2,430,300	$2,226,700	$2,050,000
의류	$1,355,000	$1,258,600	$1,050,000
합계	$3,785,300	$3,485,300	$3,100,000
순 판매량	Y3	Y2	Y1
미국	$2,070,060	$2,020,000	$1,807,650
영국	$474,700	$444,700	$415,800
유럽	$810,400	$695,500	$607,400
기타	$430,140	$325,100	$269,150
합계	$3,785,300	$3,485,300	$3,100,000

30분 동안 분석한 뒤, 이어서 읽으세요!

30분이 지난 뒤 면접관이 돌아왔습니다. 그리고 지원자는 분석한 내용을 면접관에게 발표했습니다.

면접관 : 분석한 내용을 설명해주세요.

5 : 케이스 문제 연습

지원자 : 첫 번째로 살펴봐야 하는 것은 제품 종류별 그리고 지역별 연간 백분율 변화입니다. 직접 작성한 아래 차트를 꺼냅니다. 이 숫자들은 비록 추정치이지만 꽤 정확합니다.

	Y3/Y2	Y2/Y1
신발	10%	10%
의류	10%	20%
미국 시장	2%	12%
영국 시장	7%	7%
유럽 시장	15%	15%
기타 시장	30%	20%

지원자 : 이렇게 정리한 내용으로부터 추론해낼 수 있는 것들이 많습니다.

신발은 지난 2년 동안 꾸준히 약 10%씩 성장해왔습니다.

의류의 성장은 Y1에서 Y2로 갈 때 20%였다가 Y2에서 Y3으로 갈 때는 10%에 못 미치는 수준으로 둔화되었습니다.

영국 시장의 성장은 대략 7% 수준을 유지하고 있습니다.

유럽 시장 또한 약 15% 수준의 지속적인 성장세를 유지하고 있습니다.

가장 유망한 시장은 '기타 시장'인데, 저는 아시아와 라틴 아메리카로 생각하고 있습니다. 이들은 Y2에 20% 정도, Y3에서는 30% 넘게 성장하였습니다. 이런 성장세라면, 내년 즈음 전체 판매량에 있어서 영국 시장을 추월할 것입니다. 저는 '기타 시장'이야말로 잠재적 성장 가능성이 가장 큰 곳이라고 생각합니다.

Y2에서 Y3로 오면 성장세가 둔화되었지만, 의류 영역에 집중해야 합니다.

다음으로, 각 제품별 비중과 시장의 비중을 살펴봤습니다.

	Y3	Y2	Y1
신발	65%	65%	65%
의류	35%	35%	35%
미국 시장	55%	60%	60%
영국 시장	12%	12%	15%
유럽 시장	20%	20%	20%
기타	11%	8%	8%

지원자 : 이 차트를 통해 알 수 있는 것들은,

신발은 전체 판매의 2/3를 차지하며 지난 몇 년 간 이를 유지해 왔습니다.

미국 시장이 고객사의 가장 큰 시장이며 전체 판매의 절반 이상을 차지하지만, 조금씩 그 비중이 줄고 있습니다.

영국 시장 또한 15%에서 12%로 그 비중이 조금씩 줄고 있습니다. 유럽 시장은 20% 수준에 머무르고 있습니다.

'기타 시장'은 조금씩 늘고 있으며, 현재 판매량의 11% 비중을 차지합니다.

고객사의 전통적인 시장인 미국과 영국은 이미 성숙기에 다다른 반면 '기타 시장'은 가장 높은 성장률을 보이고 있습니다. 하지만, 미국과 영국은 여전히 판매의 2/3 이상, 즉 대부분을 차지하고 있습니다. 의류 시장은 Y3에 들어 성장세가 둔화되었음에도 불구하고 지난 2년 동안 성장을 주도했습니다.

면접관 : 어떤 근거죠? 왜 그렇게 의류 영역을 긍정적으로 보나요?

지원자 : 백분율을 들여다보는 대신 숫자 그 자체를 집중해서 볼 필요가 있습니다. Y1의 3,100,000달러가 Y3에는 3,785,300달러가 되었습니다. 이것은 685,300달러가 증가한 것입니다. 의류는 이 증가분의 거의 절반을 차지합니다. 비록 전체 판매량의 35% 비중이긴 하지만요.

면접관 : 좋습니다. 레드로켓스포츠는 이제 어떻게 해야 하나요?

지원자 : 액션 플랜 1은 성장하는 시장에 집중하는 것입니다. 특히 '기타 시장' 말입니다.

의류를 중심으로 생산 라인을 늘려야 합니다.
유통 채널을 늘려야 합니다.
판매 조직을 강화해야 합니다.

대대적인 마케팅 캠페인 활동을 시작해야 합니다.

액션 플랜 2는 전통적인 시장에서의 사업활동을 잘 유지하는 것입니다. 이미 성숙한 시장에서의 판매를 늘리기 위한 마케팅 캠페인을 전개합니다.
가장 성과가 좋은 유통 채널과 매장에 집중해야 합니다.

액션 플랜 3은 미래 변화 예측을 위해 시장 트렌드를 철저히 조사해야 합니다.

산업 애널리스트들과 이야기를 나누고 트렌드에 대한 그들의 의견을 들어야 합니다.

전문가로부터 얻은 정보에 근거해 제품/시장 전략을 정교화 해야 합니다.

이 내용들은 2x2 매트릭스로 표현할 수 있습니다.

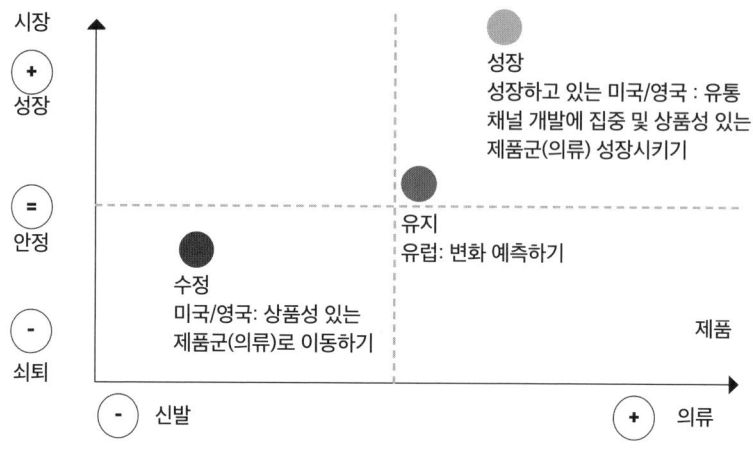

케이스 유형 : 고객사 분석

시사점
- 지원자는 차트를 활용하여 프레젠테이션을 진행했습니다. 지원자는 제한된 시간 안에 계산기 없이 분석해야 했기 때문에 숫자를 뚫어지게 쳐다봤을 것입니다. 컨설턴트는 차트와 그래프 그리고 장표를 통해 고객을 설득한다는 사실을 기억하세요. 당신도 똑같이 할 수 있어야 합니다.

코카콜라

CASE 10

면접관 : 코카콜라는 가격 인상을 통해 국내 수익성을 증가시키려 합니다. 판매량은 큰 데 마진은 낮은 식료품 시장에 집중하려고 합니다. 가격 인상과 관련한 경제적 환경은 어떠하며, 이것은 과연 좋은 생각일까요?

지원자 : 코카콜라는 가격을 인상하여 수익성을 늘리고자 합니다. 이것이 과연 좋은 생각인지 알고 싶어하는 상황입니다.

면접관 : 네, 맞습니다.

지원자 : 수익성을 늘리는 것이 주요 목표라는 것은 알고 있습니다. 그 외에 제가 알아야 할 다른 목표가 있을까요?

면접관 : 시장 점유율이 하락하면 안 됩니다.

지원자 : 다른 브랜드에는 신경쓰지 말고 콜라에만 집중하면 됩니까?

면접관 : 고객사의 모든 제품들을 그냥 콜라 하나로 생각하면 됩니다.

지원자 : 고객사의 현재 시장 점유율은 어떻게 됩니까?

면접관 : 케이스 문제와는 상관없는 질문이네요.

지원자 : 콜라 한 캔을 만드는데 비용이 얼마나 드나요?

면접관 : 그것도 케이스 문제와는 상관없는 질문이네요.

지원자 : 고객사는 미국 내 식료품점에 콜라를 몇 개나 그리고 얼마에 판매하나요?

면접관 : 고객사는 작년 한 해 동안 식료품점에 콜라 1억 개를 각 23센트에 납품했습니다. 만약 가격이 그대로 유지된다면, 판매량은 6%가 늘 것으로 예상됩니다. 고객사는 단가를 27센트로 인상하고 싶어하며, 그렇게 할 경우 판매량이 1%밖에 증가하지 않을 것으로 전망됩니다.

지원자 : 살펴보겠습니다. 우선 말씀해주신 내용을 곱한 다음에 차를 비교해 볼 수 있습니다.

100,000,000 x 0.27 x 1.01 = 27,270,000달러
100,000,000 x 0.23 x 1.06 = 24,380,000달러
차 = 2,890,000달러

따라서 고객사가 500만캔을 덜 팔게 되더라도, 300만달러 정도 더 수익을 낼 수 있습니다.

면접관 : 수익성은 몇 %나 늘 것 같습니까?

지원자 : 27 빼기 24는 3이고, 이것으로 24를 나누면 12%입니다. 가격을 인상하고 조금 덜 판매함으로써, 고객사는 매출을 대략 12% 늘릴 수 있습니다.

면접관 : 시장 점유율을 유지하기 위해서 고객사는 브랜드 인지도를 제고할 수 있는 대대적인 마케팅 캠페인으로 소비자 수요를 유발해야 하고, 라이프스타일 이슈에 집중해야 합니다. 당신이 펩시이고 이런 사실을 알고 있다면 어떻게 하시겠습니까?

지원자 : 펩시 입장에서는 세 가지 선택지가 있습니다. 우선 코카콜라를 따라 가격을 코카콜라 수준으로 인상할 수 있습니다. 가격을 그대로 유지할 수도 있습니다. 아니면, 코카콜라의 가격 변동을 기회로 삼아 오히려 펩시의 가격을 낮출 수도 있습니다. 만약 코카콜라가 막대한 자금을 투자해 마케팅 활동을 성공적으로 펼쳐서 소비자들을 가게로 끌어들인다면, 펩시는 더 저렴한 가격을 통해 막판에 소비자를 빼앗아 올 수 있습니다. 현재 저희가 논의하고 있는 채널은 식료품점입니다. 여성들은 대부분의 쇼핑을 식료품점에서 하고 보통 가격에 민감한 편입니다. 만약 이들이 펩시와 코카콜라 두 브랜드를 봤을 때, 코카콜라는 12캔 팩을 2.99달러에 팔고, 펩시는 12캔 팩을 2.59달러에 판다면, 대부분은 세일 중인 상품 아니면 가격이 더 낮은 상품을 구매할 것입니다.

펩시는 가격을 인하해서 시장 점유율을 늘리고 싶어할 수도 있습니다.

요트 경기에서 뒤쳐져 있을 때는 절대 같은 코스를 항해하는 것으로 상대방을 따라잡아 이길 수는 없습니다. 다른 코스를 택해야만 합니다. 만약 펩시가 가격을 낮추고 마케팅 비용을 줄인다면, 매장 내 프로모션과 진열방식을 통해 코카콜라의 고객을 빼앗아 올 수 있습니다.

면접관 : 그래서 당신이 펩시라면, 어떻게 하시겠습니까?

지원자 : 몇 가지 계산을 해보겠습니다. 펩시는 식료품점에 콜라를 몇 캔이나 납품하나요?

면접관 : 펩시는 8,000만 캔을 단가 23센트로 납품합니다. 만약 펩시가 코카콜라를 따라 가격을 인상하면 판매량 증가 예측치는 6%에서 3%로 떨어질 것입니다. 가격을 그대로 유지한다면, 판매량 증가 예측치는 6%에서 12%로 늘 것이고요, 가격을 21센트로 인하하면 판매량 증가 예측치는 6%에서 20%로 늘 것입니다.

지원자 : 네, 계산을 해보겠습니다.

80,000,000 x 1.03 = 82,400,000 x 0.27 = 22,248,000
80,000,000 x 1.12 = 89,600,000 x 0.23 = 20,608,000
80,000,000 x 1.20 = 96,000,000 x 0.21 = 20,160,000

저는 코카콜라의 가격 인상을 따라가겠습니다.

면접관 : 코카콜라의 판매량 증가 예측치가 1%에서 3%로 늘 것을 알면서도요?

지원자 : 네.

면접관 : 흥미롭네요. 감사합니다.

케이스 유형 : 숫자 기반 전략

시사점
- 숫자가 주어지면, 이리저리 꼬여 있지 않은 문제입니다. 지원자는 면접관이 지원자에게 백분율 변화를 물어보기 전에 먼저 백분율 변화를 계산했어야 합니다.

담배회사   CASE 11

면접관 : 뭉게뭉게 담배회사는 유통 화물차량을 독립적인 회사로부터 아웃소싱할 것을 고려하고 있습니다. 기존의 인하우스 체제를 계속 유지하려면, 고객사는 상업용 트럭의 평균 속력 및 최대 속력, 운전 시간 및 휴식 시간을 포함한 전자 기록을 요구하는 새로운 규정에 맞추기 위해 대대적인 업그레이드를 해야 합니다.

COO Chief Operating Officer 는 그녀가 아웃소싱을 해야할 지, 아니면 업그레이드를 하여 인하우스 유통 채널을 유지해야 할 지 결정하기 위한 조언을 요청했습니다.

지원자 : 고객사는 담배 회사로 유통 기능을 아웃소싱 해야 할지 결정하고자 합니다. 아웃소싱하는 것과 인하우스 유통 채널을 유지하는 것 중 무엇이 최선일지 결정해 주길 요청했습니다. 그 외 다른 목표가 있습니까?

면접관 : 없습니다. 담배 회사가 주제인 것은 괜찮습니까?

지원자 : 다른 케이스를 고를 수 있으면 좋겠지만, 괜찮습니다.

면접관 : 컨설턴트가 항상 고객을 고를 수 있는 것은 아닙니다. 만약 불편하다면, 지금 말씀하세요.

지원자 : 문제되지 않습니다.

면접관 : 좋습니다. 계속해 보죠.

지원자 : COO의 결정을 돕기 위해 저는 두 가지 주요 요소를 고려하고 싶습니다. 아웃소싱을 하는 것의 경제적 관점과 관련된 리스크입니다.

경제적 관점에서는 트럭을 업그레이드하는데 필요한 투자 재원과 아웃소싱으로 인한 잠재적 비용 또는 절약 가능한 금액을 비교해 보겠습니다.

리스크와 관련해서는, 내부적 리스크와 외부적 리스크 모두 살펴볼 것입니다. 내부적으로는 조직 문화 차원의 충격과 파업 가능성까지 포함한 근로자가 받을 충격을 검토해 볼 것입니다. 외부적으로는 유가, 정부 규제 그리고 향후 경쟁에 대한 유연성 등 더 큰 거시경제적 리스크를 살펴보겠습니다.

면접관: 좋습니다. 어디서부터 시작하고 싶으신가요?

지원자: 우선 저는 경제적 관점을 살펴보고 싶습니다. 아웃소싱과 인하우스 체제 유지 각각에 대한 비용을 알고 싶습니다. 또한, 대략적 투자비용과 고객사가 원하는 투자 회수 기간이 있는지 알고 싶습니다.

면접관: 업그레이드를 하기 위해서는 중고 차량 보상판매를 포함하여 100만 달러 정도가 필요합니다. 근본적으로, 고객사는 새로운 차량을 구매해야 합니다. 왜냐하면 현재의 차량들은 노후했고, COO는 현재 차량들을 머지 않아 교체해야 한다는 점을 알고 있습니다. 고객사는 4년 안에 모든 투자금을 회수하고 싶어합니다. 인하우스 체제와 아웃소싱 관련 비용에 대한 구체적인 정보는 이 표를 참고하세요.

	인하우스	아웃소싱
배송 횟수	400	400
평균 배송 비용	?	2,400달러
인건비	?	N/A
보험	200달러	100달러
유류비	200달러	N/A
1회 배송 당 유지비(오일 교환, 타이어 등)	100달러	N/A
1회 배송 당 총 비용	?	?

5 : 케이스 문제 연습

지원자 : 아웃소싱과 인하우스 체제의 차이점을 판단하기 위해서는 1회 배송당 인건비를 파악해야 합니다. 인건비에 대해 조금 더 말씀해주실 수 있으십니까? 고객사는 정규직 운전수를 몇 명이나 데리고 있으며, 그들의 평균 임금은 얼마입니까?

면접관 : 고객사는 10명의 정규직 운전수를 데리고 있으며 복리후생을 포함해 월 5,000달러를 지급합니다.

지원자 : 그렇다면, 임금으로 나가는 비용은 10명 곱하기 12개월 곱하기 5,000달러이므로 연간 60만 달러입니다. 60만 달러를 배송 400회로 나누면, 1회 배송에 소요되는 인건비는 1,500달러입니다. 여기에 보험, 유류비, 유지비 등 부대비용을 더하면, 인하우스 체제에서의 최종적인 1회 배송 당 총 비용은 2,000달러입니다. 아웃소싱의 경우 최종적인 1회 배송 당 총 비용은 2,500달러입니다.

전반적으로, 고객사는 인하우스 체제 기반 유통을 통해 1회 배송을 할 때마다 500달러를 절약할 수 있고, 다시 말해 연간 500달러 곱하기 400회 즉, 20만 달러를 줄일 수 있습니다.

그러나, 이것을 100만 달러 투자에 대해 회수 조건에 견주어 볼 때, 업그레이드를 하게 되면 고객사가 원하는 기간보다 더 긴 5년이 지나야 투자금을 회수할 수 있게 됩니다.

면접관 : 왜 5년이죠?

지원자 : 100만 달러를 20만 달러로 나누면 5년이 됩니다.

면접관 : 네, 좋습니다. 그래서 최종적으로 제안하고 싶은 내용이 무엇인가요?

지원자 : 경제적인 논리를 고려했을 때, 저는 독립적인 회사에게 유통을 아웃소싱 하는 것을 제안하겠습니다. 그러나, 몇몇 리스크를 분석해 보고 싶습니다.

처음에 말씀드렸듯, 내부 리스크 분석이 필요합니다. 예를 들어, 고객사 조직 문화에 끼칠 영향, 즉 정규직 운전수 10명 해고가 조직에 끼칠 영향을 살펴보고 싶습니다. 또한, 만약 아웃소싱을 결정했을 경우, 파업이 일어날 가능성을 따져봐야 합니다.

면접관 : 좋은 포인트를 짚으셨습니다만, 고객사의 운전수들은 노동조합이 없고, 조직 문화에도 큰 변화가 없을 것으로 추측하고 있습니다. 다른 것들이 또 있나요?

지원자 : 네, 있습니다. 외부 요인을 보면, 아웃소싱 하는 것에 몇 가지 이점이 있음을 알 수 있습니다. 특히, 고객사가 장기 계약을 맺는다면, 아웃소싱을 통해 유가 상승이나 정부 규제 변화와 같은 리스크를 외부로 돌릴 수 있습니다. 이런 것들은 고객사 같은 회사들에게는 중대한 리스크이며, 고객사에게는 큰 이득이 됩니다. 게다가, 아웃소싱은 고객사가 확장할 경우 유통의 유연성을 유지할 수 있습니다.

면접관 : 좋은 답변입니다. 이제 입장을 바꿔서 인하우스 체제를 유지할 수 있는 방안을 찾아보죠. 제안할 만한 내용이 있습니까?

지원자 : 몇 가지 변인이 있습니다. 인하우스 체제를 유지하기 위해서는 인하우스 체제 유지를 통한 절약 금액과 투자 회수 기간을 곱한 것이 업그레이드에 들어가는 투자금보다 커야 합니다.

따라서, 다음 몇 가지를 고려할 수 있습니다.
1. 필요한 투자금을 줄일 수 있습니다. 이를 위해 차량을 새로 구매하는 대신 차량을 리스하거나 대여할 수 있습니다.
2. 투자 회수 기간을 4년 이상으로 늘릴 수 있습니다.
3. 인하우스 체제 유지를 통해 절약되는 금액을 늘릴 수 있습니다. 이를 위해 다음과 같은 옵션이 있습니다.
4. 운전수를 더 많이 활용하기 위해 고객사 배송을 늘리거나 소기업들의 배송 대행을 맡아 배송 횟수를 늘릴 수 있습니다.
5. 유지보수 업무만 외주를 주어 유지비용을 줄일 수 있습니다.
6. 새로운 소프트웨어를 도입해 더 효율적인 배송 루트를 찾아 유류비와 유지비를 절약할 수 있습니다.

면접관 : 훌륭한 답이네요. 감사합니다.

케이스 유형 : 비용 절감 및 인하우스와 아웃소싱 비교

시사점 • 지원자가 항상 원하는 케이스 문제를 풀 수 있는 것이 아니라는 사실을

생각해 둬야 합니다. 많은 컨설팅 펌들은 지원자가 주어진 케이스 문제를 원치 않는 합당한 이유가 있을 경우, 재배정해 주려고 합니다. 그러나, 이미 스케쥴 되어 있는 부분들과 관련 있는 만큼 항상 그렇게 해줄 수는 없습니다. 지원자는 이 문제를 잘 풀어냈습니다. 간단해 보이는 차트를 분석해 빈 칸을 잘 채웠습니다. 외부 요인과 내부 요인을 두루 살펴보고 해당 이슈의 양측 각각의 관점에서 좋은 제안을 도출해냈습니다.

카바나 핏 — CASE 12

면접관 : 카바나 핏은 젤플로우 소재 쪼리를 생산합니다. 이 제품은 전통적인 쪼리와 유사하지만, 젤로 된 안창소재가 편안함을 주며, 다양한 사이즈와 색상으로 판매됩니다. 올해 초 브래드 피트가 영화에서 신고 나온 뒤로, 엄청난 유행이 되었습니다. 이제 고객사는 수요를 맞추는데 어려움을 겪고 있습니다. 고객사는 모든 생산 공정이 미국에 있는 유일한 쪼리 제조사이고, 이것은 지난 10년 동안 고객사의 셀링 포인트였습니다. 따라서, 고객사는 다른 쪼리 제조사에 아웃소싱을 맡길 수 없습니다. 다음 차트를 보고 고객사가 검토할 만한 단기적, 장기적 전략을 광범위하게 제시해보세요.

지원자 : 고객사는 카바나 핏이라는 회사로 젤플로우 소재 쪼리를 생산합니다. 고객사는 매월 6,000켤레를 생산했던 것으로 보입니다. 수요는

브래드 피트가 고객사의 쪼리를 영화에 신고 나왔을 때 갑자기 폭등했습니다. 고객사는 아웃소싱을 하기 어려운데, 왜냐하면 고객사가 미국 내에서 쪼리를 생산하는 유일한 업체이고 미국 내 생산이라는 사실은 고객사 광고의 큰 부분을 차지하기 때문입니다.

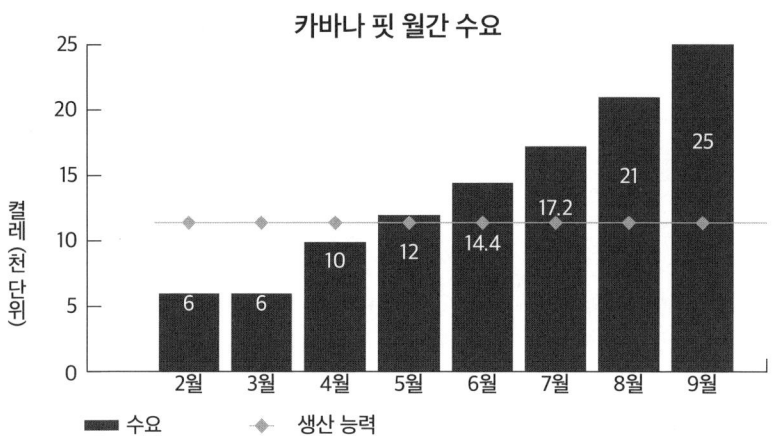

면접관 : 맞습니다.

지원자 : 고객사가 수요를 맞출 수 있는 단기적, 장기적 전략을 도출해야 하는 상황으로 이해했습니다. 그 외에 제가 알아야 하는 목표가 있을까요?

면접관 : 없습니다.

지원자 : 몇 가지 질문 드려도 괜찮겠습니까?

면접관 : 물론입니다.

지원자 : 차트를 보면, 고객사의 생산 능력은 월간 12,000켤레입니다.

면접관 : 네.

지원자 : 제가 알기로 브래드 피트가 출연한 영화는 4월에 개봉했습니다.

면접관 : 네.

지원자 : 9월에 표시된 25,000이라는 숫자는 예측치인가요?

면접관 : 맞습니다.

지원자 : 고객사는 지금까지 주문량을 맞출 수 있었습니까? 아니면 이월된 주문량이 있습니까?

면접관 : 고객사는 재고 덕분에 지금까지는 주문량을 맞출 수 있었는데, 이달 말이면 재고가 바닥 납니다.

지원자 : 고객사는 현재 추세가 계속될 것이라고 생각하나요? DVD는 언제 출시되나요?

면접관 : DVD는 12월에 출시됩니다. 추세에 대해서는 어떻게 생각하시나요?

지원자 : 제 생각에는 DVD가 출시된 이후로 추세가 안정화될 것 같습니다. 그러나, 전략을 세우기 위해서는 두 가지를 반드시 고려해야 합니다. 첫째, 브래드 피트가 다음 영화에서 워커를 신고 나와서 쪼리 판매가 다시 월 6000켤레 수준으로 떨어지면 어떻게 해야 할 지입니다. 그리고 만약 쪼리 수요가 25,000켤레 정도로 안정화되면 어떻게 해야 할 지입니다.

면접관 : 네, 좋습니다. 그래서 어떻게 생각하시나요? 고객사가 어떻게 하면 수요를 맞출 수 있을까요?

지원자 : 몇 가지 아이디어가 있습니다. 첫째, 교대 근무를 늘리는 것입니다. 근로자들에게 주말 근무나 추가 근무를 원하는지 물어봐야 합니다. 만약 아니라면, 새로운 근로자를 채용해야 합니다. 둘째, 현재 생산 라인에 대해 철저히 분석해서, 병목 현상이 발생하고 있는지 살펴 봐야합니다. 품질을 저하하지 않고 현재 상황에서 어떻게 하면 더 많은 생산이 가능할지 봐야 합니다. 셋째, 다른 생산 라인에 영향을 끼치지 않고 생산을 촉진할 수 있는 기술이나 수작업을 줄일 수 있는 기계를 찾아봐야 합니다. 넷째, 생산 라인 하나 더, 아니면 공장을 새로 짓는 것입니다. 다섯째, 경제학의 가장 기본적인 법칙대로 가격을 올리면 됩니다. 그리고 여섯째, 생산을 아웃소싱 하는 것입니다.

면접관 : 미국 내에는 고객사의 제품의 제품을 생산을 할 수 있는 곳이 없습니다. 아웃소싱을 위한 유일한 선택지는 미국 밖에서 찾는 것입니다.

지원자 : 그러면 미국 밖에서 찾아야 합니다.

면접관 : 지난 10년간 진행해온 마케팅 캠페인은 던져버리고요? 언론에서 고객사를 비난할 텐데요.

지원자 : 고객사가 이것은 단지 임시적인 조치이며 수요를 맞추기 위해서는 미국 밖에서 생산해야 한다는 사실을 언론에 잘 설명하면 괜찮을 것입니다. 고객사가 미국 내 생산으로만 수요를 맞출 수 있게 되면, 그 때 다시 모든 것을 국내로 가져오면 됩니다. 고객사의 판매량은 월 6,000켤레에서 월 25,000켤레로 늘었습니다. 6,000명의 고객 중 5,000명은 쬬리가 미국 내 생산이기 때문에 구매했다고 가정하겠습니다. 사실 높은 숫자라고 생각하지만 이것이 사실이라고 한다면, 20,000명의 새로운 고객은 쬬리가 미국 안에서 생산되었는지 아니었는지 보다 브래드 피트처럼 보이고 싶은 것에 더 관심이 많다는 의미입니다.

이 기회를 놓쳐서는 안 됩니다. 만약 고객사가 쬬리를 시장에 출시하지 않는다면, 다른 누군가가 하겠죠. 고객사는 카피 제품과 새로운 경쟁을 우려해야 합니다.

면접관 : 좋습니다. 고객사의 수요는 3월부터 4월까지 몇 %나 성장했나요?

지원자 : 6,000켤레에서 10,000켤레가 되었습니다. 즉, 10-6=4, 4/6=0.66이므로 66%입니다.

5 : 케이스 문제 연습

면접관 : 몇 가지 정보를 더 드릴게요. 공장에서 근로자들은 시간당 15달러를 받습니다. 관리자들은 20달러를 받고요. 각 교대근무는 근로자 10명과 관리자 1명이 일하고, 8시간씩입니다. 월간 근로일은 20일로 가정하고요. 이해하셨습니까?

지원자 : 네.

면접관 : 만약 복리후생 비용이 임금의 30%이고 매번 교대근무때마다 232달러의 부대비용이 들어간다면, 교대근무 한 타임 당 인건비는 얼마일까요?

지원자 : 근로자 임금 시간 당 15달러 곱하기 8시간 곱하기 10명은 1,200달러입니다. 관리자 임금은 160달러입니다. 20달러 곱하기 8시간이니까요. 최종 임금은 1,360달러이고, 이것에 30%를 곱하면 408달러입니다. 따라서, 1,360달러에 408달러를 더하면 1,768달러이고 부대비용 232달러를 더하면 교대근무 1회에 2000달러가 들어갑니다.

면접관 : 좋아요. 이제 교대근무 1회에 들어가는 고정비, 변동비를 포함한 총 비용을 2,000달러라고 하죠. 고객사는 생산 능력을 최대로 돌렸을 때, 켤레 당 8달러의 이익이 남습니다. 교대 근무의 손익분기점은 무엇입니까? 고객사는 손익을 맞추려면 매 교대근무마다 몇 켤레의 쪼리를 생산해야 합니까?

지원자 : 2,000달러를 8달러로 나누면… 250켤레입니다.

면접관 : 고객사의 생산 능력은 월 12,000켤레입니다. 그리고 하루에 교대근무 2회, 일주일에 5일 근무입니다. 일반적인 8시간 교대근무라고 생각했을 때, 교대근무 당 최대 생산량은 얼마나 될까요?

지원자 : 교대근무 1회 기준 말씀이십니까?

면접관 : 네, 교대근무 한 번 할 때요. 숫자 계산을 말로 소리내면서 해보시겠어요?

지원자 : 네, 12,000켤레를 교대 근무 2회로 나누겠습니다. 즉, 교대 근무 한 번에 월 6,000켤레입니다. 다음으로 이 6,000켤레를 월간 근무일 20일로 나누면 교대 근무 한 번에 300켤레가 나옵니다.

면접관 : 교대 근무를 3회로 늘리면 고객사 생산성이 얼마나 늘까요?

지원자 : 6,000켤레가 늘어나 총 12,000켤레에서 18,000켤레가 됩니다.

면접관 : 만약 고객사가 현재의 근무 인원으로 교대 근무를 한 타임 더 늘린다면, 세번째 교대 근무에 들어가는 비용은 얼마일까요? 쪼리 1켤레당 이익이 어떻게 변할까요? 임금을 1.5배로 지급해야 한다는 사실을 잊지 마세요. 부대 비용도 지급해야 하고요.

지원자 : 1.5배를 적용한 근로자의 임금은 1,800달러 22.5달러 x 10 x 8 이고 관리자 임금은 240달러 30x8 입니다. 합치면 2,040달러입니다. 이에

30%를 곱하면 복리후생비가 나오는데 612달러이며, 총 2,652달러입니다. 여기에 부대비용 232달러를 더하면 총 2,884달러입니다. 따라서 2,884달러에서 2,000달러를 빼면 추가적으로 늘어나는 비용은 884달러이고, 이를 300켤레로 나누면 2.95달러입니다. 따라서 8달러에서 2.95달러를 빼면 켤레 당 5.05달러 이익입니다.

면접관 : 현재 근무 인원을 활용해 교대근무를 일 3회로 늘리는 것의 장단점은 무엇일까요?

지원자 : 생각을 잠시 정리해도 될까요?

면접관 : 그럼요.

지원자는 메모지 중간에 선을 그리고 장점을 먼저 그리고 단점을 적었습니다.

장점	단점
큰 투자 없이 18,000켤레 수요를 맞출 수 있음	근로자가 번아웃 될 가능성이 있음
총이익이 늘어남	켤레 당 이익이 줄어듦
경쟁사를 밀어내는데 도움이 됨	기계가 더 빠르게 노후됨
신규 인력 채용 및 교육 비용을 절약할 수 있음	제품 품질이 저하될 수 있음 (일부는 폐기처분 해야 할지도 모름)
일반적인 생산량 수준으로 조정하기 쉬움	유지 보수할 시간이 줄어듦
장비 이용률이 더 좋아짐	(원자재) 공급업체들이 수요를 못 맞출 수도 있음

면접관 : 교대 근무를 하나 더 추가해도 고객사는 한 달에 딱 18,000켤레를 생산할 수 있네요. 앞서 수요가 25,000켤레 수준으로 안정화

될 거라고 말씀하셨는데요. 만약 고객사가 하루에 800켤레를 생산할 수 있는 라인을 추가하고, 이 라인이 교대 근무 2회로 이루어진다면, 충분할까요?

지원자 : 하루에 800켤레는 월 근로일이 20일이라고 했을 때 한 달에 16,000켤레입니다. 이것을 현재 생산 가능량인 12,000켤레에 더한다면 고객사는 한 달에 총 28,000켤레를 생산할 수 있습니다. 만약 수요가 이 이상이라면, 새로운 라인과 기존 라인에 세 번째 교대 근무를 추가해 42,000켤레까지 생산할 수 있습니다.

면접관 : 케이스를 요약해주세요.

지원자 : 고객사인 카바나 핏 쪼리에 대한 수요는 6개월 동안 월 6,000켤레에서 25,000켤레로 수직 상승했습니다. 향후 몇 달 동안은 수요가 계속 늘 것 같지만, 월 25,000켤레 수준에서 안정될 것으로 생각합니다. 현재의 생산 능력은 월 12,000켤레입니다. 그동안은 기존에 보유하고 있던 재고를 통해 수요를 맞출 수 있었는데, 이제 재고가 거의 다 떨어졌습니다. 이 문제에 대해 6가지 장기적, 단기적 전략을 도출했습니다. 전략의 주요 옵션은 교대 근무를 확대하고, 생산 공정을 효율화하고 미국 외 제조업체에게 아웃소싱 하는 것입니다.

고객사의 손익분기점은 교대 근무 타임 당 250켤레이고 고객사의 현재 생산 능력은 교대근무 타임 당 300켤레입니다. 교대 근무 한 타임을 추가하는 것과 관련하여 켤레 당 이익이 8달러에서 5달러로 떨어지는 것을 비롯한 장단점을 논의했습니다. 마지막으로, 새로운 생산 라인을 추가하는 것을 고려해봤는데, 이는 고객사의 전반적인 생산량을 월 42,000켤레까지 늘릴 수 있습니다. 이것은 고객사가 현재 운영하고 있는 2교대 근무 생산체제보다 250% 증가하는 수치입니다.

면접관 : 좋아요. 잘 하셨습니다.

케이스 유형 : 생산 전략

시사점 • 지원자는 문제를 대단히 잘 풀어냈습니다. 장기적, 단기적 전략 몇 가지를 빠르게 도출해냈습니다. 아웃소싱 관련해서 면접관이 압박했을 때, 본래 의견을 잘 지켜냈습니다. 숫자 계산도 확실했으며, 가능한 한 백분율로 정량화했습니다.

이동통신사

CASE 13

면접관 : 4분기에 미국 이동통신사 3위 업체는 경쟁업체에 비해 고객 수에서 크게 뒤처졌으나, 이익은 35%나 늘었습니다. 어떻게 된 일일까요?

지원자 : 이익은 늘고, 고객 수는 감소한 상황입니다. 어떻게 된 일인지 이유를 알아내야 합니다.

면접관 : 맞습니다.

지원자 : 고객사는 4분기에 고객을 몇 명이나 잃었나요?

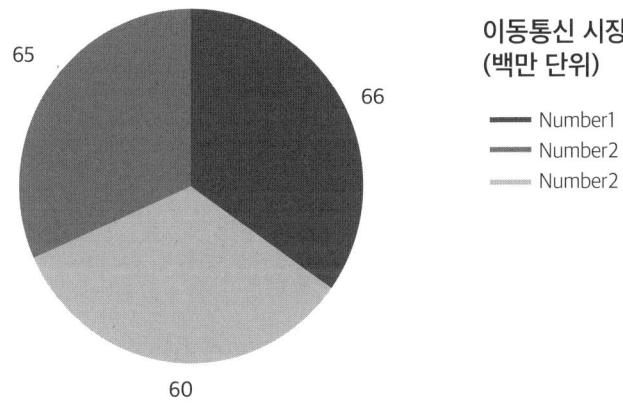

5 : 케이스 문제 연습

면접관 : 여기서 볼 수 있듯이, 고객사는 6천만 명의 고객으로 한 해를 마감했습니다. 이것은 4분기에 2.5% 즉 150만 명의 고객을 잃어버린 것입니다.

지원자 : 일년으로 따져보면, 그것은 고객층의 10%이네요.

면접관 : 맞습니다.

지원자 : 왜 그렇게 많은 고객이 이탈했는지 이유를 알아내는 것 이외에 달리 신경 써야 할 목표가 있습니까?

면접관 : 일단 지금으로선 없습니다.

지원자는 E(P=R-C)M이라고 적었습니다.

지원자 : 업계 상황을 살펴보는 것부터 시작하고 싶습니다. 다른 이동통신사도 고객을 잃고 있습니까?

면접관 : 네, 그렇지만 저 정도로 큰 숫자는 아닙니다. 전통적으로 이동통신사는 고객의 1% 정도가 매 분기마다 이탈합니다. 하지만, 고객을 잃는 것보다 더 많은 고객을 끌어오죠.

지원자 : 고객사도 이탈한 고객의 수보다 더 많은 고객을 끌어왔나요?

면접관 : 네, 고객사는 해당 분기에 새로운 고객 200만 명을 끌어왔습니다.

지원자 : 다음으로, 고객사가 왜 그렇게 많은 고객을 잃게 되었는지 알아보겠습니다.

면접관 : 왜 그런 것 같아요?

지원자 : 여러 가지 이유가 있을 수 있습니다. 경쟁업체가 더 안정적이고 좋은 네트워크망을 갖고 있을 수도 있고, 광고가 더 좋았을 수도 있으며, 가격 전략이 더 좋았을 수도 있습니다. 스마트폰 기기가 더 좋았을 수도 있고, 고객 서비스가 더 좋았을 수도 있죠.

면접관 : 말씀하신 것들이 모두 사실이라고 가정합시다. 그래도 그것들은 고객사의 소비자들이 이탈한 이유의 작은 부분에 지나지 않습니다. 나머지는 무엇일까요?

지원자 : 고객사 통신망이 잠시 먹통이 되는 장애가 있었나요?

면접관 : 아니요.

지원자가 다른 이유를 찾는데 어려움을 겪는 것 같아, 면접관이 힌트를 하나 던져주었습니다.

면접관 : 만약 고객사가 고객을 이탈시키고 싶어 했다면 어떨까요?

5 : 케이스 문제 연습

지원자 : 잘 이해가 안됩니다.

면접관 : 고객사가 가진 주요 문제 중 하는 악성 부채입니다. 고객사는 이용요금 수금에 많은 시간과 노력 그리고 자금을 씁니다. 이것은 막대한 비용입니다. 우리 고객사는 새로운 고객을 확보하기 위해 많은 시간을 쓰지만, 새로운 고객의 신용을 제대로 심사하지 못하고 있습니다. 여기 당신이 분석해야 하는 차트가 있습니다. 무엇을 알 수 있나요?

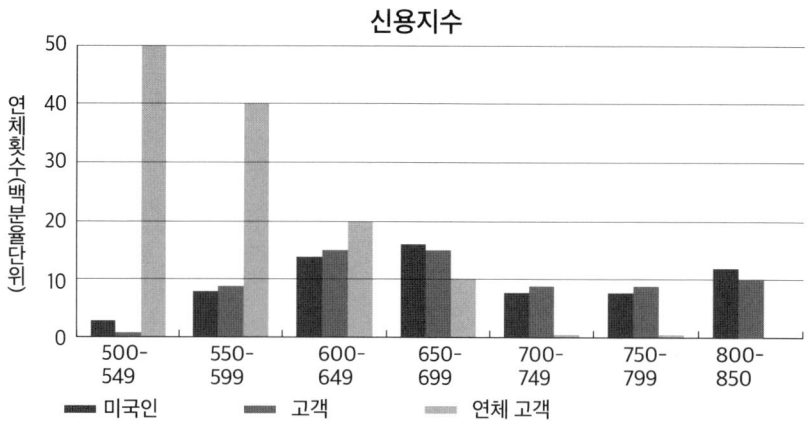

지원자 : 신용지수가 500에서 600 사이인 소비자가 문제인 것으로 보입니다. 과연 이들을 계속 고객으로 유지하는 것이 의미가 있을까요? 전체 소비자가 몇이나 되는지 따져보겠습니다. 처음 주신 파이 차트에 따르면, 고객사는 6천만 고객을 보유하고 있습니다. 6천만 고객 중 1%가 신용지수 500-549에 해당합니다. 이들의 50%가 요금을 연체합니다. 이 50%는 매달 같은 50%인가요? 역자 주 : 가령, 해당 그룹에 A, B, C, D 4명이 있다고 하면 항상 A, B만 연체를 하는지 아니면 매달 무작위로 4명 중 2명이 연체를 하는지 묻는 질문입니다.

면접관 : 꼭 그렇지는 않습니다. 해당 그룹에 속한 모두가 어느 시점에는 요금을 연체합니다. 몇몇은 더 자주 그럴 거고요.

지원자 : 만약 고객사가 해당 그룹을 고객에서 이탈시킨다면, 60만명입니다. 다음 그룹도 상황이 그렇게 좋아 보이지는 않습니다. 40%가 요금을 연체합니다. 이 그룹은 규모가 더 큰데요, 고객사의 고객 중 9%가 해당되고, 이는 약 540만 명입니다. 만약 고객사가 이 두 그룹을 고객에서 제외해버린다면, 고객사는 600만 고객을 잃고 5,400만 고객이 남을 것입니다. 결과적으로 고객사는 2위 업체 보다 고객 수에 있어서 천만 명 뒤쳐지게 될 것입니다.

면접관 : 그리고요?

지원자 : 고객사가 각 고객으로부터 연체 요금을 수금하는데 비용이 어느정도 드나요?

면접관 : 50달러입니다.

지원자 : 고객들의 평균적인 요금은 얼마입니까?

면접관 : 전반적으로 75달러입니다.

지원자 : 그렇다면, 고객사는 75달러를 수금하기 위해 50달러를 쓰는 거네요. 고객사의 마진은 연체 고객들로부터 수익을 낼 만큼 높습니까?

면접관 : 아니요, 이익 마진은 25%입니다.

지원자 : 고객사는 연체료를 부과하나요?

면접관 : 아니요.

지원자 : 연체 고객의 몇 %가 계정을 포기해 고객사가 떠안게 됩니까?

면접관 : 좋은 질문입니다. 그런데 그 수치는 없군요. 계산을 좀 해주시죠. 만약 고객사가 600만 고객을 모두 이탈시키면, 고객사는 얼마나 절약하게 되나요?

지원자 : 고객사에는 평균 75달러 요금을 연체하는 고객이 600만 명 있습니다. 이것은 매출로 따지면 4억 5,000만 달러입니다. 고객사의 마진은 25%이므로, 약 1억 1,500만 달러에 약간 못 미치는 금액입니다. 몇몇 고객들은 50%, 즉 열 번 중 다섯 번은 요금을 연체합니다. 또 어떤 고객들은 40% 즉, 열 번 중 네 번 요금을 연체합니다. 이것들을 평균 내어 45%라고 해보죠. 60의 45%는 27입니다. 따라서 270만 명의 고객이 요금을 연체합니다. 고객사는 미납 요금을 회수하기 위해 50달러를 씁니다. 도합 1억 3,500만달러입니다. 따라서 고객사는 연체 고객들을 쫓아다니느라 매달 2,000만 달러의 손해를 보고 있습니다.

면접관 : 그래서 당신이 제안하고 싶은 건 무엇인가요?

지원자 : 몇 가지 말씀드리고 싶습니다. 리스크가 높은 연체 고객들을 제거해야 합니다. 그리고 신규 고객 심사를 강화하고, 신규 고객을 가입시킬 때는 최소한 신용평가지수 600 이상을 요구해야 하고요. 연체료를 부과하고 미납 요금은 한 달에 한 번이 아닌 두 달에 한 번 회수해야 합니다. 이렇게 하면 150달러를 회수하기 위해 50달러를 쓰게 됩니다.

면접관 : 좋습니다.

케이스 유형 : 비용 절감

시사점 • 지원자는 문제를 잘 풀어냈고, 계산이 깔끔했습니다. 지원자에게 주어진 데이터가 분기별 기준이었음에도 연간 손실을 계산해냈습니다. 지원자의 문제풀이가 중간에 막혔을 때 면접관이 도와주려고 할 때 지원자는 그 힌트를 이해하지 못했습니다만, 지원자는 몇 가지 좋은 방안을 도출했고, 이것은 확실히 지원자가 면접관의 말을 잘 듣고 있었음을 보여줍니다. 또한, 지원자는 두 번째 차트 분석을 훌륭하게 해냈습니다. 이것은 어려운 차트인데, 디자인이 잘 되어 있지도 않고, 정보가 무척 많이 담겨있습니다. 종종 면접관은 당신의 분석 능력을 평가하기 위해 디자인이 좋지 않은 차트를 주기도 합니다.

중개수수료

CASE 14

면접관 : 이 차트를 보세요. 고객사는 할인 중개업체입니다. 매출의 대부분은 온라인 트레이딩에서 나옵니다. 지난 해(Y1)에는 10% 성장했고 업계 6위를 달성했습니다. Y2에는 7위로 떨어졌죠. 고객사는 6위를 되찾고 싶어합니다. 주어진 경쟁업체들의 성장률을 봤을 때, 고객사가 Y3에 6위 자리를 되찾으려면 얼마만큼 성장해야 할까요?

회사	업계 순위	매출 규모 Y1	성장률	Y2	업계 순위
A	1	$10억	1%	$10.1억	1
B	2	$9억	2%	$9.18억	2
C	3	$8억	0%	$8억	4
D	4	$8억	5%	$8.4억	3
E	5	$7억	5%	$7.35억	5
F	6	$6억	10%	$6.6억	7
G	7	$6억	20%	$7.2억	6
H	8	$5억	20%	$6억	8
I	9	$5억	10%	$5.5억	9
J	10	$4억	30%	$5.2억	10
K	11	$3억	20%	$3.6억	11
L	12	$3억	30%	$3.9억	12

지원자 : 고객사는 할인 중개업체인 F사입니다. Y1에 고객사는 성장률 10% 및 매출 6억 달러를 달성하여 업계 6위를 기록했습니다. Y2에는 성장률

10% 매출 6.6억 달러였으나 업계 7위로 떨어졌습니다. Y3에 6위 자리를 탈환하려면 얼마만큼 성장해야 하는지 알아내야 합니다.

면접관 : 네, 맞습니다.

지원자 : 고객사를 제외한 회사들의 성장률은 그대로 유지된다고 가정해도 괜찮겠습니까?

면접관 : 네.

지원자 : 주신 차트 위에 필기를 해도 될까요?

면접관 : 네, 하셔도 됩니다.

지원자 : 우선 이 회사들 중 일부를 제거하도록 하겠습니다. F사와 성장률이 같거나 밑인 회사들 또는 매출이 F사보다 확연하게 낮은 회사들은 제거해도 됩니다. 쉽게 보면 최하위 4개 업체, 즉 I사부터 L사까지입니다.

A사와 B사가 1, 2위를 유지할 것이라는 사실은 자명합니다. 따라서 고객사인 F사를 포함해 C사부터 H사까지에 집중하겠습니다. 이들이 각각 몇 위가 될 지 계산해보겠습니다.

5 : 케이스 문제 연습

회사	업계 순위	매출 규모 Y1	성장률	Y2	업계 순위	Y3	업계 순위
A	1	$10억	1%	$10.1억	1		1
B	2	$9억	2%	$9.18억	2		2
C	3	$8억	0%	$8억	4	$8억	5
D	4	$8억	5%	$8.4억	3	$8.82억	3
E	5	$7억	5%	$7.35억	5	$7.72억	6
F	6	$6억	10%	$6.6억	7	$7.26억	7
G	7	$6억	20%	$7.2억	6	$8.64억	4
H	8	$5억	20%	$6억	8	$7.2억	
I	9	$5억	10%	$5.5억	9		
J	10	$4억	30%	$5.2억	10		
K	11	$3억	20%	$3.6억	11		
L	12	$3억	30%	$3.9억	12		

지원자 : 고객사가 10% 성장률을 유지한다면, 고객사의 매출은 726이 될 것이고, 업계 7위가 됩니다.

역자 주 : 여기서 지원자는 계산을 용이하게 하기 위해 단위를 생략한 채 726 등 일반적인 숫자를 활용했습니다.

면접관 : 그래서 고객사는 얼마만큼 더 빠르게 성장해야 하나요?

지원자 : E사의 매출보다 많기만 하면 됩니다. 고객사는 772 이상이 되어야 하죠. 따라서 고객사는 772-726 즉, 4,600만 달러 이상 매출을 늘려야 합니다. 따라서 660 x X = 772입니다. 양변을 660을 나누면 X는 1.17

정도 됩니다. 즉 17%입니다. Y3에 최소 17% 성장을 해야 6위가 될 수 있습니다.

회사	Y3	업계 순위
A		1
B		2
C	800	5
D	882	3
E	771.75	7
F	772	6
G	864	4
H	720	8

면접관 : 좋습니다. 어떤 회사에 투자하시겠어요? 그리고 그 이유는 무엇인가요?

지원자 : G사가 계속 20% 성장률을 유지할 수 있다는 가정 하에 G사에 투자하겠습니다.

케이스 유형 : 숫자 계산

시사점
- 이 케이스는 오로지 숫자 계산입니다. 지원자는 불필요한 것들을 빨리 제거하고 시간을 효과적으로 잘 썼습니다.

빌 게이츠 재단   CASE 15

면접관 : 게이츠 재단은 380억 달러의 자산을 보유한 미국 내 최대 규모의 재단입니다. 게이츠 재단은 전세계적으로 소아마비와 홍역 예방 및 리서치에 2억 1,800만 달러를 출자했습니다. 게이츠 재단은 예방접종 프로그램을 확대하고 공급망 비용을 감소시키는 방안을 요청했습니다. 어떻게 하면 될까요?

지원자 : 게이츠 재단은 공급망 비용을 줄이고 소아마비 및 홍역 예방접종 프로그램을 확대하는 방안을 요청했습니다. 그 외에 고려해야 하는 목표가 있습니까?

면접관 : 없습니다.

지원자 : 현재의 예방접종 프로그램에 대해 조금 더 말씀해주실 수 있으십니까?

면접관 : 백신은 현재까지 개발된 가장 비용 효율적인 건강증진 방법 중 하나입니다. 예방접종은 천연두를 박멸했고, 홍역으로 인한 유년기 사망의 74%를 감소시켰으며, 소아마비 또한 거의 박멸했습니다.

전세계 어린이들 다섯 중 하나는 가장 기본적인 백신도 접종 받지 못합니다. 결과적으로 매년 150만 명의 어린이들이 사망하는데, 이것은 20초에 한 명 꼴입니다. 이것들은 예방할 수 있는 질병이죠. 백신은 종종 세계 최빈국의 어린이들에게는 너무 비싸죠. 공급과 숙련된 의료진의 부족도 두 가지 주요한 문제입니다. 이외에 다른 문제는 열악한 운송 시스템과 보관 시설입니다. 많은 백신은 냉각되어야 하거든요.

지원자 : 공급 부족을 언급하셨는데, 어떤 회사들이 백신을 제조하나요? 그리고 왜 공급 부족이 발생하나요?

면접관 : 제조사는 두 곳인데, 프랑스의 사노피 파스퇴르와 인도의 세럼 인스티튜트입니다. 생산량은 필요한 것보다 40%나 적었고, 50여 개국이 적절한 공급을 받지 못했습니다. 왜 이런 공급 부족 현상이 생길까요?

지원자 : 제 생각에는 백신 제조사들이 원재료를 수급하는데 어려움을 겪는 것 같습니다. 그러나, 회의적으로 보자면 제조사들이 의도적으로 적게 생산해 항상 수요가 있도록 만드는 것 같습니다. 만약 제조사가 백신을 충분히 생산해서 소아마비가 박멸되면, 그 사업은 끝이니까요.

면접관 : 재밌네요. 그렇지만, 완전히 틀리셨습니다. 두 회사는 매우 명망 있는 곳들입니다.

지원자 : 잠깐 제 생각을 구조화하고 싶습니다. 지원자는 시간을 2분 정도 썼습니다. 저는 이 문제를 몇 가지로 나눠서 생각하고 싶습니다. 주요 이해관계자, 그들의 R&R, 공급망 비용 감소 방안 그리고 백신 프로그램 확대 방안입니다.

우선, 주요 이해관계자들이 있습니다. 게이츠 재단이 있고 아마 WHO도 포함될 것입니다. 50개 국과 각 나라의 의사결정자들도 해당되며, 다른 NGO들도 해당될 것입니다. 백신 제조사들 그리고 운송 및 보관 회사 또는 조직들입니다.

둘째, 공급망입니다. 현재 프로세스를 분석하고, 통합, 자동화, 단순화하거나 또는 프로세스를 느리게 만드는 과정이나 그냥 불필요한 과정을 제거할 수 있는지 살펴봐야 합니다.

셋째, 공급과 운송 문제를 제거할 수 있다는 가정 하에 백신 프로그램을 확대하는 방안입니다.

먼저 이해관계자와 의사결정자들에 대해 뭔가 말씀해주실 수 있으신지요?

면접관 : 생각하시는 대로, 이런 프로그램에는 많은 이해관계자가 얽혀 있습니다. 몇몇만 얘기해보자면, 국가 정부, 다른 원조국들도 있죠. WHO, 유니세프나 세계백신면역연합 같은 국제기구들도 있고, 사기업들, 학계, 시민 단체, 종교 단체 그리고 지역 커뮤니티들도 있습니다. 이들 모두 참여하길 원하고, 참여할 필요가 있죠.

지원자 : 엄청나네요. 제 생각에는 꼭 필요하지 않은 단체들도 많을 것 같습니다. 게이츠 재단은 정확히 어떤 역할을 맡고 있습니까? 게이츠 재단의 우선순위는 무엇인가요?

면접관 : 고객사는 모금과 분석을 지원하고 백신 효과를 계량화하고 측정하며 고품질 백신 관련 데이터 활용을 돕습니다. 또한, 의료진들이 새로운 진단 도구를 접할 수 있도록 지원하기도 하고, 공급망과 물류를 강화하는 것을 돕기도 합니다. 이것은 보관, 운송 그리고 백신 유통을 모두 포함합니다.

지원자 : 지원하고 돕는다고 하셨는데, 이것은 자금을 대는 것을 말하나요?

면접관 : 그게 큰 부분이긴 하지만, 고객사는 다른 것에도 기여하죠.

지원자 : 잠시만요. 저는 이 문제를 굉장히 거시적으로 살펴보고 싶습니다. 백신이 필요한 아이들이 연간 수백만 명입니다. 그리고 이 문제를 돕고 싶어 하며, 문제 해결 과정의 일부가 되겠다고 소리내는 단체와 조직들이 수십 개입니다. 문제 해결을 돕는 것은 물론 좋지만 이들은 동시에 상황의 복잡성을 늘리고 있습니다. 그러나 근본적인 문제는 여전히 두 가지입니다. 백신 부족과 최종 수요자인 아이들한테까지 도달하는 물류이죠. 고객사는 이 문제를 해결하기 위해 막대한 돈과 자원을 투입했고 좋은 점도 많았지만 여전히 이 두 문제는 그대로 남아 있습니다.

면접관 : 좋아요. 그래서 무엇을 제안하고 싶으시죠?

지원자 : 통제할 수 있는 문제와 씨름하는 것입니다. 고객사는 사노피 파스퇴르나 세럼 인스티튜트로부터 소아마비 백신 사업부를 인수해야 합

니다. 제 생각에 이 회사들은 이렇게 점진적으로 쓸모 없어지는 사업부를 매각하는 것에 관심이 있을 것입니다. 이 사업부를 인수함으로써 백신 가격은 반드시 하락할 것입니다. 고객사는 생산을 늘려 모든 수요자들에게 백신이 갈 수 있도록 할 수 있습니다. 또한, 홍역이나 다른 유년기 질병의 백신 생산을 시작할 수 있습니다.

면접관 : 두 회사는 모두 거대한 기업입니다. 세럼은 개인 회사이고 사노피 파스퇴르는 지난 해 대략 400억 달러의 매출을 냈습니다. 소아마비와 홍역이 이 매출의 3% 밖에 차지하지 않는다고 해도, 여전히 12억 달러 수준입니다. 고객사는 이 사업부를 인수하기 위해 최소 30억 달러를 써야합니다. 게다가, 사노피는 최근 캐나다에 4억 3,000만 달러짜리 백신 공장을 세웠으므로, 생산량이 아마 증가할 것입니다.

지원자 : 다른 문제는 물류입니다. 고객사가 페덱스나 UPS 아니면 아마존과 파트너쉽을 맺는 것은 어떨까요? 사기업들은 NGO보다 물류와 운송 측면에 있어서 경험도 더 많고 더 효율적입니다.

면접관 : 확실히 지원자님은 정부기관이나 비영리 고객사와 같이 일할 때 필요한 참을성이나 인내심이 부족한 것 같네요. 이 문제는 많은 파트너와 이해관계자가 얽혀 있는 아주 복잡한 문제입니다. 말씀하신 대로, 분명히 불필요하게 중복되는 부분들이 있고, 심지어 어느 정도 부패하기도 했겠지만…

지원자 : 그렇지 않습니다. 저는 세상의 NGO들이 펼치는 일들에 대해 존경심

을 갖고 있습니다. 만약 제가 NGO들의 열정과 능력을 폄하하는 것처럼 들렸다면 사과드리겠습니다. 그러나 여전히 아마존이나 페덱스가 운송과 유통 측면에서 WHO보다 낫지 않을까요? 또, 말씀하신 대로 만약 게이츠 재단이 예산의 많은 부분을 페덱스와 함께하는 데 쓴다면, 펀딩을 잃게 되는 조직들이 있을 것입니다. 그러나, 결론적으로 보면 이것은 모두 아이들을 위한 것입니다. 아이들이야말로 궁극적인 이해관계자입니다.

면접관 : 알겠습니다. 어떤 파트너와 협업할지 하나 골라서 계획을 설명해주세요.

지원자 : 페덱스는 50여 개국 전부는 아니더라도 대부분에 유통 네트워크를 구축해두었습니다. 페덱스는 최종 소비자까지 배송이 잘 되도록 보장하기 위해 이미 다른 믿을 만한 회사들과 파트너쉽을 맺었습니다. 게이츠 재단은 이런 회사들의 보관 창고에 비치할 냉각 장치를 구매함으로써 기여할 수 있습니다. 이런 운송 회사들은 이미 많은 도시까지 가겠지만, 외딴 마을 전부를 가지는 않을 것입니다. 이것은 두 가지를 의미합니다. 하나는 만약 이들이 외딴 마을까지 가기 시작한다면, 다른 물품판매업체들도 그들의 상품을 외딴 마을까지 배송할 수 있고, 외딴 마을의 상품들도 외부 시장까지 운송할 수 있다는 뜻입니다. 만약 운송회사들이 외딴 마을까지 가지 않는다면, NGO의 유통망은 운송회사들이 백신을 외딴 마을까지 배송하기 위해 수취할 수 있는 중심가에 자리잡고 있다는 것이고, 따라서 NGO가 백신을 국토를 가로질러 배송하는 것 대신, 운송회사들이 마지막 배송만 책임지는 것입니다.

또한, 페덱스는 2015년 네팔 지진 사태를 안정시키려는 노력을 인정받아 상을 받게 되었습니다. 제가 기억하는 것이 맞다면, 페덱스는 미국에서 카트만두까지 필수적인 의약품 및 의료도구, 음식, 보호장비 및 정수 장비를 전달하기 위해 다이렉트 릴리프 및 다른 비영리 단체들과 협업했습니다. 재난 구호 프로그램에 대한 페덱스의 헌신은 게이츠 재단의 훌륭한 파트너가 될 자격이 충분합니다.

면접관 : 게이츠 재단 백신 프로그램의 책임자와 미팅이 있다고 합시다. 당신의 제안은 무엇입니까?

지원자 : 백신 보관과 운송 및 유통을 포함한 공급망 물류 강화를 위해 페덱스와 파트너쉽을 맺어야 합니다. 게이츠 재단은 백신 유통을 강화하고 촉진하기 위해 불필요한 중복 문제를 제거하고, 통합하고 자동화하고 단순화해야 합니다. 페덱스는 약품 배송의 일관성을 유지하고 기동성을 향상하기 위한 새로운 아이디어에 투자하는 동안 현재의 물류 솔루션을 확대하는데 적합합니다.

왜냐하면, 페덱스는 이미 세계의 외딴 지역에서 펼쳐지는 재난 구호 활동의 경험이 있기 때문입니다. 이런 경험은 백신 배송 과정을 통합하고 간소화하는데 도움이 될 것입니다. 또한 외딴 마을의 경제를 활성화시킬 수 있는데, 외딴 마을 안팎으로 상품이 보다 효율적으로 유통될 수 있기 때문입니다. 그러나 리스크도 존재합니다. 운송 과정을 통제하고 싶어하는 몇몇 NGO와 정부 관료들은 이 방안에 언짢아 할 수도 있습니다. 단기적 관점에서 후속 조치는 NGO와 정부

기관에 연락을 취해 이 방안에 대해 승인을 받는 것이 반드시 포함되어야 합니다. 페덱스와 긴밀히 협업하는 것은 비용을 관리하고 물류를 섬세하게 조정하는데 도움이 될 것입니다. 장기적으로, 고객사는 백신 제조사와 협력해 페덱스를 통해 가장 가까운 공항으로 직배송을 하고 정부 기관과 협력하여 통관 절차가 빠르게 진행될 수 있도록 해야 합니다.

면접관 : 좋습니다. 인터뷰에 참여해 주셔서 감사합니다.

시사점
- 고객사의 미션에 대해 적절한 표현으로 언급했습니다.
- 두 가지 주요 문제를 확인하기 위해 적절한 질문을 던졌습니다.
- 답변의 구조를 잘 짰습니다.
- 면접관이 NGO와 관련된 인내심에 대해 공격했을 때 잘 방어했습니다.
- 지원자의 첫번째 아이디어가 받아들여지지 않았음에도 창의적이고 설득력 있는 해결책을 만들어 냈습니다.
- 근거와 리스크 그리고 후속조치를 아우르는 단단한 제안을 제시했습니다.

5 : 케이스 문제 연습

다음 두 케이스는 영어 면접 대비를 위해 활용하실 수 있도록 원문 그대로 실었습니다. 실전에서 그대로 사용해도 좋을 영어 표현들이 있는 케이스인만큼 반복 학습을 통해 케이스 문제풀이와 동시에 영어 표현까지 습득하시길 바랍니다.

MUSIC TO MY EARS   CASE 16

MUSIC TO MY EARS는 그랜드 피아노가 주요 상품인 악기 제조사의 하이엔드 헤드폰 시장 진출에 대한 케이스입니다. 시장을 분석하고 고객사의 진출 여부를 제안해야 하는 전형적인 문제입니다. 시장을 진출할 때 고려해야 할 요소들을 영어로 어떻게 표현하는지 눈여겨 보시면 도움이 될 것입니다.

Interviewer : Our client is the leading manufacturer of musical instruments and is best known for its grand piano. The piano sells for $200,000. Alicia Keys, Billy Joel, and Elton John all play and record on our client's piano. The company also manufactures a slew of other musical instruments, everything from cellos and violins to saxophones and drums. These are also kind of pricey but nothing close to the piano - that's in the stratosphere by itself. The CEO called us in because he's thinking about entering the US high-end headphone market. He's talking about over-the-ear headphones like Beats. He wants us to analyze the market and then make a recommendation on whether the company should enter.

Student : So the leading manufacturer of musical instruments is considering entering the high-end US headphones market. We've been tasked to analyze the market and then make a recommendation. Are there any other objectives?

Interviewer : Yes. He's looking to get 5 percent market share within two years after entering the market. It could be 5 percent of the number of units sold or 5 percent of the industry revenues.
Either one is fine with him.

Student : I have one clarifying question: Why does he want to enter this market?

Interviewer : He wants to enter because the musical instrument market is growing at 2 percent a year and the headphones market is growing at 20 percent a year; it's forecast to continue that growth for the next several years. He thinks it's time to diversify his product line and that his brand is strong enough to make the jump from one industry to another.

Student : I'd like to take a moment to lay out my thoughts.
Student takes 90 seconds, draws out his notes, and then turns the notes toward the interviewer.

5 : 케이스 문제 연습

I'd like to start off by looking at three different areas. First I'd like to look at the company; then, the high-end headphones market; and finally, the different ways for the company to enter the market.

Interviewer : Okay.

Student : Let's start with the company. I'd like to know its revenues and profits for the last three years. That will tell me how big it is and how well the company it's doing. Next I'd like to know more about it products and production facilities; specifically, does it make electric guitars and pianos, or are all their products acoustic? Does it have any experience with electronics? I'd like to investigate the brand. How well known is it outside the music industry? When consumers hear the company's name, what type of music do they think of, thus what is its current customer segmentation? Finally, I'd like to look at the company's current distribution channels – how and where its products are sold, and does this match up to distribution channels used by the major brand headphones sellers?

Next, I'd like to look at the high-end headphones market. What's the current size of the market and what's its growth rate? How many different customer segments make up the market? Have there been any major changes in the industry, mergers, or new technology? I know that Apple bought Beats in 2015. And I know that wireless headphones are all the rage. I'd like to know what drives this market: Is it price, brand, quality? I'd like to know who are the major players, what market share do they have, and how will our product differ from what's out there. And finally, industry margins, distribution channels, and barriers to entry.

The last area to investigate is how best for our client to enter this market. I can think of four possible entry strategies. They can grow organically, make an acquisition of an existing player, form a joint venture, or outsource to a third party.

My hypothesis is that the company should not enter this market because it's very competitive, brand-driven, and dominated by some major players. But we'll see.

Interviewer : Okay. Let me answer some of your questions. Our client's revenues were $850 million last year, with profits of $175 million.

Student : That's just a little more than 20 percent profit margin. Is that normal in the musical instrument industry?

Interviewer : It's toward the high end. Our client makes only acoustic instruments.

Student : So no electronic experience.

Interviewer : No.

Student : That means they don't have the knowledge, capacity, or capability to make headphones.

Interviewer : Correct, not yet. Addressing your other questions, consumers think of classical music when they hear our client's name, despite the fact that Alicia Keys and Billy Joel favor our products. What else did you want to know about the client?

Student : Distribution channels and customer segmentation.

Interviewer : It has five superstores where you can buy all its instruments. It has ten piano salons where you walk in, they hand you a glass of champagne and try to sell you a $200,000 piano. But most of its products are sold through independent and chain music stores. Its customers are all musicians, mostly professional. They also sell to orchestras, schools, universities, and concert halls.

Student : If we are going to get 5 percent of this market, we need to go way beyond our current distribution channels and customer base. What about the market?

Interviewer : I'm going to do a little data dump here. I want you to analyze the information and then give me at least five takeaways. We know that the high-end headphones market is growing at 20 percent a year. High-end headphones are any headphones that sell for $100 or more. The market leader is Company A. They have 60 percent of the market, and we'll say they did $400 million in sales. Company B has 20 percent, and the remaining 20 percent is made up of 24 other players from C to Z. And you have some big-name brands in there as well. The last bits of information are some prices. We'll assume that each of these players only has one headphone product in the high-end category just to make life easier. Company G sells its headphones for $100, Company C is $125, Company A is $225, and Company B is $425.

Student draws this chart and then takes two minutes to analyze the information.

Company	Price	Market Share
A	$225	60
B	$425	20
C - Z	$100 - ?	20

Student : Given what you told me, my first takeaway is that there is no way our client is getting 5 percent of the market in units. You have two major players with 80 percent and 24 other players fighting over the remaining 20percent. We have neither the brand recognition nor the "street cred" to elbow out 5 percent. The client might still get 5percent of the overall industry revenues; that's a possibility but it seems unlikely. My second takeaway is that this market isn't that price sensitive. Consumers are willing to pay for brand and/or quality. It shows us that 80 percent are going for the two most expensive players. Number three, I'd like to figure out the size of the market. You said Company A has 60 percent of the market and that they did $400 million in sales. So if I take 400 and divide it by .6, I get ... 666. I'm going to round down to a market size of $660 million. If the market size is $660 million and we're going after 5 percent, the client is looking for sales of around $32 million.

Interviewer : What else?

Student : I'd like to compare that $32million with the $850 million the client did in revenues last year to see what kind of revenue bump this would provide. So 10 percent is 85 million; 5percent is around 42million, so it's got to be around 3percent. Not much of a bump. We could probably get that a variety of ways without the risk. But the rub is, the headphones market is growing at 20percent. It makes it intriguing.

Interviewer : Anything else?

Student: One last thing. We did $850 million in revenues last year. The total high-end headphones industry was only $660 million. We're bigger than that entire industry.

Interviewer : That's right. What's the first thing that goes through your mind when you hear that?

Student : That the market's not big enough for us.

Interviewer : What's the second thing that goes through your mind?

Student : Acquisition.

Interviewer : Good. Earlier, you laid out different ways for the client to enter the market. Go through them and give me the pros and cons of each.

Student : Can I take a minute to write down my thoughts?

Interviewer : No, I want you to list them off the top of your head.

Student : The first way for us to enter is to produce it in-house. The pros are that we would have total control over the design, process, and quality. Another pro would probably be a high margin in the long run. If the headphone was successful, it would be a good entry point for us to bring in other products like speakers. The cons would be that we don't have the knowledge, talent, or capability to manufacture the headphones, nor do we have the correct distribution channels. I think the biggest con would be time to market. This market's on fire and ...

Interviewer : What's next?

Student : Acquisition. The pros are that it would get us to the market more quickly than growing organically. The company we purchase has everything we don't have, an existing product, manufacturing, market share, customer base, distribution channels, and industry knowledge. We probably couldn't afford to buy any of the big brands, so we'd have to go for a smaller player, which would mean the client wouldn't get the 5 percent it's looking for. We'll probably end up overpaying because the market is growing so fast. And we'd want to make sure that the company has a quality product that we'd feel comfortable putting our name on.

Interviewer : What's next?

Student : Wait. Most important, we need to make sure that the cultures of the two companies will mesh well, otherwise it could be a bloody nightmare. We're talking about an old-school company that crafts pianos by hand and a young electronic company working with plastics. I can't imagine two company cultures being further apart.

Interviewer : Okay, good. Next?

Student : A joint venture or strategic alliance. The pros would be similar to an acquisition; in addition, it would be easy in and easy out. It's probably the quickest, easiest, and least expensive way for the client to enter the market. And if for some reason it failed, we could exit the market gracefully. The cons would be loss of control – and we'd have to do $64 million in sales to reach our goal. And that's figuring on a fifty-fifty spilt, which I don't see happening because we don't bring much to the table. Finally, outsourcing. The pros would be we'd have an expert producing the product for us, and the initial costs would be lower. The con would be loss of control. We are basically turning over our brand to a third party and we'd still have to find new distribution channels and build our brand.

Interviewer : We need to make a recommendation to the CEO. What do you tell him?

Student : Can I take a minute ...

5 : 케이스 문제 연습

Interviewer : Sure.

The student takes two minutes to draw up his recommendation and turns it toward the interviewer.

NO

NO EXP / NEVER GET 5%
WEAK BRAND DS MUSIC
? MKT WILL CONT
TUGH SELL TO BOD

RISKS
LOSE OUT ON MKT
REV REMAIN FLAT

NEXT STEPS

ST : BUY STOUCK DF MARKET LEADER

LT : FIX BRANDING PROB
HIRE A. KEYES AS SPOKESPERSON
DEV A LINE OF ELE. PIANOS

BUY INSTRUMENT MAKER
SYNC : RAW MATERIALS + D CHANNELS

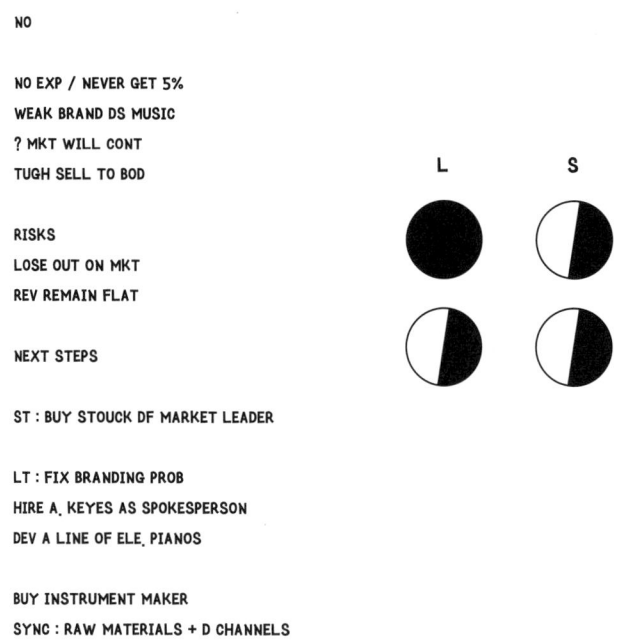

Student : No, it shouldn't enter this market. 80 percent of the market is dominated by two major players. You have 24 other companies fighting for the remaining 20percent. There are going to be others entering this market as well. We'd never get the 5percent you want. The company has no experience with electronics. We have neither the brand recognition nor the customer base needed to make this successful. In addition, we don't know how long the market will continue to grow at this rate. Plus, this will be a tough sell to his board of directors. And even if we were successful, it only represents a 3 percent increase in revenues while taking on a lot of risk.

The risks are that we'll lose out on a growing market. The likelihood of that is 100 percent. The severity to the company is around 50 percent. Another risk is that our revenues will remain flat. Next steps. In the short term I'd buy the underlying stock of the market leader. The CEO wanted to get in to the headphone market because he wanted to participate in the growth. This allows him to do that without a major capital outlay and controlled risks. He won't have to run this by his board and he can exit the trade whenever he wants.

In the long term I'd fix the branding problem. I'd hire someone like Alicia Keyes as a spokesperson to expand the brand and bring in a younger and more diverse customer base. But she'll need something to sell. So the company can come out with a line of electric pianos. I'd also look for another instrument maker to buy. Someone like Gibson guitars. We can take advantage of the synergies like the raw material, distribution channels, and the back of the house functions. We need to get rid of the classical music label. I know some purist might object, but in 1965 Bob Dylan walked out on the stage at the

Newport Jazz Festival with an electric guitar for the first time, and although he got booed, it worked out pretty well for him in the long run.

Interviewer : Let me tell you why you're wrong. I'd enter the market. I'd outsource it to company B, the one with the highest quality. The problem with Company B is that we'd have to charge $500 a pair, otherwise the company wouldn't manufacture for us because it would cannibalize its own brand. But I have no problem charging $500 a pair; in fact, I'd charge $800 a pair because we're the Ferrari of pianos. We need to be the Ferrari of headphones, otherwise it would hurt our brand. If we sold them for $800, we'd only have to sell 40,000 pairs to hit that $32 million target. That's a little more than 3,000 units a month. And our existing client base is high-end consumers who could drop $800 on a pair of headphones and not think twice about it. You said the 3 percent or $32 million isn't much, but it turns into $38 million and then $46 million within three years.

Finally, I'd make the ear cups partially out of wood. We're woodworkers, right? We could make something that looks sleek, sophisticated, and sexy well worth $800.

Student : I really like the wooden accents on the ear cups. However, who buys headphones? For the most part it's young people maybe ages 12–32. Some can't afford $800 for a car, let alone a pair of headphones. And if they did pay $800, they'd expect the headphones to last at least five years, which is a lifetime to someone in their twenties. I don't think your market is sustainable, and it certainly won't grow at 20 percent like the lower end of the market.

Interviewer : Okay, that was productive. Many thanks for coming in today.

Case Takeaways
- Ask about the company before the market in an entering a new market question so you can analyze it through the company's eyes and not just through your eyes.
- Always ask why they want to enter. This is an important clarifying question.
- Run out the numbers. The student not only figured out the size of the total market, he also figured out the 5 percent and then compared that with the company's revenues. Very few students ever run out these numbers. You need to do it to put things in perspective.
- Look at the big picture. I've given this case live over 200 times, and only two people mentioned that the instrument company is bigger than the entire high-end headphones industry.
- The interviewer cut him off and wanted to move on, but he held his ground to get a key point in.

- Try to go beyond the expected answer. Adding a lower-priced product line and having Alicia Keys as spokesperson is a fairly common "don't enter" answer. However, he put a memorable twist on it with the Bob Dylan anecdote. His parents must have been hippies.
- The student defended his answer without getting defensive, and came back with a decent rebuttal.

IN THE RED CASE 17

IN THE RED는 DVD 대여기기 시장의 선도업체의 매출 증진 전략에 대한 케이스입니다. 매출을 늘리기 위한 장기적, 단기적 전략을 고안하는 문제는 대단히 흔하게 접할 수 있습니다. 특히, 전략을 짜기 위해 다양한 숫자를 비롯한 여러 질문을 어떻게 영어로 물어보는지 주의 깊게 살펴보면 도움이 될 것입니다.

Interviewer : Our client is the number-one player in the DVD rental kiosk market. They place kiosks in front of CVS, Walmart, 7-Eleven, and multiple grocery stores and fast-food restaurants. Over the past seven years, the client has installed more than 40,000 DVD rental kiosks, but this year, for the first time, they are uninstalling more than 500 units. Last year, the company's revenues rose by 3 percent to $2 billion, and it is projected to stay flat this year and then decline for the next several years.

The board of directors wants to get ahead of this trend, so they've hired you to increase revenue 10 percent in the short term and then 5 percent a year for the next four years.

Student: Let me make sure I've got this right. The market leader in the DVD rental kiosk industry has installed 40,000 kiosks over the past seven years. Recently they've uninstalled 500 kiosks, or about 1 percent of their machines. Although the company's revenues were up 3 percent last year to $2 billion, they've seen their sales flatten and are now facing declining revenues for the next several years. They've asked us to come up with a five-year plan that will increase revenues by 10 percent in the short term; that's $200 million and 5 percent a year for the next four years. Are there any other objectives I need to consider?

Interviewer: No.

Student: I have a clarifying question. What were the company's revenues for the last five years?

Interviewer: I have the last three years. Three years ago, they were up 41 percent; last year they were flat; and this year revenues were up 3 percent.

5 : 케이스 문제 연습

Student : Why did they uninstall 500 kiosks?

Interviewer : They were unprofitable. The volume dropped. When the client puts a kiosk in front of a store, they need to pay that store rent, and they need to pay a licensing fee to the movie studios.

Student : Interesting. I'd like to investigate that more, but first I'd like to take a moment to write out my thoughts.

Interviewer : Fine.

Student takes 90 seconds, draws out her notes, and then turns the notes toward the interviewer.

Student : Let me show you what I have so far. I've broken it down into three buckets: the company, the movie rental industry, and ways to increase revenues. The client wants to raise its revenues by 10 percent this year. We know that revenue equals price times volume. Its revenues went from growing 41 percent to flat, and then up 3 percent. I want to know what happened. Next I'd like to look at their product mix and their distribution channels. Do they do any online streaming or downloading, or is it strictly kiosk-based? I'd also want to look at their pricing; when was the last time they raised their prices, and what was the result? I'd like to review their costs ...

Interviewer : Why do you want to look at costs? This is a revenue case, not a profit case.

Student : Okay. Next I'd want to look at the industry. What are the industry drivers, and what are the growth rates and trends for the last three years? Have there been any changes in the industry, mergers, or new technology? We need to look at the competition; are our direct competitors having the same issue? We should also analyze substitutions like Netflix, HBO, Amazon, and Hulu – places that stream video and offer downloading; piracy is an issue as well.

In my third bucket I'd like to explore ways to increase sales, not only through the traditional methods of increasing marketing, but maybe changing the product mix.

My hypothesis is that sales have gone flat because the physical DVD industry is in decline. I'd like to start with the company. Why did revenues go from climbing 41 percent one year to flat the next?

Interviewer : That was the last year the client installed new kiosks.

Student: Then why did the client's revenue go up 3 percent this year?

Interviewer : A change in product mix. We reduced the number of

Blu-rays because they weren't selling, and increased the number of video games. What's nice about video games is that customers usually hang onto them for multiple nights, compared with just one night for movies.

Student : Can you tell me about their current product mix?

Interviewer : The client rents three items - DVD movies, Blu-ray movies, and video games. The DVD movies make up 70 percent of our sales, and we charge $1.20 a night. Blu-rays make up 5percent of our sales and we charge $1.50 a night. And video games make up 25 percent of our sales,and they rent for $2 a night.

The student made this chart:

DVD Movies	$1.20	70%
Blue-ray	$1.50	5%
Video Games	$2.00	25%

Student : I'd like to go for the low-hanging fruit first. When was the last time we raised our prices, and did we see much fallout? Did we lose many customers?

Interviewer : It's been almost three years since we raised them from $1 to $1.20, and we saw very little fallout. Say we decide to raise the price of a DVD from $1.20 to

$1.50. How much additional revenue would that bring in? Assuming little customer fallout.

Student : Well, raising prices from $1.20 to $1.50 is a 25 percent increase. If the DVDs make up 70 percent of our revenues, that means 70 percent of $2 billion, which is $1.4 billion. We take the $1.4 billion and multiply it by .25 and we get $350 million. Which far exceeds the $200 million we need for a short-term gain of 10 percent. That buys us some time.

Interviewer : What's next?

Student : I'd like to stay with the product mix for a moment. Maybe there are other items we can sell through the kiosks. Are they retoolable?

Interviewer : Yes, to a certain degree.

Student : Who's our client base?

Interviewer : Who do you think?

Student : My guess is that it's made up of several demographics, low-to-middle-income families; gamers – so males between the ages of 12 and 32; the elderly; and people who live outside the infrastructure of the internet, where it might take them two weeks to download a movie.

Interviewer : Spot-on. What other products would you place in the kiosks?

Student : If that's our demographic... Let me think. Low-to-middle-income families. I'm thinking young kids. I saw an ad for Fatheads the other day - you know, the wall decals of famous athletes. While those are far too expensive, I'm thinking autographed color photos of Disney characters. Maybe even headphones or earbuds with Disney characters. When I was a kid, we had educational computer games like Freddie Fish and Spy Fox. We could add those as well, which would extend rental times. For the gamers, maybe we can rent a controller. That way they can play against a friend. I'd want to be careful not to sell anything that the 7-Eleven we're sitting in front of might also sell, but that might prove tough. We want something that will raise the purchase price, maybe some sort of electronics such as a phone charger, earbuds, and other similar electronics. Can we put in more video games as well?

Interviewer : We've hit a limit with the number of video games we can rent. There are only so many titles. And while people will rent an old movie, they won't rent an old video game. Okay, in the short term we'll raise our price for DVD rentals and change the product mix. What's next?

Student : What can you tell me about the industry? What are the industry drivers? I assume our direct competition is having the same issues.

Interviewer : The industry drivers are distribution channels and content. The overall home entertainment industry is flat. We know that distribution channels are changing; digital downloads, both rentals and purchases, are up 46 percent. Subscription streaming, Netflix, and Hulu are up 32 percent. Kiosk rentals are down 3 percent. There are three major players in the kiosk market; our client has 80 percent, Company B has 15 percent, and Company C has 5 percent. And subscription rentals, such as physical rentals from Netflix, are down 19 percent. Netflix is trying to get customers away from physical DVDs and into streaming.

Student : So other kiosk players are facing the same problems. I might want to go after the disenfranchised Netflix customers who want to stick with DVDs but feel neglected. Maybe increase marketing overall.

Interviewer : In the short term, your plan is to raise the price of the

5 : 케이스 문제 연습

　　　　　DVDs, change the product mix, and increase marketing. How about the long term?

Student : We need to reinstall the 500 kiosks. They're not making any money just sitting around. You said we uninstalled them because of low volume. Let's reinstall them in high-traffic areas. Subway or tube stops, train and bus stations, and domestic airports.

Interviewer : Give me the pros and cons of putting them in airports.

Student : For the pros, we can charge airport prices, maybe $3 a movie. Travelers can rent in one city and return in another. While there is internet on airplanes, it's not often strong enough to stream. People still need to bring their content with them for the most part. The cons are that many laptops don't have a CD drive any longer. So we might have to start putting content on flash drives if we can figure out a way for customers not to copy it. Another con is that planes show movies; some like JetBlue and Virgin even have DirecTV or a library of movies you can view through the airlines entertainment app. There's a lot of competition for people's time and attention. Most travelers come prepared; they bring a book or have already downloaded a movie.

Interviewer : Other long-term ideas?

Student : Have we thought about digital downloads, going head-to-head with Amazon and Apple?

Interviewer : Too expensive, and we'd get eaten alive. It's a very competitive market.

Student : Okay then, are all the kiosks in the US?

Interviewer : Yes.

Student : Then I'd look at other countries, perhaps Canada and Mexico. Their internet infrastructure probably isn't as good as in the US They like American movies.

Interviewer : Give me the pros and cons of placing our kiosks in Brazil.

Student : I've never been to Brazil, but I would think that the pros would be a large population, low-income compared with American standards, so they might not have computers but probably do have DVD players. Weak internet infrastructure would be another pro. It would also be a good distribution channel for local filmmakers. But I see many more cons. First, they speak Portuguese, so movies would need to be dubbed. I don't believe many Brazilians carry credit cards, which would be essential. Piracy is an issue. Why pay a dollar to rent a movie when you can buy one for 50 cents? While servicing the kiosks in the cities might not be a problem, the more rural locations would be.

Interviewer : How would we get around the servicing issue?

Student : Some sort of service contract with a local company or – you know Coke is everywhere that we would be. Why not do a joint venture with Coke? They could purchase part of the international company and use the DVDs as a promotion.

Interviewer : Okay, summarize the case for me.

Student : The client's revenues have flattened, the industry has matured, and substitutions have hurt sales. We were tasked to develop a five-year plan, first to raise revenues by 10 percent the first year and then 5 percent every year after. We looked at the company, its pricing strategy, and its product mix – resulting in raising DVD prices by 25 percent and bringing in $150 million more than was requested. We changed and expanded the product mix. We looked at the industry, saw that our competitors are having the same issues, and we validated our hypothesis that the DVD market has matured and is in decline. In the long run, we recommended expanding internationally and forming a strategic alliance with Coke. This will get the client through the next five years; however, they need to diversify their business model to secure long-term growth and survival.

Interviewer : Good. End of case. Thanks for coming by.

Case Takeaways
- The student's structure was good, but she should have divided into short-term and longterm solutions right up front.
- She asked about costs in a revenue case and was quickly corrected. She rolled with the punches and just moved on as if nothing had happened, which was the right thing to do. It's never bad to ask about costs; just be prepared to move on.
- Her clarifying questions were solid. Whenever you get a revenue case, always ask what the revenues did the previous three years. Consultants like to put things in perspective, which is why they always ask for trends and why they quantify related numbers as percentages.
- She stated her hypothesis right after laying out her structure.
- In a revenue case, it's not bad to write out revenues equals price times volume. It shows that you look at both sides of the equation. When I gave this case live, less than 40 percent of the students thought about raising the price.
- Her public math was solid. She walked the interviewer through her calculations as she did them.
- When she was coming up with ways to change the product mix, she thought about it by customer segmentation, which showed she is incredibly well organized

5 : 케이스 문제 연습

- She didn't commingle or bounce back and forth between pros and cons.
- The student was able to go beyond the expected answer by coming up with creative options for new products and the idea of a joint venture with Coke.

6

파트너 케이스
Partner Cases

파트너 케이스

파트너 케이스는 당신이 친구와 함께 할 수 있는 연습문제입니다. 친구들이 케이스 인터뷰를 어떻게 진행하는지 알고 있든 모르고 있든 상관없습니다. 중급 난이도 다섯 문제, 고급 난이도 다섯 문제가 있습니다. 당신과 함께 할 파트너는 우선 뒤에 나오는 출제 가이드를 먼저 읽고 연습문제를 쭉 읽어야 합니다. 두 번씩 읽으세요. 파트너는 연습문제를 읽으며, 출제자로서 쉽고 재미있게 공격하기 위한 조언과 정보를 많이 얻게 될 것입니다.

이 책의 뒤 편에는 몇몇 연습문제를 위한 차트들이 있습니다. 이 차트들은 몇 분 안에 손으로 그릴 수 있는 것들입니다. '파트너 케이스 자료'를 보세요.

연습문제에 하나의 올바른 정답 같은 것은 없습니다. 여러 시도를 하며 재미있게 풀어보세요. 문제를 풀어본 뒤에는 역할을 바꾸어 다른 친구에게 문제를 출제해보세요. 문제를 출제해보면 문제를 풀어보는 것만큼이나 많은 것을 배우게 됩니다. 컨설팅 커리어를 진지하게 생각하는 학생은 평균적으로 적어도 30개 이상의 '실전' 케이스 문제풀이를 합니다. '실전' 케이스 문제풀이를 이길 수 있는 것은 없습니다.

파트너 케이스 리스트

중급 문제

피넛버터회사 - 전략 및 생산 … [338p]

철강회사 - 전략 및 숫자 계산 … [345p]

GPS 앱 - 시장규모 추정, 손익분기점, 손익계산 및 가격전략 … [351p]

온라인 완구점 - 데이터 분석 기반 전략 … [356p]

KBO가전 - 신시장 진출 … [363p]

고급 문제

자동차 전면 방탄유리 - 시장규모 추정, 신시장 진출 및 가격전략 … [368p]

스타틴 블루 - 시장규모 추정, 전략, 및 신시장 진출 … [377p]

생수 - 생산, 전략 및 비용 절감 … [387p]

테덱스 - 숫자 계산 및 전략 … [394p]

렌터카 - 신제품 전략 및 숫자 계산 … [401p]

출제 가이드

친구들이 제발 케이스 연습을 도와 달라고 당신을 못 살게 군다면, 여기 유용한 가이드가 있습니다.

출제자가 준비해야 할 것

- 문제를 출제하기 전에 문제와 답안을 쭉 읽어보세요.
- 정답이 '여러 개'일 수 있다는 점을 알아두세요.
- 모의 면접자가 문제풀이 중 길을 잃으면 중간에 도와줘도 좋습니다.
- 절대 모든 것을 다 아는 척하지 마세요.

문제풀이 초반에 유심히 지켜봐야 할 것

- 모의 면접자가 케이스 정보를 적고 있습니까?
- 출제자의 질문 후 모의 연습자가 답할 때까지 긴 침묵이 있습니까?
- 모의 면접자는 질문을 요약했습니까?
- 모의 면접자는 연습문제 속 고객사의 목표를 확인했습니까?
- 모의 면접자는 고객사와 산업, 경쟁현황 및 제품에 대해 불명확한 부분을 확인하는 질문을 했습니까?
- 모의 면접자는 논리적으로 구조화된 답변을 했습니까?

문제풀이 중반에 유심히 지켜봐야 할 것

- 모의 면접자는 열정적이고 긍정적인 태도를 보여주고 있습니까?
- 모의 면접자가 답변하는 논리는 비즈니스 관점에서 합리적입니까?
- 모의 면접자의 답변은 잘 정리되어 있습니까?
- 모의 면접자는 가설을 명확하게 제시했습니까?
- 모의 면접자는 창의적입니까?
- 모의 면접자는 출제자를 문제풀이 속으로 끌어들이며 문제풀이를 대화로 느껴지게 합니까?
- 모의 면접자는 꼼꼼한 질문을 합니까?

- 모의 면접자는 계량화하여 답변합니까?
- 모의 면접자는 막히는 부분이 있을 때 적절한 도움을 요청합니까?

검토 항목

- 모의 면접자의 답변은 잘 정리되어 있었습니까? 시간을 잘 활용했나요?
- 모의 면접자는 세부 사항에 집착하여 발목을 붙잡혔습니까?
- 모의 면접자는 논점을 이탈해 옆길로 샜습니까?
- 모의 면접자는 꼼꼼한 질문을 던졌습니까?
- 모의 면접자는 비즈니스 용어를 적합하게 사용했습니까?
- 모의 면접자는 숫자 계산, 곱하기, 백분율 계산 등을 어려워했습니까?
- 모의 면접자는 출제자가 답을 하도록 유도했습니까?
- 출제자가 힌트를 줄 때 즉시 알아차렸습니까?
- 모의 면접자는 생각 없이 바로 말하지는 않았습니까?
- 문제풀이 내내 긍정적인 태도를 유지했습니까?
- 모의 면접자는 최종적으로 자신의 답변을 잘 요약했습니까?

최종 분석 사항

- 모의 면접자는 출제자의 지적 및 비판을 잘 받아들였습니까?
- 모의 면접자는 너무 공격적으로 보이지 않으면서 스스로를 잘 방어했습니까?

문제풀이를 마치고

다른 문제에 도전하세요!

피넛버터회사

연습문제 개요

고객사는 미국에서 세 번째로 큰 피넛버터 제조사입니다. 고객사의 브랜드인 '미키스'는 연간 1억 2천만 개의 피넛버터를 판매합니다만, '스키피'와 '지프'를 느릿느릿 따라가고 있습니다. '피터팬'은 네 번째로 큰 회사인데, 고객사와 시장 점유율이 2% 밖에 차이 나지 않아 고객사의 숨통을 조여오고 있는 상황입니다. '미키스'는 전국적으로 슈퍼마켓과 편의점에서 판매되는데, 이것은 고객사 전체 판매량의 60%를 차지합니다. 코스트코나 BJ 홀세일 같은 곳에서 이루어지는 대량 판매는 25%를 차지합니다. 그러나 가장 큰 고객은 월마트이고, 월마트는 혼자서 남은 15%를 차지합니다.

고객사는 최근 안 좋은 소식을 듣게 되었습니다. 월마트가 미키스를 월마트 PB 피넛버터로 교체하려고 한다는 것입니다. 좋은 뉴스도 있는데, 바로 월마트는 미키스가 월마트의 PB 상품을 생산해 주길 원한다는 것입니다. 월마트는 똑같은 피넛버터를 원합니다. 똑같은 용기, 똑같은 뚜껑 등 상표를 제외한 모든 것을 똑같이 만들고 싶어 합니다. 이 문제를 크게 둘로 나누어 보고 싶습니다. 첫째, 미키스가 월마트의 PB 상품을 생산할지 말아야 할지 결정하는 것과 관련해 고려해야 하는 전략적 주요 이슈와 우려 사항을 나열해 주세요. 둘째, 지원자께서 제안한 내용이 재무적으로 타당한지 숫자를 계산해 주세요.

출제 가이드

모의 면접자 문제를 푸는 측 는 아마 처음에 두 가지 질문을 할 수 있으며, 그에 대해서 다음과 같은 답을 하면 됩니다.

첫째, 피넛버터 산업의 판매량 추이는 어떻습니까? -> 지난 2년간 지지부진했고, 향후 2년도 그럴 것으로 예측됩니다.

둘째, 월마트는 왜 미키스를 빼고 싶어 합니까? -> 대형 유통회사의 트렌드 중 하나입니다. 다양한 카테고리에서 외부업체를 빼고 월마트의 PB 상품으로 채우고 싶은 것입니다.

뛰어난 MBA 학생이면 다음 질문 중 6-7개를 짚어낼 것이고, 학부생이라면 4-5개를 짚어낼 것입니다. 모의 면접자가 짚어내지 못한 포인트에 대해 논의해보세요. 그냥 일반적인 논의를 진행하고, 모의 면접자가 어떻게 생각하는지 가늠해보세요. 답변자가 아래 질문을 하는지 살펴보시길 바랍니다.

- *이익* : 새로운 계약은 수익성이 있을 것 같습니까? 월마트는 마진을 쥐어짜는 것으로 알려져 있습니다.
- *브랜드 이미지 및 가치* : 만약 소비자가 미키스 제품과 월마트 제품이 동일하다는 것을 알게 되면 고객사는 얼마나 타격을 입을 것 같습니까? 소비자가 더 이상 월마트에서 미키스를 볼 수 없게 되면 얼마나 타격을 입을 것 같습니까?
- *생산 능력* : 계약의 규모가 얼마나 되며, 고객사는 그만한 생산 능력을 갖추고 있습니까?
- *카니발라이제이션* : 고객사 기존 제품의 판매량을 빼앗아 오게 됩니까?

- **시장 점유율** : 고객사가 이 계약을 체결하든 하지 않든, 미키스는 판매량의 15%를 잃고 4위로 내려앉게 될 것입니다. 미키스는 월마트 상품에 대한 공로를 인정받지 못합니다.
- **월마트에 대한 종속성** : 현재, 월마트는 고객사 전체 판매량의 15%를 차지합니다. 판매량이 증가한다면, 월마트는 고객사 전체 판매량의 20%까지 차지할 수도 있습니다. 한 업체가 고객사 전체 판매량의 20%를 차지하는 것은 우려해야 하는 일입니다. 그 업체가 월마트라면 특히나요.
- **PB 상품 제작** : 만약 고객사가 계약을 체결하면, 고객사는 다른 곳을 위해서도 PB 상품을 만들 수 있습니다. 미키스는 다른 곳에서도 PB 상품으로 대체될까요?
- 계약을 받아들이지 않을 경우에 어떻게 될지 생각해보세요. 미키스는 판매량의 15%를 잃게 되는데, 이걸 다른 곳에서 만회할 가망은 거의 없으며, 생산을 중단하고 근로자들을 해고해야 할 것입니다.

출제 가이드 : 데이터

케이스 문제의 후반부에서는 모의 면접자에게 다음 정보를 주세요.

- '스키피', '지프' 그리고 '피터팬'은 피넛버터를 슈퍼마켓에서 개당 3.99달러에 판매하고 있습니다. 미키스는 3.69달러에 판매합니다.
- 연간 총 생산 능력은 1억 5천만 개입니다.
- 미키스의 개당 이익은 슈퍼마켓에서 1.2달러, 도매점에서 1달러, 월마트에서는 0.5달러입니다. 월마트에서는 미키스 브랜드로 판매되는 것입니다.
- 월마트와의 신규 계약은 1년짜리로 개당 0.25달러 이익을 보장하는 5,000만개 규모입니다.

던져야 할 질문 : 이 계약은 과연 좋은 계약일까요? 새로운 계약을 통해 고객사는 돈을 더 벌게 될까요, 덜 벌게 될까요? 월마트를 통해 창출할 수 있는 이익들을 비교해보세요.

기존 계약 : 1억 2,000만 x 0.15% = 1,800만 개, 1,800만 개 x 0.5달러 = 900만 달러

신규 계약 : 5,000만 x 0.25달러 = 1,250만달러

고객사는 신규 계약으로 350만 달러의 이익을 더 창출할 수 있습니다. 그러나, 신규 계약을 맺게 되면 고객사의 공장은 2백만 개나 초과 생산해야 하는 상황에 놓이게 됩니다. 1억 2,000만 - 1,800만 = 1억 200만, 1억 200만 + 5,000만 = 1억 5,200만 고객사는 어떻게 해야 할까요? 모의 면접자는 얼마나 빠르게 생산 능력 이슈가 있다는 사실을 알아차렸습니까?

아래 내용들은 모의 면접자가 출제자가 이야기를 진행하는 중에 떠올릴 수 있는 아이디어들입니다. 모의 면접자가 아래 내용을 제시하면 계속 아니오. 라고 대답하세요. 심지어 한두 번은 중간에 말을 자르고, 모의 면접자가 어떻게 반응하는지 보세요. 평정심을 유지하나요? 아니면 언짢아 하면서 출제자와 논쟁을 벌이려고 하나요? 모의 면접자가 어떻게 반응하는지가 올바른 답을 도출해내는 것보다 더 중요합니다.

- **미키스는 피넛버터 200만 개를 아웃소싱할 수 있습니다.**

  아니오, 월마트의 계약 조건은 미키스가 직접 제품을 생산하는 것이므로, 아웃소싱은 불가능합니다. 그리고 고객사 입장에서도 아웃소싱은 원치 않습니다. 미키스는 주력 제품이므로, 품질 관리에 신경 쓰고 싶어하거든요.

6 : 파트너 케이스

- **미키스는 생산 라인을 하나 더 만들 수 있습니다.**
  아니오, 생산 라인을 만드는 것은 장기적 전략입니다. 고객사 입장에서는 월마트가 계약을 연장할지 말지 알 수 없죠. 게다가, 돈이 많이 드는 전략이기도 하고요.

- **미키스는 초과근무나 교대근무를 늘릴 수 있습니다.**
  아니오, 초과근무를 늘리면 근로자들에게 임금을 1.5배로 지불해야 하기 때문에 비용이 너무 많이 발생합니다. 게다가, 근로자들은 이미 최대 생산능력치로 근무하고 있습니다. 다시 말해, 일주일에 7일, 3교대로 말이죠.

- **미키스는 더 작은 업체를 인수해서 추가 생산을 할 수 있습니다.**
  아니오, 인수는 장기적이고 비용이 많이 드는 전략입니다. 고객사는 월마트가 계약을 연장할지 말지 알 수 없습니다.

- **미키스는 월마트로 4,800만 개만 배송할 수 있습니다.**
  아니오, 계약 조건은 5,000만 개입니다. 미키스가 계약 조건을 이행할 수 없다면, 월마트는 다른 업체를 찾을 것입니다.

- **미키스는 도매업체로부터 200만 개를 당겨 올 수 있습니다.**
  아니오, 그렇게 하면 고객사 입장에서는 200만 달러가 손해입니다. 고객사는 월마트 계약 건으로 350만 달러 이익을 내는데 말이죠. 그리고 미키스의 시장 점유율을 더 떨어뜨리는 방법입니다. 또한, 고객사는 월마트 계약조건을 충족시키면서, 슈퍼마켓과 도매업체에 그들이 필요한만큼의 피넛버터를 계속 공급할 수 있길 원합니다.

솔루션

- 슈퍼마켓에서 판매되는 제품의 가격을 0.2달러 인상하세요.
- 미키스의 가격은 여전히 경쟁사 제품보다 약간 낮은 수준일 것이며, 미키스는 개당 1.4달러 이익을 낼 것입니다.
- 가격이 오르면 판매량이 줄어들 것입니다.
- 분석해 본 결과, 판매량은 10% 하락할 것입니다. 이 내용이 합리적인지 모의 면접자에게 계산을 시켜보세요.
  - 1억 2천만 개의 60%는 7,200만 개입니다. 7,200만 x 1.20 = 8,640만 달러입니다.
  - 7,200만 개 - 10% (=720만 개) = 6,480만 개, 약 6,500만 개입니다. 6,500만 x 1.40달러는 9,100만 달러입니다. 고객사는 700만 개를 더 적게 생산하고 약 500만 달러를 더 벌어들입니다.

요약

모의 면접자는 생각을 정리하는 시간 없이 거의 즉시 요약해내야 합니다. 좋은 요약은 1분에서 1분 30초 정도 길이입니다. 요약은 언급된 것들을 재탕하는 것이 아닙니다. 문제의 요점을 정리하고, 출제자가 기억했으면 하는 두 세 가지 핵심 포인트를 말하는 것입니다.

월마트가 미키스 제품을 PB상품으로 대체하려고 한다고 통보했습니다. 그런데, 월마트는 미키스가 PB상품을 생산해 주길 원합니다. 계약 조건은 1년 동안 미키스가 개당 0.25달러 이익으로 5,000만 개를 공급하는 것으로, 전반적으로 볼 때 350만 달러 이익이 창출됩니다. 브랜드 가치와 시장 점유율 등 더 큰 관점에서 전략적 이슈들을 검토한 뒤, 미키스는 계약을 맺기로 결정했습니다. 그러나, 계약에 따르면 공장 생산량의 200만 개를 초과하게 됩니다. 이것을 해결하기 위해 미키스는 슈퍼마켓에 유통되는 제품의 가격을 0.2달러 인상하여, 대략 500만 달러 추가 이익을 내며, 수요를 10%700만개 줄이기로 했습니다.

성공적으로 연습문제를 풀었다면 다음 사항이 포함되어 있어야 합니다.

- 문제를 요약 정리하고, 목표를 정리한 뒤, 다른 목표가 있는지 확인합니다.
- 출제자가 모의 면접자의 아이디어를 거절해도 침착함을 유지합니다.
- 가격 인상 솔루션을 출제자의 도움없이 도출합니다.
- 생산능력 이슈가 있다는 점을 빨리 알아차립니다.
- 주요 내용들을 모두 포함해 간결하게 요약해내며, 동시에 생산과 재무 양쪽 모두의 포인트를 잡아냅니다.
- 메모를 한다면 잘 정리되어 있어야 하고 읽기 쉬워야 합니다. 아래와 같은 차트를 만든다면 추가 점수를 얻을 수 있습니다.

유통망	판매비중	피너버터 수량	개당 이익	총 이익
슈퍼마켓/편의점	60%	7,200만 개	1.20달러	8,600만 달러
도매	25%	3,000만 개	1.00달러	3,000만 달러
월마트	15%	1,800만 개	0.50달러	900만 달러
		1억 2,000만 개		1억 2,500만 달러

시사점 • 이 문제는 1차 인터뷰 문제이긴 하지만, 온전한 정답이 존재한다는 점에서 어려운 문제입니다. 저는 이 문제를 실전에서 200번 이상 출제해봤지만, 슈퍼마켓에서의 고객사 제품 가격을 인상한다는 정답을 제시한 학생은 10% 이하였다고 확실히 말씀드릴 수 있습니다. 두 가지 평가요소가 더 있습니다. 1) 얼마나 빠르게 생산능력 이슈를 알아차렸는가? 2) 자꾸 답변을 중간에 끊으며 "아니오, 다른 의견은 없나요?"라고 반복적으로 물어볼 때 어떻게 대응하는가? 특히, 두 번째 요소는 올바른 정답을 도출하는 것보다 훨씬 더 중요합니다.

철강회사

연습문제 개요

고객사는 미국에서 두번째로 큰 철제 캐비닛 및 책상 제조사입니다. 고객사의 4년짜리 압연강 계약 종료 시점이 거의 다다랐고, 해당 계약은 Y7에 만료됩니다. 고객사는 철강 계약을 Y4에 맺었습니다.

CFO는 계약 초기 Y4 가격으로 2년치 압연강을 비축해 두는 것이 합리적일지 아니면 Y8 가격으로 새로운 계약을 맺는 것이 합리적일지 알고 싶어 합니다.

고객사는 철강을 연간 12,000톤을 사용하며, 향후 5년 동안 사용량은 그대로 유지될 것이라고 가정하면 됩니다.

출제 가이드

모의 면접자가 반드시 문제를 요약하고 목표를 확인하도록 하세요. 모의 면접자는 두 가지 옵션을 고려해야 합니다. 첫번째 옵션은 Y8 가격으로 신규 계약을 맺는 것이고, 두번째 옵션은 2년치 압연강을 비축해두고 Y10에 새로운 계약을 맺는 것입니다.

모의 면접자에게 어떤 정보가 필요한지 물어보세요. 모의 면접자는 다음 내용을 반드시 요청해야 합니다.

Y4 계약 당시 철강 가격 : 600달러/톤
Y7 현재 철강 가격 : 810달러/톤
예상 철강 비축량 : 24,000톤 연간 12,000톤
화폐의 시간 가치 : $FV = PV(1+i)^n$
현재 이자율 : 5%
재고보관 비용 : 연간 50달러/톤 비용 지급시기 연초
철강 가격 전망 : 경제 상황에 달려있음

모의 면접자가 위 내용 전부를 질문하지 않으면, 어떤 정보가 추가적으로 필요한지 생각해 볼 시간을 주세요.

철강 가격 추이 톤 당 달러

Y1	Y2	Y3	Y4	Y5	Y6	Y7	Y8
263달러	554달러	615달러	600달러	610달러	750달러	810달러	?

모의 면접자에게 이 차트를 보여주거나, 직접 써주세요. 모의 면접자가 이 차트를 통해서 어떤 결론을 이끌어 내는지 지켜보면 됩니다만, 사실 별 다른 내용은 없을 것입니다. 차트 속 숫자들은 두서없이 나열되어 있고, 일관성도 극히 작습니다. 이 차트를 가지고 할 수 있는 최선은 Y8 가격을 정하는 것입니다.

모의 면접자에게 Y8 가격이 어떻게 될 것 같은 지 물어보세요. Y7 가격 즉 810달러가 출발점입니다. 모의 면접자는 전세계적인 경제상황을 고려해야 하는데, 특히, 압연강을 많이 사용하는 자동차 제조업, 항공 그리고 가전 이것들은 신규 건물과 관련이 있습니다. 을 중점적으로 살펴봐야 합니다.

완전한 정답이 존재하지 않는다는 사실을 기억하세요. 모의 면접자들은 때로 과감하게 추측하여 숫자를 제시하기를 주저합니다. 그러나, 출제자는 모의 면접자가 특정한 가격을 도출해내도록 해야만 합니다. 모의 면접자가 Y8 가격으로 톤당 850달러를 도출해냈다고 가정합시다. 모의 면접자가 Y8 가격을 계산했으면, 그 숫자를 가지고 어떻게 하는지 지켜보세요. 만약 모의 면접자가 다음과 같은 최종 슬라이드를 그려냈다면 높은 점수를 주세요.

최종 슬라이드

최종 슬라이드는 매우 중요합니다. 만약 모의 면접자가 최종 슬라이드를 그려야겠다는 선견지명이 있다면, 다른 지원자들 사이에서 두각을 나타낼 것입니다. 두개 이상의 전략, 선택지 또는 아이디어를 동일한 기준으로 비교하는 케이스 문제에서는 거의 즉시 최종 슬라이드를 그리기 시작해야 합니다. 숫자를 계산하면서, 최종 슬라이드에 바로 바로 채워 넣으세요. 이렇게 하면 관련있는 정보들을 한 곳에 모을 수 있고 출제자도 모의 면접자의 문제풀이를 쉽게 따라갈 수 있습니다. 모든 정보가 다 채워지면, 모의 면접자는 최종 슬라이드를 출제자가 볼 수 있도록 돌려놓고 설명을 시작하면 됩니다. 이렇게 하는 것이 가장 좋은 요약 방법이고, 실제 컨설턴트가 클라이언트에게 프레젠테이션을 하는 발표 자료의 최종 슬라이드와도 유사합니다.

이 연습문제에서 최종 슬라이드는 다음과 같이 생겼습니다 모의 면접자가 Y8 가격으로 톤당 850달러를 도출했다고 가정하겠습니다.

	Y8	Y9	Y10	Y11
옵션 1 - 신규 계약	850달러	850달러	850달러	850달러
옵션 2 - 철강 비축				

모의 면접자는 Y10 가격 또한 도출해내야 한다는 결론을 내려야만 합니다. 만약 2년 동안 철강을 비축한다고 하더라도 고객사는 그때 다시 신규 계약을 맺어야 합니다. 또한, 모의 면접자는 경제 상황, 특히 위에서 언급한 주요 산업 세 곳의 경기가 어떻게 흘러갈지도 이야기해야 합니다. 일단은 모의 면접자가 Y10 가격을 톤당 900달러라고 추정했다고 합시다.

	Y8	Y9	Y10	Y11
옵션 1 - 신규 계약	850달러	850달러	850달러	850달러
옵션 2 - 철강 비축			900달러	900달러

최종 슬라이드에서 남아있는 빈칸은 철강 비축량에 대한 부분입니다. 고객사는 2년 동안 사용하기에 충분한 24,000톤을 비축할 것입니다. 고객사가 철강을 비축한다면, 이에 대한 비용을 먼저 지출해야 할 것입니다.

▶ 재고 비용

재고 비용은 연간 단위로 매년 초에 지급해야 합니다. 비용이 연초 기준으로 제시되어 있다면, '금리'를 계산해야 합니다. 연간 톤당 50달러라는 사실을 기억하세요.

Y1/(24,000 x 50) = 1,200,000

FV = PV (1+i)n (n = 1)

FV = 1,200,000 x 1.05

FV = 1,260,000

Y2/(12,000 x 50) = 600,000

FV = PV (1 + i)n (n = 1)

FV = 600,000 x 1.05

FV = 630,000

Y1 = 126만 달러

Y2 = 63만 달러

총 재고 보관 비용 = 189만 달러

▶ 철강 비용

24,000톤 x 600달러 = 14,400,000달러

이자율 : 5%

FV = PV (1 + i)n

FV = 14,400,000 (1.05)^2

FV = 14,400,000 x (1.10)

FV = 15,840,000

재고비축 = 15,840,000달러 + 1,890,000달러 총 재고 보관 비용

재고비축 = 17,730,000달러 반올림하면 대략 1,800만 달러

18,000,000달러/24,000톤 = 750달러/톤

	Y8	Y9	Y10	Y11
옵션 1 - 신규 계약	850달러	850달러	850달러	850달러
옵션 2 - 철강 비축	750달러	750달러	900달러	900달러

요약

모의 면접자는 생각을 정리하는 시간 없이 거의 즉시 요약해내야 합니다. 좋은 요약은 1분에서 1분 30초 정도 길이입니다. 요약은 언급된 것들을 재탕하는 것이 아닙니다. 문제의 요점을 정리하고, 출제자가 기억했으면 하는 두 세 가지 핵심 포인트를 말하는 것입니다.

- 문제를 요약 정리하고, 목표를 정리한 뒤, 다른 목표가 있는지 확인했습니까?
- 계산 실수를 했습니까?
- 최종 슬라이드를 만들었습니까?
- 면접을 출제자와 대화하는 형태로 이끌어 갔습니까?
- 핵심 사항을 모두 다루는 요약을 간결하게 해냈습니까?
- 작성한 노트는 잘 정리되어 있고 알아보기 쉬웠습니까?

시사점 • 주요 평가 항목은 모의 면접자의 현재 경기 상황에 대한 이해, 고객사가 재고를 비축하면 2년 뒤에 다른 계약을 맺어야 한다는 사실을 알아차리는 것 그리고 최종 슬라이드 제작 여부입니다. 최종 슬라이드를 제대로 채우는 것뿐만 아니라 출제자에게 돌려놓고 분석한 내용과 결정한 사항을 잘 설명하는 것 또한 중요합니다.

GPS 앱

연습문제 개요

고객사는 소비자로 하여금 유명 연예인의 목소리를 소비자의 GPS 시스템에 다운로드 받을 수 있도록 한 앱을 개발한 두 명의 대학생 팀입니다. 고객사는 국내 시장 규모와 다운로드 수 관점에서의 손익분기점, 가격 그리고 첫해 예상 수익을 조사해줄 것을 요청했습니다.

출제 가이드

모의 면접자는 질문을 요약 정리하여 문제 내용을 제대로 이해했는지 여부와 문제의 목표 시장 규모, 손익분기점, 가격 그리고 수익 를 확인해야 합니다. 모의 면접자는 또한 별도로 고려해야 할 목표가 있는지 물어봐야 하며, 이 연습문제에서는 없습니다.

대부분은 시장 규모를 먼저 추정하려 할 것입니다. 그러나 이 문제에서는 앱의 가격을 먼저 결정해야 합니다. 문제에서 주어진 순서대로 답을 할 필요는 없습니다. 뛰어난 학생은 가격을 먼저 결정함과 동시에 최종 슬라이드를 거의 즉시 만들기 시작할 것입니다. 뒤에 나올 예시를 보세요.

출제 가이드 : 데이터

고객사는 시장의 최초 진출자입니다. 고객사의 앱과 비슷한 앱은 존재하지 않습니다. 특허 출원 중이지만, 다른 회사가 특허를 침해하지 않는 선에서 유사한 앱을 만들기까지 1년 정도 걸릴 것으로 예상합니다.

비용 : 가격을 결정하기 위해서 모의 면접자는 먼저 비용에 대해 물어봐야 합니다. 고정비용은 50만 달러이고, 변동비용은 가격의 1/3을 애플 등 다른 플랫폼에 지불해야 하는 것입니다. 그리고 다운로드 1회당 연예인에게 지불해야 하는 로열티가 0.5달러입니다.

가격 : 가격을 결정하는 방법은 세 가지가 있습니다. 경쟁사 분석, 원가 기반 가격 설정 그리고 가격 기반 원가 계산입니다. 그러나 모의 면접자는 우선 고객사의 목표가 무엇인지 확인해야 합니다. 고객사의 목표는 다른 업체가 시장에 진입하기 전에 가능한 높은 시장 점유율을 확보하는 것입니다.

경쟁사 분석 : 고객사가 시장의 최초 진출자이므로 경쟁은 실질적으로 존재하지 않습니다. 그러나 아이튠즈 등과 유사한 플랫폼이라는 점을 고려했을 때, 음원, 벨소리 그리고 게임처럼 이미 팔리고 있는 상품들과 비교해 볼 수 있습니다. 이런 상품들은 무료에서부터 9.99달러에 팔립니다. 고객사의 상품을 이

정도 가격대로 설정하는 것은 충분히 합리적입니다.

원가 기반 가격 설정 : 고객사 상품의 변동비용은 상품 가격의 1/3 및 다운로드 당 0.5달러입니다. 모든 비용이 반드시 포함되도록 하세요.

가격 기반 원가 계산 : 소비자는 어느 정도 금액까지 지불할 의향이 있을까요? 고객사의 앱을 벨소리와 동일하게 생각할까요? 아니면 그보다는 조금 더 정교하고 고급스러운 상품이라고 생각할까요?

이 문제는 계산을 더 쉽게 만드는 숫자를 활용해보기에 좋은 문제입니다. 애플은 정가의 1/3을 수수료로 가져갑니다. 음원과 벨소리는 각 1.29달러에 판매됩니다. 모의 면접자는 아마 앱 판매가를 3달러로 설정하고 싶어할 것입니다. 1달러는 애플에게 지불하고, 0.5달러를 연예인에게 지불하면 고객사 입장에서는 1.5달러 이익이 남습니다.

국내 시장 규모 : 시장 규모를 추정하기 위해서 모의 면접자는 미국 내 휴대전화가 몇 대나 있으며 그 중 몇 %가 스마트폰인지 계산해야 합니다. 또한, 운전할 수 있는 사람을 구하고 연예인의 목소리를 구매할 사람을 추정해야 합니다. 아마 16세에서 36세 사이일 것입니다. 모의 면접자가 각 연령별 그룹에 대해 어떻게 생각하는지 설명하도록 하세요.

미국 인구는 평균 기대 수명 80세, 전체 3억 2천만 명이며 각 연령별로 고르게 분포되어 있다고 가정하세요. 아래 표는 그 예시입니다. 모의 면접자의 가정은 다를 수 있으나 근거를 댈 수만 있으면 괜찮습니다.

연령	인구	휴대전화 수	스마트폰 수	앱 구매자
0-20	8,000만	2,500만	2,000만	300만
21-40	8,000만	6,000만	5,000만	600만
41-60	8,000만	6,000만	5,000만	50만
61-80	8,000만	6,000만	4,000만	50만

이 차트에서는 1,000만 다운로드라는 결론을 도출했습니다. 또한, 구매자들이 평균적으로 목소리 두 개를 구입한다고 가정하면 첫 해 시장 규모는 2,000만 다운로드라고 추정할 수 있습니다.

손익분기점 :

BE = 고정비용/마진 마진 = 정가 - 정가의 1/3 - 로열티

BE = 500,000/(3 - 1 - 0.5) = 1.5

BE = 500,000/1.5 = 333,333 다운로드

이익 : 만약 첫 해 2,000만 다운로드를 달성한다면, 이익은 2,000만 곱하기 1.5달러이므로 3,000만 달러이며, 여기서 초기비용 50만 달러를 빼면 첫 해 이익은 2,950만 달러입니다.

최종 슬라이드 : 이번 최종 슬라이드는 간단해서 즉시 그려낼 수 있습니다. 출제자는 모의 면접자가 어떤 순서로 최종 슬라이드를 채우는지 지켜봐야 합니다. 모의 면접자가 문제에서 주어진 순서에 얽매여 있나요, 아니면 순서가 중요하지 않다는 사실을 깨달았나요? 최종 슬라이드는 일종의 구조이자 출제자가 숫자를 쉽게 따라갈 수 있도록 하는 채점표이며 요약입니다. 모의 면접자는 최종

슬라이드를 면접관에게 돌려놓고 설명해야 합니다.

가격	3달러
시장 규모	2,000만 다운로드
손익분기점	333만 다운로드
예상 이익	2,950만 달러

요약

모의 면접자는 생각을 정리하는 시간 없이 거의 즉시 요약해내야 합니다. 만약 최종 슬라이드를 만들었다면 그것이 바로 요약본입니다. 최종 슬라이드를 출제자에게 돌려 놓고 설명해야 합니다. 만약 최종 슬라이드를 만들지 않았다면, 좋은 요약은 1분에서 1분 30초 정도 길이입니다. 요약은 언급된 것들을 재탕하는 것이 아닙니다. 문제의 요점을 정리하고, 출제자가 기억했으면 하는 두 세가지 핵심 포인트를 말하는 것입니다.

이번 연습문제에서는 GPS 앱과 관련하여 네 가지 주요 사항을 결정해야 했습니다. 가격은 최종적으로 3달러로 결정했습니다. 시장 규모는 2,000만 다운로드로 추정되었고, 손익분기점은 333만 다운로드입니다. 첫해 예상 이익은 2,950만 달러입니다. 만약 이 숫자를 그대로 유지할 수 있다면, 매우 수익성 높은 스타트업이 될 것입니다.

성공적으로 연습문제를 풀었다면 다음 사항이 포함되어 있어야 합니다.
- 문제를 요약 정리하고, 목표를 정리한 뒤, 다른 목표가 있는지 확인합니다.
- 최종 슬라이드를 만듭니다.

- 계산 실수를 하지 않습니다.
- 합리적으로 가정합니다. 메모를 잘 정리하여 읽기 쉽도록 합니다.
- 주요 사항을 포함하여 간결하게 요약합니다.

시사점 • 모의 면접자는 시장 규모를 추정하기 전에 가격을 계산했습니까? 제가 이 문제를 출제했을 때 대부분의 학생들은 가격을 먼저 계산하는 대신 시장 규모를 먼저 추정하려고 했습니다. 이것 자체는 괜찮습니다만, 수많은 지원자들 사이에서 눈에 띄기 어려울 것입니다. 새로운 제품에 대한 케이스 문제를 풀 때, 특히 직접적인 경쟁이 존재하지 않는 상황에서는 가격을 먼저 계산해야 합니다.

온라인 완구점

연습문제 개요

고객사는 온라인 완구점이고, 미국 전역으로 장난감 및 완구를 배송합니다. 현재 보스턴 외곽에 물류창고를 하나 갖고 있으며, 이곳에서 완구를 유통합니다. 고객사는 페덱스를 통해 부모나 아이들 즉 최종 소비자에게 완구를 전달합니다. 고객사는 상품 유통을 아마존이나 대니스 같은 제삼자에게 외주를 주어 처리하는 것이 합리적인지 알고 싶어 합니다. 이 문제를 두 가지로 나눠서 생각해 봤으면 합니다. 고객사의 유통을 아웃소싱하는 것의 장단점은 무엇일까요? 그리고 아웃소싱하는 것이 재무적으로 합리적일까요?

출제 가이드

모의 면접자는 문제를 요약 정리하고 목표를 확인한 뒤 기타 목표가 있는지 물어봐야 합니다. 이번 연습문제에서 다른 목표는 없습니다. 어떤 모의 면접자는 답변 구조를 고심해서 짜려고 할 텐데, 꼭 그럴 필요는 없습니다. 이번 문제에서 답변 구조는 단순히 장단점을 나열하고 숫자를 계산하는 것입니다. 모의 면접자는 1분 가량 생각을 정리해 메모할 시간을 요청한 뒤, 장점을 먼저 말하고 그 다음 단점을 설명해야 합니다. 만약 지원자가 생각나는 대로 즉흥적으로 대답하려 하면, 답변을 끊고 "알겠습니다. 다른 것은 또 뭐가 있나요?"라고 물어보세요. 이렇게 물어봤을 때, 모의 면접자는 얼마나 빠르게 다음 장점 또는 단점에 대해 말하나요? 그리고 모의 면접자는 고객사가 완구회사이므로 매출의 80% 정도가 11월과 12월에 발생한다는 사실을 알아차려야만 합니다. 다시 말해, 물류창고는 3분기, 즉 9개월 동안 텅 빈 채로 있어야 한다는 의미입니다.

모의 면접자가 대답하는 장단점을 잘 들은 뒤, 모의 면접자가 놓친 내용을 언급하면서 대답한 내용을 다시 짚어주세요.

아웃소싱의 장점	아웃소싱의 단점
물류창고를 폐쇄하게 되면 물류창고 비용과 인건비를 줄일 수 있다. 물류창고는 현재 1년 중 9개월, 즉 3분기 동안 텅텅 비어 있다.	아웃소싱이 업체가 비용이 더 많이 들 수 있다.
소비자 주문 처리에 대한 부담을 덜 수 있다. 이로 인해 마케팅이나 판매처럼 고객사가 진짜 잘하는 것에 집중할 수 있다.	배송 패키지를 맞춤화 할 수 없다. 만약 아마존에 외주를 준다면, 모든 고객사 상품은 아마존 배송박스에 담길 것이고, 브랜드 인지도를 잃게 될 것이다.
외주업체는 미국 전역 곳곳에 물류창고를 갖고 있으므로 배송기간을 하루 이틀 정도 단축할 수 있으며, 배송비를 절감할 수 있다. 그리고 외주업체가 확장하게 되면 고객사 입장에서는 자본금 사용을 절약하게 되는 셈이다.	만약 실패한다면, 그때는 이미 고객사가 물류창고를 닫고 근로자를 해고한 상태일 것이므로, 새로운 업체를 찾아 재고를 모두 새로운 물류창고로 다시 옮겨야 할 것이다. 이런 일이 성수기에 발생한다면, 새로운 업체를 찾는 것조차 힘들 수 있다.
고객사가 성수기에 인력을 고용했다가 두 달 뒤에 해고하는 HR 및 회계 관점에서의 번거로움을 줄일 수 있다.	배송 과정에서 수익을 창출할 수 없기에, 이익이 줄어들 것이다.

출제 가이드 : 데이터

고객사 정보 : 모의 면접자가 연습문제의 두번째 질문을 풀 수 있도록 다음 정보를 주세요. 여러가지 숫자가 있습니다.

- 현재 고객사는 10개월 동안 월 20일, 하루 250건을 배송합니다.
- 성수기 2개월 동안 월 20일, 하루 2,000건을 배송합니다.
- 완구의 평균 판매가는 20달러입니다.
- 물류창고의 임대료, 공공요금 및 장비대여료는 연간 75,000달러입니다.
- 물류창고의 보험료는 9,000달러입니다.
- 정규직 근로자 4명에 대한 연간 인건비와 복리후생비용은 총 20만 달러입니다.
- 성수기에 고용하는 근로자 30명에게는 2개월 동안 월 20일, 일 8시간 근무

에 대해 시간당 10달러를 지급합니다. 복리후생비용은 별도로 지급하지 않습니다.
- 대니스 소비자주문 처리센터의 창고보관 비용은 1입방피트당 0.45달러입니다. 10개월 간 1만 입방피트, 2개월 간 10만 입방피트
- 재고보충 비용은 반품된 모든 완구에 대해 제품당 2달러입니다. 고객사의 반품율은 3%입니다.
- 고객사는 유통사에 패키지 당 1달러 처리수수료를 지불합니다.

모의 면접자가 얼마나 데이터를 잘 정리하여 메모하는지 지켜보세요. 모의 면접자는 반드시 계산한 내용을 출제자에게 설명해야 합니다.

▶ 패키지 수 및 매출과 이익

(월 20일, 일 250건 = 5,000패키지) x 10개월은 50,000패키지입니다.
(월 20일, 일 2000건 = 40,000패키지) x 2개월은 80,000패키지입니다.

따라서, 지난해 배송된 패키지의 총합은 130,000개입니다.
평균 매출은 패키지당 20달러 x 130,000 이므로 260만 달러입니다.

고객사 내부 비용

▶ 인건비

정규직 : 20만 달러
비정규직 : 30명 x 시간당 10달러 x 8시간 = 2,400달러
(2,400달러 x 20일 = 48,000달러) x 2개월 = 96,000달러
연간 물류창고 임대 및 장비대여료 : 75,000달러

연간 물류창고 보험료 : 9,000달러

총 비용 : 200,000달러 + 96,000달러 + 75,000달러 + 9,000달러 = 380,000달러

물류창고 수익 패키지당 1달러 처리수수료 = 130,000달러 모의 면접자는 이 수익을 고려하여 물류창고 총 비용에서 빼야만 합니다.

순 물류창고 비용 : 380,000달러 - 130,000달러 = 250,000달러

▶ **대니스 소비자주문 처리센터**

(0.45달러 x 10,000 = 4,500) x 10개월 = 45,000달러

(0.45달러 x 100,000=45,000) x 2개월 = 90,000달러

배송건수 : 130,000

반품율 3% : (130,000 x 0.03 = 3,900) x 2달러 = 7,800달러

총 비용 : 45,000달러 + 90,000달러 + 130,000달러 + 7800달러 = 272,800달러

고객사가 자체적으로 배송하는 비용이 22,800달러 더 저렴하지만, 모의 면접자는 다른 요소들도 같이 고려해서 결정을 내려야 합니다.

모의 면접자가 고객사는 어떻게 해야 할지 결정을 내리도록 하세요.

모의 면접자가 내린 결정을 들은 뒤, 이렇게 말하세요. "이제부터 당신이 왜 틀렸는지 알려 드릴게요!"

모의 면접자가 고객사 자체 배송을 선택했다면,
- 22,000달러는 매출의 1%도 안 됩니다. 22,000/2600,000=0.008
- 고객사가 차이를 메꾸려면 완구 1,900개, 약 1%만 더 팔면 됩니다. 고객사는 이를 통해 마케팅과 판매에 더 집중할 수 있습니다.
- 고객사는 대니스에 지불해야 하는 처리수수료 1달러를 소비자에게 전가할 수 있습니다.
- 배송료는 더 낮아질 것입니다.
- 업계 분위기가 성수기 동안은 무료 배송을 지향하고 있습니다. 따라서 수수료로 130,000달러 중 80,000달러는 받지 못하게 될 것입니다.
- 만약 고객사가 형편없는 유통사와 계약하게 될 것을 우려하고 있다면, 첫해에는 두 개 업체와 계약을 맺고 나중에 한 곳을 고르면 됩니다. 이렇게 하면 대량 주문에 대한 할인을 못 받을 수도 있지만, 대니스 물류창고 열 곳에서 새로운 유통사의 물류창고 열 곳으로 배송하는 것보다는 훨씬 저렴합니다.

모의 면접자가 아웃소싱을 선택했다면,
- 고객사는 자체 배송을 해야 브랜드와 배송 시간을 관리 및 통제할 수 있습니다.
- 고객사는 연중 10개월 가까이 3분기 동안 물류창고를 비워 둡니다. 이것이야말로 기회입니다. 고객사가 물류창고의 계절적 균형을 맞출 있는 기회이며, 어쩌면 추가적인 매출을 발생시켜 손익 균형을 맞출 수도 있습니다. 물류창고가 일년의 대부분은 비어 있기 때문에 고객사는 물류창고를 부분적으로 임대할 수도 있고, 다른 회사 제품을 유통하는데 쓸 수도 있습니다. 고객사의 홈페이지를 봄철에 주로 배송되는 상품들, 가령 테라스용 가구, 수영장 관련 장비나 또다른 장난감 등을 포함하는 방향으로 업데이트할 수 있습니다.

모의 면접자는 자신의 답변이 틀렸다는 지적과 그 이유를 들었을 때 공격적으로 반응합니까? 아니면 출제자가 지적한 대로 자신의 답변을 바꿉니까? 원래 대답한 내용에 대해 다시 한번 생각해 보나요? 아니면 성급하게 반응하나요?

잘 진행된 모의면접은 다음 사항을 포함해야 합니다.
- 계산 실수가 없어야 합니다.
- 합리적인 가정을 제시해야 합니다.
- 메모를 잘 정리하고 읽기 쉽게 해야 합니다.
- 출제자에게 메모한 내용을 돌려 놓아 출제자가 아닌 클라이언트처럼 느껴지게 해야 합니다.
- 내용이 명확한 제안을 해야 합니다.
- 답변에 대한 지적에 공격적으로 반응하지 말아야 합니다.

아주 잘 진행된 모의면접은 위 사항은 물론 다음 사항들도 포함해야 합니다.
- 22,800달러를 고려해야 합니다.
- 처리수수료를 소비자에게 전가할 수 있다는 생각을 해야 합니다.
- 업계 분위기가 성수기에는 무료 배송을 지향한다는 점을 제시하고 이것이 고객사에는 어떤 의미로 다가갈지 이야기해야 합니다.
- 물류창고를 활용한 추가적인 수익 창출 방안을 고민해야 합니다.

참고 : 저는 이 문제를 최소한 200번은 출제해봤습니다. 아웃소싱 업체 두 곳을 고려하는 방안을 생각해 낸 학생은 단 한 사람이었고, 소비자에게 처리수수료를 전가할 수 있다는 생각을 한 학생도 단 한 명이었습니다. 물류창고를 활용해 추가 수익을 창출하는 방안을 언급한 학생도 네 명뿐이었습니다. 그리고 무료 배송에 대해 이야기한 사람은 아무도 없었습니다.

KBO가전

연습문제 개요

미국의 주방가전 제조사 KBO가전은 전문가들이 이 회사의 새로운 라인을 창의적이지 않다는 의미로 "*Pedestrian"이라고 평했다는 소식에 따라 주가가 주당 34달러에서 30달러로 하락했습니다. CEO는 디자인팀에게 주요 제품들을 다시 디자인할 것을 지시함과 동시에 대학생 시장에 진입하고 싶어 합니다. CEO는 소형 전자레인지 부착형 냉장고를 만드는 것이 합리적일지 알고 싶어 합니다.

시장 규모는 얼마나 될까요? 신제품의 가격을 어떻게 책정해야 하며 고객사는 어느 정도 이익을 기대할 수 있을까요?

출제 가이드

모의 면접자는 문제를 제대로 요약해서 출제자와 동일하게 이해하고 있는지 확인해야 합니다. 또한, 주식 가격 변동을 백분율로 정량화 해야 하며, 이 문제에서 주가는 대략 12% 하락했습니다. 그 외에 고려해야 할 다른 목표가 있는지에 대해서도 물어봐야 합니다. 이 문제에서 다른 목표는 없습니다.

출제자의 입장에서 지켜봐야 할 몇 가지가 있습니다. 모의 면접자는 결정을

*Pedestrian : '보행자' 및 '보행자용의' 이외에 '상상력이 없고, 재미없는'이라는 뜻이 있음

내리기에 앞서 어떤 정보를 알고 싶어 합니까? 이상적으로는 모의 면접자는 뒤에 나올 표에 있는 모든 항목을 물어봐야 하지만, 그럴 가능성은 낮습니다. 출제자는 만약 모의 면접자가 물어본다면 아래에 있는 구체적인 정보를 전달해도 됩니다. 모의 면접자가 먼저 꺼내지 않는 항목에 대해서 질문을 던지세요. 그리고 나서 관련 정보를 주세요. 충분한 시간을 갖고 여덟 가지 항목을 모두 다뤄야 합니다. 완벽한 정답은 존재하지 않는다는 사실을 잊지 마세요. 모의 면접자가 압박 속에서 어떻게 생각하고 의사소통 하는지가 관건입니다.

모의 면접자가 메모를 어떻게 정리하는지도 매우 중요합니다. 뒤에 나올 차트와 유사한 형태의 차트를 그렸나요? 이것은 다름 아닌 최종 슬라이드입니다. 최종 슬라이드가 있으면 모의 면접자와 출제자 모두 문제의 흐름을 잘 따라갈 수 있습니다. 모의 면접자는 숫자를 계산하고 다양하게 작용할 여러 이슈와 변인에 대해 생각하면서 차트를 채워 넣어야 합니다. 문제풀이가 끝나갈 무렵에는 차트를 출제자가 볼 수 있도록 돌려 놓아야 하고요. 차트를 쭉 훑으면서 여덟 가지 이슈들을 모두 건드리는 것 자체가 문제를 종합적으로 요약하는 것입니다. 모의 면접자는 그 뒤에 결론을 내리면 됩니다. 만약 모의 면접자가 뒤에 나올 차트와 유사한 차트를 그리지 않았다면, 인터뷰 끝 무렵에 보여주도록 하세요.

연습문제는 어떤 정보를 알고 싶은지 물어보는 것으로 시작하면 됩니다.

시장규모 추정 : 이것은 일반적인 인구 관련 문제입니다. 미국 인구가 3억 2천만 명이라는 사실에서 출발하세요. 미국 인구의 평균 기대 수명이 80세이고 각 연령별 그룹에 인구가 고르게 분포되어 있다고 가정하세요. 즉, 2세 인

구와 72세 인구는 그 수가 같습니다. 이것은 각 연령별로 400만 명이 존재한 다는 뜻입니다. 대학생은 18세에서 22세로 5년에 걸쳐 있습니다. 요즘 대학생들은 평균적으로 졸업까지 5년이 걸리니까요. 따라서 미국 내 대학생은 2,000만 명으로 볼 수 있습니다.

기숙사에 살고 있는 풀타임 대학생만 고려하자면, 800만 명이 풀타임 대학생이며, 200만 명이 신입생, 200만 명이 2학년 등으로 가정할 수 있습니다. 모든 신입생은 기숙사에 살고 있다고 봐도 무방하며, 기숙사에 살고 있는 학생의 수는 학년이 올라갈수록 줄어듭니다. 또한, 대부분의 신입생들은 룸메이트와 살기 때문에 200만이라는 숫자를 반으로 나눠줍니다. 즉, 시장에는 신입생 100만 명이 존재합니다. 나머지 학생의 수를 모두 더하면 100만 명이 된다고 가정하고, 냉장고를 구매하는 학생들은 여러 해 동안 계속 보유할 것이라고 생각할 수 있습니다.

또한, 이 전자레인지 부착형 냉장고의 최대 구매자는 바로 대학교로 가정할 수 있습니다. 대학교는 전자레인지 부착형 냉장고를 구매한 뒤, 학생들에게 대여할 수 있으니까요. 어찌 되었든, 시장 규모는 연간 200만 대로 추정할 수 있습니다. 모의 면접자가 생각하는 과정이 모의 면접자가 실제로 도출한 숫자보다 중요합니다. 모의 면접자가 시장 규모를 어떻게 추정했든, 200만 대를 시장 규모로 활용하세요.

경쟁 상황과 제품 차별화 : 현존하는 소형 전자레인지 부착형 냉장고는 하얀색 소형 냉장고 위에 전자레인지가 부착된 형태로 모두 똑같이 생겼다고 말하세요. 그리고 모의 면접자에게 어떻게 제품을 차별화할 것인지 물어보고, 얼룩무늬 디자인의 에너지 효율적인 냉장고로 이야기를 이끄세요.

	소형 전자레인지 부착형 냉장고
시장 규모	연간 200만 대
경쟁 상황과 제품 차별화	현존 제품 3가지는 300달러에서 350달러 사이입니다. 고객사 제품은 네 번째 제품으로 제품 표면에 얼룩무늬 디자인이 들어 갈 것입니다.
비용 (고객사 제조원가)	대당 150달러
가격전략	가격 결정과 관련해, 모의 면접자가 몇 가지 고려해야 할 사항이 있습니다. 1) 고객사의 비용, 2) 경쟁상황, 3) 구매자 지불 가능 가격, 4) CEO의 시장 진출 의지. 또한, 시장 판매가는 20%가 올라간다는 사실도 감안해야 합니다. 고객사는 유통사에게 어떤 가격으로 판매할 것인가요? 고객사는 유통사를 거치지 않고 대학교에 직접 납품할 수 있습니까? 대학교는 구매 제품을 몇 년 동안 보유하므로 후속 판매는 저조할 것입니다.
예상 시장 점유율	가격이 주어지면 모의 면접자는 고객사가 기대할 수 있는 시장 점유율을 계산해낼 수 있습니다. 합리적인 첫 해 시장 점유율은 5% 수준이며, 그 이상은 불가능합니다.
이익	가격과 시장 점유율을 도출해내면, 고객사의 예상 이익 또한 도출해 낼 수 있어야 합니다.
경쟁업체의 대응	경쟁업체들은 어떻게 대응할 것 같습니까? 가격 전쟁? 호피무늬? 소비자들로 하여금 장기 계약을 맺도록 할까요?
기타 요인	고객사의 다른 상품들에 대한 카니발라이제이션이 발생합니까? (아니오.) 고객사는 어떤 시장을 끌어올 수 있습니까? (예시, 중소기업, 양로원, 병원 등)
결정	시장에 진출해야 할지 말아야 할지 결정을 내리세요.

* CEO는 대학생들에게 고객사 제품과 브랜드를 소개하여 장기적으로 그들로 하여금 계속 살아가면서 고객사 제품을 더 많이 구매하게 만들고자 하는 의도로 시장에 진출

하고 싶어 합니다. 이런 의도를 고려할 때 가격을 낮은 수준으로, 아마 가장 낮은 수준으로 책정해야 할 것입니다.

모의 면접자 평가 가이드

모의 면접자는 차트에 기재된 모든 이슈들을 비슷한 순서대로 다뤄야 합니다. 다시 말해, 제품의 가격을 알기 전까지는 고객사의 예상 시장 점유율을 파악할 수 없습니다. 그리고 시장 점유율을 예측하기 전까지는 이익을 계산할 수 없습니다. 모의 면접자는 큰 그림을 보고 있습니까? 모든 것들이 어떻게 연결되어 있는지 이해하고 있나요?

요약

가장 완벽한 요약은 출제자에게 최종 슬라이드를 설명하는 것입니다. 그러나 출제자 입장에서 이것을 기대하지는 마세요. 최종 슬라이드를 만드는 학생들조차 아주 극소수입니다. 만약 모의 면접자가 최종 슬라이드를 만들고 이를 설명한다면, 대단히 탁월한 학생입니다. 그러나 모의 면접자는 생각을 정리하는 시간 없이 거의 즉시 요약해내야 합니다. 좋은 요약은 1분에서 1분 30초 정도 길이입니다. 요약은 언급된 것들을 재탕하는 것이 아닙니다. 문제의 요점을 정리하고, 출제자가 기억했으면 하는 두 세가지 핵심 포인트를 말하는 것입니다.

연습문제를 잘 풀었다면 다음 사항이 포함되어 있어야 합니다.
- 문제를 요약 정리하고, 목표를 정리한 뒤, 다른 목표가 있는지 확인합니다.
- CEO가 시장에 진출하고 싶어하는 이유를 고려해야 합니다.
- 계산 실수를 하면 안 됩니다.

- 읽기 쉽게 잘 정리된 차트를 만들어야 합니다.
- 차트와 핵심 내용을 아우르는 간결한 요약을 제시해야 합니다.

시사점
- 모의 면접자는 최종 슬라이드를 그리는 것과 별개로 이슈들을 올바른 순서로 다뤘나요? 그리고 대학교가 최대 구매자가 될 수 있으며, 대학교 입장에서는 에너지 고효율 모델이 가장 매력적으로 보일 것이라는 점을 알아차렸나요? 또한 모의 면접자가 경쟁업체가 가격전쟁을 시작할 것이라고 대답했는지 여부도 중요한 사항입니다. 만약 그랬다면, 다음부터는 가격전쟁이라는 선택지를 고르는 것은 피하라고 알려주세요. 대부분의 컨설팅 펌에서는 가격전쟁이라는 선택지는 깊은 고민 없이 바로 튀어나오는 답변이라고 생각합니다.

방탄유리

연습문제 개요

고객사는 자동차 방탄 유리 시장에 진출하고 싶어 하는 신소재 기업입니다. 고객사는 단방향 방탄성 유리를 개발했습니다. 다시 말해, 총알이 차 안으로 들어올 수는 없지만, 차 안에서 밖으로 총알을 쏠 수는 있는 것입니다. 이 유리는 더 가볍고 제조 비용도 더 저렴합니다. 이런 내용이 유출되어 고객사 주가는 15달러에서 18달러로 뛰어올랐습니다. 고객사는 자동차 방탄 유리 시장 규모 추정 및 가격 전략, 공장 부지 선정을 요청했고 무엇보다 이 시장에 진출해야 할지 말아야 할지 의사결정을 원하고 있습니다.

출제 가이드

모의 면접자가 문제를 요약하고 목표를 확인하도록 하세요. 목표는 자동차 방탄 유리 시장 규모 추정 및 가격 전략, 공장 부지 선정 그리고 시장 진출 여부 결정입니다. 문제를 요약할 때, 모의 면접자는 주식이 3달러 상승했다가 아닌 20%가 상승했다고 말해야 합니다. 그리고 문제에서 언급되지 않은 다른 목표가 있는지도 물어봐야 합니다. 이 연습문제에서 다른 목표는 없습니다. 이렇게 목표를 확인하고 난 뒤에 모의 면접자는 잠깐 시간을 들여 생각을 구조화할 필요가 있습니다.

모의 면접자가 정리한 메모가 아래 그림과 비슷하다면 가장 이상적입니다.

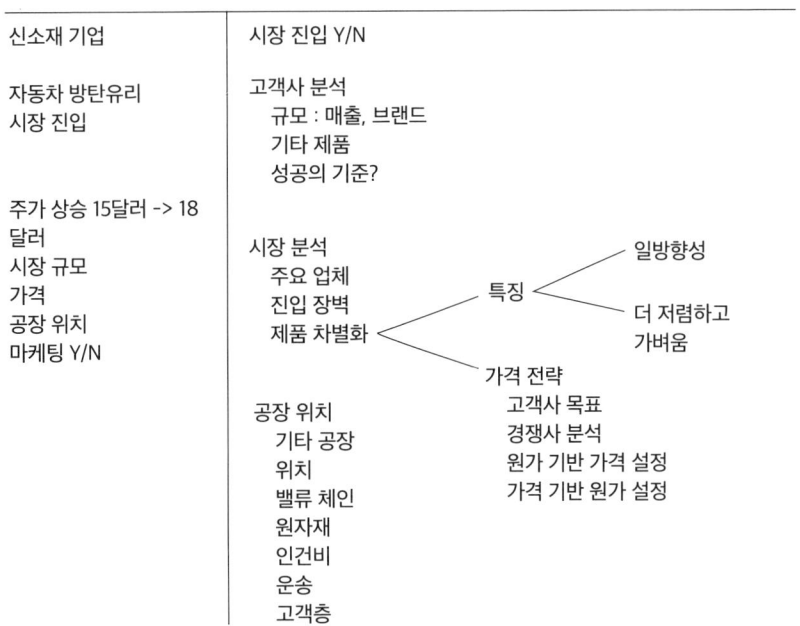

연습문제에서 제시된 상품은 고객사 입장에서 신제품일 뿐만 아니라 업계 전체에서도 신제품이기 때문에, 시장 규모를 추정하기 전에 가격전략을 세워야 할 것입니다.

출제 가이드 : 데이터

아래 정보들은 모의 면접자의 질문에 대답하기 위한 자료들입니다. 만약 아래 내용을 참조하더라도 알 수 없는 것을 질문한다면, 해당 질문은 문제와 관련이 없다고 대답하세요. 만약 모의 면접자가 아래 내용 중 질문하지 않는 것이 있다면, 반대로 모의 면접자에게 질문을 던지세요. 가령, "진입 장벽에 대해서는 어떻게 생각하세요?"처럼요. 이번 연습문제에서는 답변의 구조가 중요합니다. 가장 이상적인 답변 순서는 고객사, 전반적인 시장 상황, 가격전략, 시장 규모 추정, 공장 부지 선정 그리고 시장 진출을 위한 최선의 전략입니다. 대부분의 학생들이 시장 규모 추정 먼저 하려고 할 텐데, 이것이 큰 문제가 되진 않지만 최선의 방법은 아닙니다.

▶ **고객사**
- B2B 사업으로 매출 150억 달러 규모
- 다른 자동차 산업용 제품은 없습니다. 완전평면 텔레비전 패널, 태양광 패널, 반도체, 방탄 벽, 빌딩 창문 제품을 보유하고 있습니다.
- 신제품은 특허로 보호되고 있습니다.
- 고객사가 생각하는 성공의 기준은 향후 3년 안에 시장 점유율 10%를 달성하는 것입니다.

▶ **시장**
- 시장의 주요 업체는 총 4개이며, 각각 25%씩 점유하고 있습니다. 두 곳은 대기업의 사업부이며, 두 곳은 중소기업입니다. 지난 5년 동안 시장은 매년 10%씩 성장했습니다.
- 제품 차별화 관련하여, 고객사 신제품은 더 가볍고, 제조 비용이 낮으며 일

방향입니다. 일방향성 제품은 아직 시장에 없습니다. 단점이 하나 있다면, 차 안에서 밖으로 총알을 쏘게 되면, 유리의 강도는 손상됩니다.

- 시장 진입과 관련하여, OEM 계약은 자리를 잡기까지 통상 4년이 걸립니다. OEM 시장이 80%, 2차 시장이 20%입니다.

참고 : 만약 고객사의 목표가 시장 점유율 10%인데, OEM 계약이 4년 정도 소요된다면, 고객사는 2차 시장에서 시장 점유율 목표를 달성해야 합니다. 이것은 곧 2차 시장의 절반을 확보해야 한다는 의미이고, 인수전략 없이는 거의 불가능에 가깝습니다.

▶ **가격전략**

- *고객사 목표* : 3년 이내 시장 점유율 10% 달성
- *경쟁업체 분석* : 경쟁업체 4개 회사 가격은 제곱피트 당 400달러에서 450달러 사이
- 이 제품을 생산하려면, 공장에 제곱피트 당 약 300달러를 줘야 합니다. 그리고 25% 정도의 마진을 남길 수 있습니다.
- *원가 기반 가격전략* : 제조 원가는 제곱피트 당 250달러입니다. 일반적인 차량은 유리를 25제곱피트 사용합니다.
- *가격 기반 원가설정* : 소비자들은 과연 고객사 제품을 구매하기 위해 돈을 더 지불할까요? 제품이 더 가볍다는 것은 다루기 쉽다는 의미이고, 연비를 늘릴 수 있다는 뜻입니다. 그러나 방탄 유리는 애써 비용을 절감하고 싶어 하는 부품이 아닙니다. 소비자들은 최고의 방탄 유리를 사고 싶어 하죠. 즉, 소비자들은 가격에 민감하지 않습니다.

시장 규모 추정

전세계 자동차 방탄유리 시장의 규모는 어떻게 될까요?

방탄유리를 사용하는 클라이언트는 군대, 기업과 더불어 FBI, 지역 경찰 등 정부기관 그리고 이들과 대립각을 이루는 상대편들입니다. 왕족, 유명 연예인, 마피아, 마약상, 그리고 무장 트럭 또한 방탄 유리를 사용합니다. 게다가, 이 시장은 OEM시장과 2차 시장으로 나누어서 생각해야 합니다.

이 시장 규모를 추정하는 가장 효과적인 방법은 미국에 대해 몇 가지 가정을 만들고 그것을 전세계 시장으로 확대 추론하는 것입니다. 먼저 가정을 세워보죠.

미국 차량의 1%는 방탄유리를 이용합니다.
미국 차량은 전세계 시장의 10%를 차지합니다.

다음으로, 미국 내 존재하는 차량의 대수를 계산해보세요. 이것은 가구 단위로 접근해야 합니다. 미국 인구를 3억 2천만 명, 가구 당 3.2명, 즉 1억 가구가 있다고 가정합시다. 그리고 이 데이터를 소득 수준별로 나눠야 합니다. 모의 면접자는 차트를 그려서 출제자에게 단계적으로 설명해야 합니다.

소득 수준	가구의 수	가구 당 차량 보유	합계
고소득	1,000만	3	3,000만
중소득	6,000만	2	1억 2,000만
저소득	3,000만	0.5	1,500만

미국 내 가구가 소유한 차량을 계산하면 1억 6,500만 대가 나옵니다. 여기에 군용 차량과 택시, 렌터카, 리무진 버스, 정부기관 차량, 대학교 차량, RV 그리고 무장 차량을 더해야 합니다. 이렇게 추가로 더해야 하는 차량들은 한꺼번에 숫자 하나로 묶어서 계산을 용이하게 만들 수 있습니다. 가령, 이 연습문제에서는 3,500만대라고 할 수 있습니다. 따라서 미국 내 존재하는 차량은 2억 대입니다. 여기에 차량의 기대 수명이 10년이라고 가정하면, 매년 2,000만 대가 새로 판매된다고 볼 수 있습니다.

신차 2000만 대 x 0.01 = 20만 대 미국 내 방탄 유리 신차
신차 제외 1억8,000만 대 x 0.01 = 180만 대 미국 내 방탄 유리 차량
종합적으로 미국 내 차량 200만 대가 방탄 유리를 사용합니다.
미국은 전세계 시장의 10%를 차지하므로 전세계적으로 봤을 때 차량 2,000만 대가 방탄 유리를 사용합니다.

모의 면접자가 계산한 결과는 위 내용과 매우 다를 수 있습니다. 모의 면접자가 합리적인 근거를 바탕으로 튼튼한 가정을 세웠다면 문제없습니다.

공장 부지 선정

모의 면접자가 문제를 풀면서 반드시 던져야 하는 몇 가지 질문이 있습니다. 고객사의 기존 공장 위치는 어디에 있습니까? 지역별 방탄 유리 판매 현황은 어떻습니까? 소비자들은 주로 어디에 있습니까?

고객사의 다른 공장은 아일랜드, 독일, 이스라엘, 미국 그리고 브라질에 있습

니다. 아일랜드 공장에서는 빌딩에 사용되는 방탄 유리를 생산합니다. 고려해야 하는 다른 사항들은 밸류체인, 원재료, 인건비, 운송 그리고 고객층입니다. OEM은 디트로이트, 도쿄, 베를린 그리고 사우스캐롤라이나에 있습니다. 또 다른 고려 사항은 중소기업을 인수할지 여부입니다. 만약 고객사가 경쟁업체를 인수하다면, 인수업체의 공장을 생산하는 데 사용할 수 있습니다, 경쟁업체의 생산 능력이 충분하다면요. 지역별 그리고 사용자별 방탄 유리 시장 현황은 다음과 같습니다.

중동 - 35%   **남미** - 25%
아시아 - 20%   **미국** - 10%
기타 - 10%

시장 진입

문제는 단순히 시장에 진입할지 말지 결정하는 것으로 끝이 아닙니다. 어떻게 진입할지가 중요합니다. 이 부분에서 출제자가 유심히 지켜봐야 하는 것은 모의 면접자가 중소기업, 특히 OEM 계약을 갖고 있는 기업 인수를 제안하는지입니다. OEM 계약이 자리를 잡기까지 4년이 걸린다는 사실을 기억하세요. 인수하면 이 과정을 가속화할 수 있고 고객사가 3년 안에 10% 시장 점유율을 달성하는 데 도움이 될 것입니다.

시장에 진입하기 위한 방법은 다섯 가지가 있습니다. 모의 면접자는 각각을 검토하여 장단점을 제시해야 합니다.

- 고객사가 자체 생산하는 유기적 성장

- 인수
- 타 회사로 기술 이전
- PB 상품 생산
- 조인트벤쳐

최종 슬라이드 : 시장 규모 추정, 가격전략, 공장 부지 선정, 시장 진입 전략 이 네 가지에 대한 문제를 받으면, 문제풀이를 시작할 때 별도의 종이 위에 최종 슬라이드를 만들면 됩니다. 이 최종 슬라이드는 요약본이자 채점표의 기능을 할 수 있습니다. 문제를 풀어가면서 최종 슬라이드를 채우고 나서 출제자가 볼 수 있도록 돌려놓고 설명을 하면 됩니다.

다음 차트는 정답 예시입니다. 모의 면접자가 그린 최종 슬라이드는 다르게 생길 수도 있는데, 합리적이고 타당한 논리가 있다면 괜찮습니다.

시장 규모	2,000만 대
가격	제곱피트 당 500달러
공장 부지	아일랜드
시장 진입 여부	예

요약

모의 면접자는 생각을 정리하는 시간 없이 거의 즉시 요약해내야 합니다. 이 케이스를 잘 요약해내면 30초에서 1분 정도 걸릴 것이고 최대 1분 30초까지도 가능합니다. 요약은 언급된 것들을 재탕하는 것이 아닙니다. 문제의 요점을 정리하고, 출제자가 기억했으면 하는 두 세가지 핵심 포인트를 말하는 것입니다. 만약 모의 면접자가 최종 슬라이드를 만들었다면, 그것이 바로 요약본입니다. 출제자에게 돌려놓고 설명하면 됩니다.

대부분의 학생들이 고객사가 이 시장에 진입해야 한다고 제시하겠지만, 출제자로서 지켜봐야 하는 것은 인수라는 선택지를 제시하는지 그리고 그 선택지를 어떻게 다른 시장 진입 전략과 공장 부지 선정 관련 논의에 녹여내는지입니다.

이 연습문제를 잘 풀어 내기 위해서는 다음 사항들을 해내야 합니다.
- 문제를 요약 정리하고, 목표를 정리한 뒤, 다른 목표가 있는지 확인합니다.
- 고객사에 대한 논의부터 시작하는 명확한 답변 구조를 짜야 합니다.
- 명확한 질문들을 던져야 합니다.
- 계산 실수를 해서는 안 됩니다.
- 메모를 읽기 쉽게 잘 정리해야 합니다.
- 최종 슬라이드를 만들어야 합니다.
- 문제의 핵심 내용을 모두 포함하여 간결하게 요약해야 합니다.

시사점 • 모의 면접자는 출제자가 줄 수 있는 모든 정보를 얻을 수 있도록 제대로 된 탐색 질문을 던졌나요? 모의 면접자는 문제를 완전하게 이해했습니까? 즉, 시장 진입 여부를 넘어 진출 방법까지 고려해야 한다는 사실을 깨달았나요? 모의 면접자는 시장 규모를 빠르게 추정해냈나요, 아니면 시장 규모의 범위와 복잡성에 발목 잡혔나요? 마지막으로, 최종 슬라이드를 만들었나요?

스타틴 블루

연습문제 개요

고객사는 존슨앤존슨과 비슷한 거대 제약회사입니다. 이 회사는 스타틴 블루라는 이름의 콜레스테롤 억제 신약을 개발했습니다. 스타틴 블루는 혈관 억제제 중 약한 편에 속하기 때문에 즉 신약은 기존의 전통적인 처방약보다 약합니다, 고객사는 신약을 처방전 없이 구매 가능한 약* OTC으로 출시할지 아니면 처방전이 필요한 약으로 출시할지 고민 중입니다.

고객사는 다음 사항을 요청해왔습니다.
- *OTC약과 처방약 중 어떤 시장에 들어가야 할 지 판단
- 소비자 수 관점에서 두 시장의 손익분기점 계산
- 두 시장 진입 시 예상 이익 계산
- 처방약 시장 진입 시 장단점 정리

출제 가이드

모의 면접자가 문제를 요약하고 네 가지 목표를 확인하는지 지켜보세요. 어떤 시장에 진입해야 할지 판단, 소비자 수 관점에서 두 시장의 손익분기점 계산, 두 시장 진입 시 예상 이익 계산, 처방약 시장 진입 시 장단점 정리 또한, 네 가지 목표 이외에 신경 써야 할

---

* OTC : Over-The-Counter, 처방전 없이 구매 가능한 약

다른 목표가 있는지 물어보는지 살펴보세요. 이 연습문제에서 다른 목표는 없습니다. 모의 면접자가 문제를 요약하고 목표를 확인했으면, 장단점을 정리해 보는 것부터 시작하도록 하세요.

모의 면접자가 장단점을 정리할 때, 생각을 정리하고 메모할 시간을 요청하는지 지켜보세요. 60초 정도만 있어도 모의 면접자는 무작위로 떠오르는 장단점을 잘 정리해낼 수 있습니다. 그리고 출제자에게 대답해야 하는 순간이 오면 정리한 장단점 중 장점을 먼저 그리고 단점을 나중에 말해야 합니다. 절대 모의 면접자가 장단점을 하나씩 번갈아 가면서 이야기하지 않도록 하세요.

처방약 시장
- 가격을 더 높게 청구할 수 있음
- 보험 보장 범위
- 더 효과가 좋은 것으로 인식됨
- 기존의 판매 조직 활용 가능함
- 의사가 약을 처방하고 나서 유명해지면, 환자들이 스스로 찾는 선순환을 기대할 수 있음
  - 압도적인 경쟁업체의 존재 시장 점유율 49%인 리피터
  - 경쟁업체의 대응이 치열할 것으로 예상됨

OTC 시장

- 소비자가 쉽게 접할 수 있음 의사를 거치지 않아도 됨
- 대량 생산 및 판매가 가능함
- 마케팅이 더 쉬움
- 고객사의 브랜드 인지도 존재
- 잠재력이 크지만 아직 아무도 건드리지 않은 시장
  - 효과가 떨어질 것이라는 시각 존재 약 -10% 수준
  - 신약의 필요성을 널리 알려야 한다는 점

시장 진입

모의 면접자는 장단점을 나열한 뒤 시장에 대해서 질문해야 합니다. 출제자는 모의 면접자로 하여금 처방약 시장에 대해 먼저 물어보도록 만드세요. 모의 면접자는 신시장 진출에 대해 어떤 정보가 필요할까요?

경쟁사는 어디입니까?

경쟁사의 시장 점유율은 몇 %입니까?

경쟁사의 제품은 스타틴 블루와 어떻게 다릅니까?

진입 장벽이 있습니까? 고객사는 처방약 시장 및 OTC 시장 둘 모두에 대해 FDA 승인을 받았습니까?

참고 : 고객사는 다른 콜레스테롤 억제 관련 제품을 생산하지 않습니다.

6 : 파트너 케이스

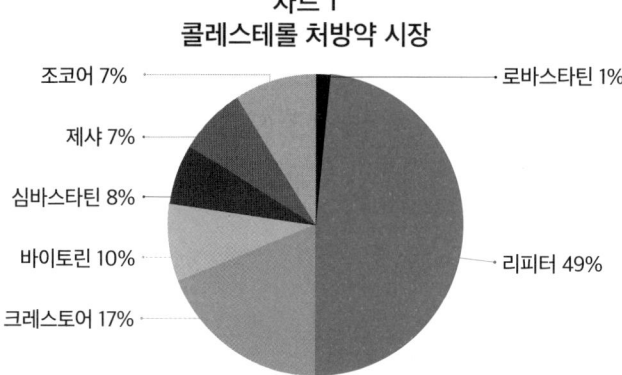

출제 가이드 : 데이터

▶ **고객사**

- 다양한 제약 포트폴리오를 보유한 대기업 제약사이며, 제품의 50%는 OTC이고 나머지 50%는 처방약입니다. 이를 통해 모의 면접자는 고객사의 유통 및 마케팅 채널이 두 시장 모두에서 튼튼하게 구축되어 있다는 점을 간파해야 합니다.

▶ **처방약 시장**

- 현재 시장 규모 : 1,400만 명 및 140억 달러 매출, 모의 면접자에게 이 책의 뒤쪽에 있는 차트를 보여주세요.
- 보험이 적용되면, 환자는 월 15달러를 개인 부담합니다.

▶ **OTC 시장**

- 현재 시장은 존재하지 않습니다 스타틴 블루 같은 약을 처방전 없이 살 수 있는 시장은 존재하지 않는다는 의미.

- 스타틴 블루를 OTC로 출시하게 되면 소비자들은 한달치를 구매하기 위해 15달러를 내야 합니다.
- 보험이 적용되지 않습니다.

▶ **스타틴 블루**
- 리피터 라이트 버전으로 생각하세요. 효과가 덜 합니다.
- 통상적인 혈관 억제제와 유사한 부작용이 있지만 그 강도는 더 낮습니다. 부작용은 근육통, 설사, 성기능 장애, 인지장애 및 간 손상이 있을 수 있습니다.

▶ **비용**
- 제조 비용은 연간 4,000만 달러입니다. 이것이 모의 면접자가 알아야 유일한 비용입니다.

▶ **가격전략**
- 최종소비자에게 도달하는 비용은 어떤 시장에 진출하든 동일합니다. 처방약 시장에서 환자는 월 15달러는 개인 부담해야 하고, OTC 시장에서는 한달치가 15달러입니다.

▶ **이익**
- 고객사가 처방약 시장에 진출했을 경우 병 당 20달러 이익을 냅니다. 환자는 한 달에 1병, 즉 연간 12병을 복용합니다. 연간 이익은 환자 1명 당 240달러입니다.
- 고객사가 OTC 시장에 진출했을 경우 병 당 5달러 이익을 냅니다. 환자는 한 달에 1병, 즉 연간 12병을 복용합니다. 연간 이익은 환자 1명 당 60달러입니다.

처방약 시장 : 모의 면접자에게 아래 차트를 설명해주세요. 환자의 콜레스테롤 수치가 180보다 낮다면, 매우 건강하다는 뜻입니다. 만약 180과 200 사이이면, 의사는 환자에게 운동을 더 많이 하고 건강한 음식을 먹으라고 할 것입니다. 환자의 콜레스테롤 수치가 200에서 220 사이이면, 스타틴 블루의 핵심 타겟입니다. 이 환자 그룹은 전반적인 처방약 시장의 10%를 차지합니다. 그러나 고객사는 전체 1,400만 인구가 있는 콜레스테롤 처방약 시장에서 오직 4% 56만 명 밖에 확보하지 못할 것이라고 생각합니다. 환자의 콜레스테롤 수치가 220이 넘어가면, 의사는 앞서 언급된 차트에 있는 7가지 약 중 하나를 처방할 것입니다.

스타틴 블루가 있기 전에는 콜레스테롤 수치가 210 이상일 경우 의사가 위 7가지 약 중 하나를 처방할 가능성이 높았으나 이것은 과잉 진찰일 수 있고 환자는 부작용을 겪을 수도 있습니다.

250	고위험군 (전체 콜레스테롤 억제 처방약 시장의 10%)	
220	처방전이 필요한 콜레스테롤 억제제 타겟 (전체 콜레스테롤 억제제 처방약 시장의 80%)	
200	스타틴 블루 타겟 (고객사는 콜레스테롤 수치가 200에서 220 사이인 환자가 전체 콜레스테롤 억제제 시장의 10%를 차지한다고 생각함)	10%
180	식단 관리 및 운동 요망	
<180	건강함	

OTC 시장 : OTC 시장 규모를 추정하는 것은 이 문제의 가장 어려운 지점입니다.

▶ 가정

- 미국 인구는 3억 명입니다.
- 미국 인구 중 건강보험을 갖고 있어서 처방약 시장에 접근 가능한 사람과 건강보험이 없어서 할인된 처방약을 구할 수 없는 사람의 비율을 80:20입니다.
- 건강보험을 갖고 있는 미국 인구 2억 4천만 명 3억 x 0.8 중 1,400만 명 즉 약 5%는 콜레스테롤 문제가 있다는 사실을 알고 있습니다. 14/240 = 5.8%, 소수점 첫째자리를 버리면 5%입니다.
- 건강보험이 없는 사람은 6,000만 명 3억 x 0.2 입니다. 따라서 건강보험이 없는 사람 중 최소 2% 즉 300만 명 6,000만 x 0.2 은 콜레스테롤 문제가 있다고 가정할 수 있습니다. 여기에 100만 명을 추가하고 싶습니다. 왜냐하면 건강보험이 없는 사람들은 꾸준한 건강 검진을 받지 않기 때문에 비만, 심근경색, 뇌졸중의 가능성이 더 높기 때문입니다.
- 콜레스테롤 문제가 있을 확률이 높은 건강보험 미가입자 400만 명 중에서, 25% 즉 100만 명이 고객사 제품을 살 것이라고 가정하겠습니다. 이들 중 많은 사람들에게는 그들이 보거나 느낄 수 없는 문제에 대한 약을 구매하기 위해 매달 15달러를 쓰는 것보다 집세를 내거나 가족을 부양하는 것처럼 더 중요한 일들이 있습니다.
- 이 100만 명에 대해 20세에서 40세 사이의 사람들을 또 보태겠습니다. 자기 자신은 콜레스테롤 문제는 없지만, 이들의 부모나 친척들이 콜레스테롤 문제를 갖고 있는 사람들입니다. 콜레스테롤 수치는 유전자와 연결되어 있기 때문에 이들은 부모와 같은 길을 걷게 될 것이라는 점을 알고 차후의 문제를 예방하기 위해 무엇인가를 하고 싶어할 것입니다.
- 미국 인구 3억 명을 4세대로 균일하게 나누면 각 세대당 7,500만 명이므로

20세에서 40세 사이의 그룹은 7,500만 명이 됩니다.
- 이들 중 5%에 해당하는 인원의 부모가 콜레스테롤 문제가 있다고 가정합시다. 7,500만 명의 5%는 375만 명, 약 400만 명입니다. 이 400만 명 중 25%가 예방적 조치를 취하고 스타틴 블루를 구매할 것으로 가정하겠습니다. 다시 말해 100만 명입니다.
- 결과적으로 OTC 약을 구매할 소비자의 총합은 200만 명입니다. 이 숫자는 확정적인 숫자가 아닙니다. 모의 면접자가 같은 논리에 근거해 동일한 숫자를 도출했는지는 중요하지 않습니다. 모의 면접자가 생각한 바가 논리에 기반을 두고 있기만 하면 문제 없습니다.

▶ **손익분기점 계산**
- 처방약 시장 손익분기점
  - 4,000만 달러 비용을 병 당 수익 20달러로 나누면 병 200만 개이고, 이를 12개월로 나누면 소비자 수는 166,667명입니다.
- OTC 시장 손익분기점
  - 4,000만 달러 비용을 병당 수익 5달러로 나누면 병 800만 개이고, 이를 12개월로 나누면 소비자 수는 667,000명입니다.

▶ **이익 계산**
- *처방약 시장* : 소비자 560,000명 x 240달러 = 1억 3,440만 달러
- *OTC 시장* : 소비자 2,000,000명 x 60달러 = 1억 2,000만 달러

어떤 시장을 고르시겠습니까?

최종 슬라이드

대단히 중요한 부분입니다. 모의 면접자가 최종 슬라이드를 만들어야 하겠다는 선견지명을 갖췄다면, 확실히 눈에 띄게 될 것입니다. 두세 가지 전략이나 선택지, 아이디어를 비교하는 문제에서 동일한 기준을 적용해야 한다면, 거의 즉시 최종 슬라이드를 그리기 시작해야 합니다. 숫자를 계산하면서 최종 슬라이드를 채워 넣으세요. 이렇게 하면 모든 주요 정보들을 한 곳에 모을 수 있고, 출제자도 쉽게 이해할 수 있습니다.

모든 정보가 다 채워지면, 모의 면접자는 최종 슬라이드를 면접관에게로 돌려놓고 설명을 시작하면 됩니다. 이것이 가장 좋은 요약입니다. 그리고 실제 컨설턴트가 클라이언트에게 보고할 때 쓰는 발표 자료의 결론 슬라이드와 유사합니다. 케이스 면접 마무리 단계에서 모의 면접자가 분석한 내용을 검토해줄 때 다음 차트를 보여주세요.

	처방약 시장	OTC 시장
시장 규모		
손익분기점		
이익		
진입 시장 선택		
기타 고려 사항		

요약

모의 면접자는 생각을 정리하는 시간 없이 거의 즉시 요약해내야 합니다. 좋은 요약은 1분에서 1분 30초 정도 길이입니다. 요약은 언급된 것들을 재탕하는 것이 아닙니다. 문제의 요점을 정리하고, 출제자가 기억했으면 하는 두 세 가지 핵심 포인트를 말하는 것입니다.

모의 면접자는 다음 사항을 잘 해냈습니까?
- 문제를 요약하고 목표를 정리하고 다른 목표가 있는지 확인했습니까?
- 계산을 실수 없이 잘 했습니까?
- 최종 슬라이드를 만들었습니까?
- 시장 규모를 논리적이고 타당한 근거를 갖고 추정했습니까?
- 문제에 대한 단순한 답변을 넘어 출제자를 대화로 이끌었습니까?
- 핵심 내용들을 포함하는 간결한 요약을 만들었습니까?
- 메모를 읽기 쉽게 잘 정리하여 작성했습니까?

시사점

최종 슬라이드를 작성하는 것 이외에, 모의 면접자는 다음 내용들을 반드시 다뤄야 합니다.

- 고객사의 두 시장 진출 시 경쟁사의 대응
- 두 시장 동시에 진출하는 것
- 어떤 시장을 먼저 진출해야 하는지? 처방약 시장을 먼저 진출해야 합니다.
- 각 옵션들에 대한 장단점은 무엇인지?

시너지는 일반적으로 제조 공장 간의 효과 등도 포함합니다. 고객사는 또한 이미 튼튼하게 갖춰진 유통 채널과 마케팅 전략을 활용할 수도 있습니다.

참고 : 모의 면접자가 작성한 메모가 깔끔하게 잘 작성되어 있고 읽기 쉬운지 반드시 확인하세요. 케이스 면접 마지막에 다다랐을 때 모의 면접자는 메모를

처방약 시장과 OTC 시장 두 영역으로 나눠야 합니다. 모의 면접자는 메모지를 반으로 나누는 선을 그었습니까? 처방약 시장과 OTC 시장에 대해서 계산할 때는 별도의 종이 위에 했습니까?

생수

연습문제 개요

지난 해 미국에서는 40억 갤런 이상의 생수가 판매되었습니다. 고객사는 0.5리터 사이즈 카테고리에서 10억 병의 음용수를 판매했습니다. 고객사는 과거에 생수병을 '에드'라는 판매업자로부터 개당 5센트씩 구매했습니다. '에드'에게서 구매한 병은 폴리에틸렌테레프탈레이트 즉 PET병이고, 이것은 석유가 그 원재료입니다.

판매업자 '에드'는 판매가격을 1센트 올리려고 하는데, 이것은 고객사 입장에서 비용이 1,000만 달러가 증가하는 셈입니다. 고객사는 자체 생산을 고려 중이지만 현재로서는 그렇게 할 수 있는 여력이 없습니다. 고객사의 CFO는 자체 생산을 하는 것이 합리적인지 판별해 주길 원합니다. CFO는 투자 후 2년 안에 손익분기점에 도달하길 원하며, 또한 고객사가 인소싱 외주를 주지 않고 내부적으로 진행하는 것. 아웃소싱의 반대 을 해야만 하는지도 알고 싶어 합니다.

공병 생산을 인소싱할 지 판단하는 것 이외에, 고객사가 미국 생수 산업의 몇 %를 점유하고 있는지도 말씀해주세요.

출제 가이드

모의 면접자가 시장 점유율을 구하기 이전에 문제를 요약하고 공병 생산을 인소싱할 지 판별해야 한다는 목표를 반드시 확인하도록 하세요. 이외에 또다른 목표가 있는지도 확인해야 하는데, 이 연습문제에서 또다른 목표는 없습니다.

시장 점유율 계산하기 :

생수의 용량으로 접근해야 합니다. 모의 면접자에게 1파인트를 0.5리터로 가정해도 된다고 말해주세요.

만약 모의 면접자가 단위에 대해 물어본다면, 다음을 알려주세요.

대부분의 학생들이 물어볼 것입니다.

2파인트 = 1쿼트

4쿼트 = 1갤런, 8파인트 = 1갤런

갤런을 파인트로 변환하는 가장 쉬운 방법은 다음과 같습니다.

40억 갤런 = 320억 파인트

10억 x 0.5리터 = 10억 파인트

10억 파인트/320억 파인트 = 시장의 약 3%

모의 면접자에게 이것을 물어보세요. "구체적인 숫자에 대해 이야기하기 전에, 그냥 머리에 떠오르는 대로 고객사 자체 생산의 장단점을 쭉 말씀해 주시겠습니까?"

장점	단점
비용 절감	리스크 증가
향후 비용에 대한 통제 가능	경험 부재
경쟁업체에 공병 판매 가능	막대한 초기 투자 비용
	통제 불가능한 경제적 변동요인

만약 모의 면접자가 위 장단점 중 빼먹는 내용이 있더라도, 바로 말해주지 마세요. 모의 면접자는 무엇을 놓쳤는지 나중에 깨닫게 될 것입니다. 대신 다음 차트를 보여주세요.

Y1	에드(판매업자)	고객사
제조원가	6,000만 달러	?
빌딩 관련 비용	N/A	600만 달러
장비 관련 비용	N/A	400만 달러
인건비	N/A	?
유지보수비	N/A	4만 달러
운송비	N/A	?
행정비	N/A	100만 달러
병당 비용	0.06달러	?

좌측 열은 공병 생산과 관련한 비용 내역입니다. 중간 열은 고객사가 판매업자 에드에게 지불해야 하는 비용입니다. 공병 10억 개 × 개 당 6센트 = 6,000만 달러 우측 열은 고객사가 자체 생산할 때의 비용입니다. 몇몇 항목은 채워져 있지만, 나머지는 아직 알 수 없으므로, 모의 면접자가 계산해야 합니다.

출제 가이드 : 데이터

제조원가 - PET 알갱이 1 갤런의 원가는 5달러입니다. 공병 1,000개를 제조하기 위해서는 10갤런이 필요합니다. 고객사는 공병 10억 개를 제조할 계획입니다.

답 : 50달러 / 1,000 = 병 당 0.05달러

0.05달러 x 공병 10억개 = 5,000만 달러

인건비 - 20명 x 월 4,000달러 = 월 80,000달러

답 : 월 80,000달러 x 12개월 = 연 960,000달러 반올림하지 마십시오.

운송비 - 공병 1개에 대한 운송비는 0.005달러입니다.

답 : 0.005달러 x 공병 10억개 = 500만달러

완성된 차트는 다음과 같습니다.

Y1	에드(판매업자)	고객사
제조원가	6,000만달러	5,000만 달러
빌딩 관련 비용	N/A	600만 달러
장비 관련 비용	N/A	600만 달러
인건비	N/A	96만 달러
유지보수비	N/A	4만 달러
운송비	N/A	500만 달러
행정비	N/A	100만 달러
병당 비용	0.06달러	0.067달러

6,700만 달러/공병 10억 개 = 병 당 0.067달러

고객사　　　0.067달러

아웃소싱　　-0.060달러

　　　　　　0.007달러 x 공병 10억개 = 700만 달러

고객사는 첫 해 판매업자로부터 공병을 구매하는 것보다 700만 달러 비용이 더 발생합니다.

모의 면접자에게 이것을 말해주세요. Y2에는 생산량이 5%가 늘어 10억 5,000만 병이 됩니다. 제조원가 또한 5%가 증가하고, 빌딩과 장비는 일회적인 투자비이므로 0원으로 처리될 수 있습니다. 인건비와 유지보수비 그리고 행정비용은 변동이 없습니다만, 운송비는 5% 증가합니다. 따라서, 새로운 차트는 다음과 같습니다.

Y2	에드(판매업자)	고객사
제조원가	6,300만달러	5,250만 달러
빌딩 관련 비용	N/A	N/A
장비 관련 비용	N/A	N/A
인건비	N/A	96만 달러
유지보수비	N/A	4만 달러
운송비	N/A	525만 달러
행정비	N/A	100만 달러
병당 비용	0.06달러	0.056달러

6 : 파트너 케이스

모의 면접자가 Y2에서의 새로운 비용을 도출할 수 있도록 하세요. 계산하면 5,975만 달러입니다.
(52.5 + 0.96 +0.04 + 5.25 + 1 = 59.75)

모의 면접자에게 59,750,000을 1,050,000,000으로 나누어 보라고 할 필요는 없습니다. 실제로 나눠보면 병 당 0.056달러라는 사실을 말해주세요.

따라서 0.06달러에서 0.056달러를 뺀 0.004달러만큼 고객사는 비용을 절감할 수 있습니다.

한 가지, 모의 면접자로 하여금 '0.004달러 x 공병 10억 5,000만 개 = 420만 달러' 이 계산은 직접 구해보게 하세요

지금까지 내용을 정리하자면,
Y1 : 에드로부터 구매한 것에 비해 700만 달러 추가 지출
Y2 : 에드로부터 구매한 것에 비해 420만 달러 절감 따라서, 여전히 280만 달러 투자금을 회수하지 못한 상황입니다.

CFO가 투자 회수기간으로 2년을 원한다는 사실을 기억하세요.

모의 면접자에게 Y3에는 고객사가 331만 달러 이익을 창출해 51만달러 흑자를 내게 될 것이라고 말해주세요.

CFO에게 뭐라고 해야 할까요?

아마 대부분은 2년 안에 손익분기점에 도달하지는 못하지만, 계속 유지한다면 3년차 부터는 수익성이 생길 것이라 말할 것입니다.

모의 면접자에게 다시 CFO는 투자 회수 기간으로 2년을 원한다는 점을 언급하고, 매출을 늘려서 손익분기점을 맞추는 방법과 비용지출을 줄여 손익분기점을 맞추는 방법을 찾아보라고 말해주세요.

매출 측면 : 공병을 더 많이 생산하여 경쟁업체에게 판매함
비용지출 측면 : 빌딩과 장비를 임대함

요약

모의 면접자는 생각을 정리하는 시간 없이 거의 즉시 요약해내야 합니다. 좋은 요약은 1분에서 1분 30초 정도 길이입니다. 요약은 언급된 것들을 재탕하는 것이 아닙니다. 문제의 요점을 정리하고, 출제자가 기억했으면 하는 두 세 가지 핵심 포인트를 말하는 것입니다.

모의 면접자는 다음 사항을 잘 해냈습니까?
- 문제를 요약하고 목표를 정리하고 다른 목표가 있는지 확인했습니까?
- 계산을 실수 없이 잘 했습니까?
- 회사 밸류에이션 방법을 알고 있습니까?
- 핵심 내용들을 포함하는 간결한 요약을 만들었습니까?
- 메모를 읽기 쉽게 잘 정리하여 작성했습니까?

시사점 • 출제자로서 항상 기대하지만 학생들이 거의 절대 하지 않는 것 중 하나는 바로 CFO와의 미팅 상황이 주어졌을 때 잠깐 멈춰서 "지금 미팅을 해야 한다면, 저는 CFO께 2년 안에는 할 수 없다고 말할 수밖에 없습니다. CFO와의 미팅 전에 2년 안에 목표를 달성할 수 있는 방법을 찾아보고 싶습니다. 그렇게 하면 CFO께 우리는 할 수 있다고 말씀드릴 수 있습니다."라고 말하는 것입니다.

이렇게 말하면 심사숙고하는 자세와 무엇이든 해낼 수 있다는 자세를 보여주게 됩니다. 이것들은 모든 컨설턴트들이 기대하는 바입니다.

테덱스

연습문제 개요

고객사는 페덱스와 매우 유사한 기업인 테덱스이며, 연매출은 400억 달러이고 연간 25억 개의 패키지를 운송합니다. 소비자들은 연 평균 패키지 5개를 배송합니다.

조사에 따르면, 고객사의 고객 서비스는 분실품 보상을 제외한 모든 면에서 상위권을 기록했습니다. 분실품 보상 관련 소비자 불만은 다음 내용들입니다.
- 고객사는 배송품이 분실되었을 때 알려주지 않는다.
- 분실품 보상 관련 절차는 매우 시간이 많이 걸리도록 여러 단계를 걸쳐야 하고 소비자에게 책임을 전가한다.

• 보상을 받기까지 4주나 걸린다.

분실품 보상 서비스가 만족스럽지 않다는 점은 고객사 입장에서 어떤 비용이 발생하게 되는 것일까요? 그리고 고객사는 어떻게 하면 이 서비스를 개선할 수 있을까요?

출제 가이드

모의 면접자는 문제를 제대로 이해한 것을 확인하기 위해 문제를 요약해서 말해야 하며, 고객사가 어떻게 소비자 서비스를 개선하고 이익을 늘릴 수 있을지 고민해야 한다는 목표를 확인해야 합니다. 이외에 다른 목표가 있는지도 확인해야 하는데, 이 연습문제에서 다른 목표는 없습니다.

이 문제는 비용과 서비스, 둘로 나눠서 생각해야 합니다. 비용 측면에서는 세 가지 숫자를 집중적으로 살펴봐야 합니다. 첫째, 보상금입니다. 고객사가 보험 지불금을 부담한다고 가정하세요. 둘째, 저품질 소비자 서비스로 인한 영업손실입니다. 마지막으로, 배송품을 분실했을 때 고객사에 발생하는 비용입니다. 서비스 측면에서는 보상금 지급 절차를 간소화할 방법을 찾아야 합니다.

출제 가이드 : 데이터

모의 면접자는 다음 질문을 반드시 던져야 합니다. "고객사는 매년 패키지를 몇 개나 분실합니까? 그리고 이것으로 인한 비용은 어느 정도입니까?"

이렇게 답해주세요. 고객사 배송품의 3%는 분실되는데, 분실품 중 80%는 최소 100달러 분실보험이 적용되어 있습니다. 이 80%가 바로 고객사가 집중하는 부분입니다. 모든 배송품은 내용물에 상관없이 자동적으로 100달러 분실보험에 가입된다고 가정합시다.

분실되는 배송품 중 100달러 가치가 있다고 보장되는 80%의 분실품 소유주 중 20%는 소비자 서비스 절차가 매우 느리고 번거로워서 그냥 포기해버립니다. 이렇게 포기해버리는 소비자 그룹 20% 중 25%는 고객사에서 이탈해 다른 배송회사로 넘어갑니다.

주요 숫자는 다음과 같습니다. 고객사는 배송품의 3%를 분실합니다. 25억 개 x 0.03 =7,500만 개 그리고 이들 중 80%는 최소 100달러 분실보험에 가입됩니다. 7,500만 개 x 0.8 = 6,000만 개 모든 배송품은 내용물에 상관없이 자동적으로 100달러 분실보험에 가입된다고 가정합니다.

문제에서 집중하고 있는 100달러 분실보험에 가입된 분실품 6,000만 개 중 20%는 느리고 번거로운 서비스 절차로 인해 소비자가 포기해버립니다. 6,000만 개 x 0.2 = 1,200만 개 소비자 한 명이 잃어버리는 배송품은 한 개라고 가정하세요. 즉, 배송품의 개수와 소비자 수는 같다고 생각하면 됩니다.

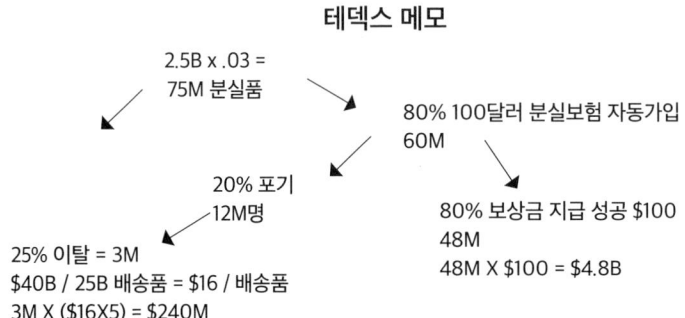

참고 : 이 문제에서는 모의 면접자가 생각을 전개해 나가는 방식이 대단히 중요합니다. 학생들이 이 문제를 풀 때 발견되는 가장 큰 실수는 단순히 메모가 엉망이기 때문에 발생합니다. 만약 로직 트리를 사용한다면, 메모가 훨씬 깔끔해 지고 알아보기 쉬울 것입니다. 다시 말해, 모의 면접자가 필요한 정보를 재깍 찾을 수 있다는 의미입니다. 가장 이상적인 메모는 앞서 보여드린 것과 같습니다. 만약 모의 면접자가 작성한 메모가 다르게 생겼다면, 문제풀이 마지막에 위 메모를 보여주세요.

고객사는 향후 얼마만큼의 영업 손실을 겪을까요?

1,200만 개의 25%, 1,200만 개 x 0.25 = 300만 개 즉 300만 개는 다른 배송회사로 넘어갑니다. 배송품 당 평균 매출이 16달러이고 400억 달러 / 25억 개 = 1개 당 16달러 소비자 1명이 연평균 5번 배송을 하면, 1,500만 개입니다. 300만 개 x 연간 5회 = 연간 1,500만 개 따라서, 고객사는 실망스러운 소비자 서비스 경험으로 타 배송회사로 이탈하는 소비자들로 인해 향후 사업에 있어 연 2억 4,000만 달러 손해가 발생합니다. 1,500만 개 x 16달러 = 2억 4,000만 달러

고객사가 분실품을 보상처리 하는 데 비용이 얼마나 들까요?

매 분실품 보상처리 과정마다 인건비, 처리 시간 및 간접비를 포함하여 총 4달러 비용이 발생한다고 가정하세요. 따라서, 분실품 6,000만 개에 4달러를 곱하면 2억 4,000만 달러입니다.

고객사는 분실 보험으로 얼마를 지불해야 할까요?

고객사가 보험으로 인한 보상금을 직접 지급한다고 가정하세요. 분실품 6,000만 개에 대해 보상금 청구가 이루어진다는 것은 고객사가 분실품 4,800만 개에 대해 개당 100달러씩, 총 48억 달러를 지급한다는 의미입니다.

주안점을 두어야 하는 세 가지 숫자는,
   1. 내년에 발생할 영업손실 2억 4,000만달러
   2. 보상금 지급으로 인한 48억 달러
   3. 분실품 처리 비용 2억 4,000만 달러

총합 52억 8,000만 달러입니다. 모의 면접자에게 이것이 전체 매출의 몇 %인지 물어보세요. 정답은 대략 13%입니다. 5.28 / 40 = 13%

출제 가이드 2

모의 면접자에게 다른 컨설턴트가 분실품 처리 과정을 간소화할 방안을 몇 가지 가져왔다고 말해주세요. 방안을 적용한 결과는 다음과 같습니다.
   1. 분실품 처리비용 4달러가 개당 1달러로 줄었습니다.
   2. 고객사를 이탈하려던 소비자들이 잔류했습니다.
   3. 고객사는 소비자 서비스 평가에서 매우 높은 점수를 받았습니다.
   4. 분실품 보상 처리가 성공적으로 이루어지는 비율이 80%에서 100%로 상승했습니다.

모의 면접자에게 질문하세요. 위 결과가 고객사에게 의미하는 바는 무엇입니까?
   1. 총 분실품 처리비용이 2억 4,000만 달러에서 6,000만 달러로 줄었습니다.
   2. 이탈고객으로 인한 2억 4,000만 달러 손실이 더 이상 발생하지 않습니다.

3. 고객사의 소비자 서비스는 높은 평가 점수를 받았습니다. 목표 중 하나입니다.
4. 분실품 보상금은 48억 달러에서 60억 달러로 늘었습니다. 즉, 분실품을 보상하기 위해 12억 달러를 추가적으로 지급해야 합니다.

모의 면접자에게 질문하세요 - 고객사의 보상금 지급액을 어떻게 절감할 수 있을까요?

1. 분실품의 수 자체를 줄입니다.
2. 분실품 보상금을 100달러에서 50달러로 줄이면 30억 달러를 절감할 수 있습니다. 모든 배송품이 100달러의 가치가 있는 것은 아닙니다.
3. 현금으로 보상금을 지급하는 대신, 고객사는 소비자의 계정에 마일리지를 지급할 수 있습니다. 이렇게 하면,
   A. 고객을 계속 유지할 수 있습니다.
   B. 현금 지출이 발생하지 않습니다.
   C. 소비자가 이 마일리지를 쓰기까지 3개월에서 6개월이 걸릴 수 있으며, 아니면 아예 사용하지 않을 수도 있습니다.
   D. 소비자가 이 마일리지를 실제로 사용하더라도 고객사의 마진이 50%라면, 실제로는 25달러만 현금 지출을 하게 됩니다.

요약

모의 면접자는 생각을 정리하는 시간 없이 거의 즉시 요약해내야 합니다. 좋은 요약은 1분에서 1분 30초 정도 길이입니다. 요약은 언급된 것들을 재탕하는 것이 아닙니다. 문제의 요점을 정리하고, 출제자가 기억했으면 하는 두 세 가지 핵심 포인트를 말하는 것입니다.

고객사 테덱스는 분실품과 관련한 소비자 서비스 평가에서 낮은 점수를 받았습니다. 고객사는 매출의 13%에 달하는 막대한 금액을 분실품 보상을 위해 지출하고 있습니다. 분실품 처리 과정을 간소화한 결과 더 높은 소비자 서비스 평가 점수를 받았습니다만, 분실품 처리 간소화로 인해 보상금 지출액은 막대하게 증가했습니다. 이 보상금 지출액을 절감할 방법 세 가지를 도출했습니다. 분실되는 배송품의 수를 줄이는 것, 분실품 보상금을 100달러에서 50달러로 줄이는 것, 그리고 보상금을 현금이 아닌 마일리지로 테덱스 소비자 계정에 지급하는 것입니다. 이 세 가지 방법을 통해 고객사 분실품 보상금으로 지출하는 금액을 큰 폭으로 줄일 수 있을 것입니다.

잘 진행된 모의면접은 다음 사항을 포함해야 합니다.
- 문제를 요약하고 목표를 정리한 뒤 다른 목표가 있는지 확인해야 합니다.
- 계산 실수를 하지 말아야 합니다.
- 메모를 잘 정리하고 읽기 쉽게 작성합니다.
- 분실품 처리 과정을 간소화하면 고객사 입장에서는 보상금 지출이 늘어난다는 점을 빨리 간파해야 합니다.
- 고객사가 의도적으로 분실품 처리 과정을 느리고 번거롭게 하여 소비자들이 보상금을 잘 신청하지 않도록 만들었을 수 있다는 점을 알아차려야 합니다.
- 주요 내용을 모두 다루는 간결한 요약을 만들어야 합니다.

시사점 • 모의 면접자는 분실품 보상금 지급률을 80%에서 100%로 올리면 비용이 많이 들 것이라는 점을 알아차렸습니까? 모의 면접자는 고객사가 의도적으로 분실품 처리 과정을 느리고 번거롭게 하여 소비자들이 보상금을 잘 신청하지 않도록 만들었을 수 있다는 점을 알아차렸습니까? 우편으로 보상금을 보내주는 것을 생각해보세요. 또한, 소비자에게 마일리지로 지급한다는 아이디어를 생각해 내는 학생들은 극히 드뭅니다. 이 아이디어를 생각해 내는 학생이 있다면, 높은 점수를 받을 만합니다.

렌터카

연습문제 개요

고객사는 대형 렌터카 회사입니다. 지난 3년 간 고객사의 매출은 정체되어 있었는데, 원인 중 하나는 경기 상황이고 또 다른 원인은 공유차량입니다. 고객사는 새로운 매출 증대 프로그램을 고안했고, 이를 검토해 주길 원합니다.

새로운 프로그램은 법인 고객 및 법인 고객 급유 방법에 초점을 맞추고 있습니다. 아시다시피, 미국에서 차량을 렌트하면 급유 방법은 총 세 가지가 있습니다.

1. *선결제* : 소비자는 기름을 가득 채우는 것에 대해 시장 가격으로 선결제를 하고, 나중에 별도로 급유하지 않고 반납하는 것입니다.
2. *렌터카 회사 급유* : 소비자는 기름을 채우지 않은 채로 차량을 반납하고, 렌터카 회사가 기름을 채운 뒤 시장가격보다 조금 더 비싸게 요금을 매기는 것입니다.
3. *소비자 급유* : 소비자가 추가적인 기름 요금을 내지 않기 위해 차량을 반납하기 전에 직접 기름을 채운 뒤 반납하는 것입니다.

네 번째 급유 방법이자 고객사가 검토를 원하는 프로그램은 연간 선결제입니다. 법인 고객은 이 프로그램을 통해 연간 500달러를 선결제하면 추가요금을 지불하지 않고 어떤 차량이든 기름이 차 있는 수준에 상관없이 렌트할 수 있습니다. 이 연간 선결제금은 차량 렌트 비용으로는 쓸 수 없으며, 유류 비용으로만 사용할 수 있습니다.

고객사의 입장에서 봤을 때 이 프로그램은 장단점은 무엇일까요? 그리고 이 프로그램을 검토하기 위해서는 고객사로부터 어떤 정보를 받아야 할까요?

출제 가이드

모의 면접자가 문제를 요약하고 목표를 확인하도록 하세요. 목표는 신규 프로그램을 계속 진행할지 결정하는 것입니다. 모의 면접자는 또한 별도로 고려해야 하는 다른 목표가 있는지 물어봐야 합니다. 이번 문제에서는 다른 목표가 존재합니다. 첫째, 향후 2년 간 고객사의 누적 매출을 10% 증가시켜야 합니다. 둘째, 프로그램은 반드시 수익이 나야 합니다. 구체적인 이익 목표가 있는 것은 아니지만 고객사는 손해를 보고 싶어 하지 않습니다.

명료화 질문. 이 케이스를 받았을 때 던져야 하는 좋은 명료화 질문 두 가지는 다음과 같습니다. 첫째, 지난 해 매출과 이익은 얼마였습니까? 22억이었습니다. 따라서 신규 프로그램의 매출 목표는 향후 2년 간 2억 2,000만 달러입니다. 둘째, 다른 회사가 유사한 프로그램을 실시하고 있습니까, 아니면 고객사가 이런 프로그램을 실시하는 최초의 업체입니까? 고객사가 최초의 업체입니다.

참고 : 이 문제는 공유차량에 대한 것이 아닙니다. 많은 학생들이 공유차량에 대한 전략을 세우는 것에 집중합니다. 모의 면접자가 만약 그렇게 한다면, 그에 대해서는 다른 컨설턴트가 작업 중이므로 신규 프로그램 자체에 집중하라고 하세요.

모의 면접자는 답변의 구조를 짜는 동시에, 신규 프로그램의 장단점을 같이 나열해야 하고 각각 최소 3개는 생각해야 합니다. 만약 모의 면접자가 단점으로 카니발라이제이션을 언급하면 추가 점수를 주세요.

장점	단점
- 소비자 편의성이 개선되어 고객사에 대한 충성도가 제고됨 - 고객사 입장에서는 선불로 입금 받음 - 고객사는 해당 프로그램의 시장 최초 업체가 됨 - 프로그램 시작 비용이 적음	- 유가는 계속 변동될 것임 - 소비자는 연료를 많이 쓰는 대형 차량 위주를 렌트할 것임 - 해당 프로그램은 모방이 쉽고 경쟁업체들은 결국 가격 전쟁을 시작할 것임 - 해당 프로그램은 기존의 '선결제' 및 '렌터카 회사 급유' 방안으로 발생하는 매출에 대해 카니발라이제이션을 일으킬 것임

모의 면접자가 구조화한 내용은 프로그램을 검토하고 고객사에게 제안을 하기 위해 필요한 정보들이 무엇인지 밝혀야 합니다. 다음 내용들 중 최소한 네 가지는 다뤄야 합니다.
- 지난 3년 간의 수익구조별 매출과 이익
- 법인고객의 수 및 법인고객 중 신규 프로그램에 등록할 것으로 예상되는 비율

- 법인 고객이 한 해 동안 출장을 가는 평균 횟수
- 출장 1회 당 평균 렌트 요금 및 고객사의 이익 마진
- 기존 급유 방안 세 가지 각각의 비중

출제 가이드 : 데이터

모의 면접자에게 다음 데이터를 주세요.

지난 해 고객사 매출은 22억 달러, 이익은 2억 5,000만 달러였습니다. 따라서 신규 프로그램의 매출 목표는 향후 2년 간 2억 2,000만 달러입니다.

법인고객의 평균 렌트 비용은 출장 당 250달러이고 이익 마진은 40%입니다.

고객사는 Y1에 오직 기존 법인 고객을 대상으로 이 프로그램을 운영할 계획입니다. 이 프로그램은 유류비 500달러만 매출에 포함되고, 렌탈 비용은 포함되지 않습니다. 모든 소비자를 대상으로 프로그램을 운영하는 Y2에는 신규 고객 대상 유류비 500달러와 렌탈 비용이 모두 매출로 계산됩니다. 기존 고객에 대해서는 매출 내역에 오직 500달러만 계산됩니다.

소비자 수 : 150만 명이며, 60%가 법인 고객입니다. 이 60% 중 20%가 신규 프로그램에 가입할 것으로 예상됩니다.

질문 1. 신규 프로그램 운영 Y1 매출은 얼마일까요?

정답 1. 프로그램 가입자를 구한 뒤 500달러를 곱합니다.

소비자 150만명 x 0.6을 통해 법인 고객을 구한 뒤, 0.2를 곱하면 프로그램 가입자가 나옵니다.

1,500,000 x 0.6 = 900,000

900,000 x 0.2 = 180,000

180,000 x 500달러 = 90,000,000달러 이 계산을 쉽게 하려면 180,000에 1000을 곱한 뒤 반으로 나눈다고 생각하세요.

신규 프로그램의 Y1 매출 = 90,000,000달러

질문 2. Y2의 비용과 이익은 얼마입니까?

고정비용 : 모의 면접자에게 프로그램 초기 시행 비용이 200만 달러라고 말해주세요. 이 비용은 소프트웨어 업그레이드, 직원 교육 및 기존 법인 고객 대상 마케팅에 쓰입니다. 그리고 향후 2년 동안은 매년 500만 달러의 카니발라이제이션 비용이 발생합니다.

변동비용 : 법인 고객은 평균적으로 연 20회 출장을 갑니다. 고객사는 각 반납 차량에 대해 10갤런의 기름을 채워야 할 것으로 예상됩니다. 기름은 갤런 당 2.5달러입니다.

고정비용은 초기 시행 비용 200만 달러에 카니발라이제이션으로 인한 비용 500만 달러를 포함하여 총 700만 달러입니다.

변동비용 = 법인 고객 180,000명 x 연평균 출장 20회 x 기름 10갤런 x 갤런당 2.5달러

(10갤런 x 2.5달러 = 25달러) x 20회 = 500달러

500달러 x 180,000명 = 90,000,000달러 이와 유사한 계산을 이미 했습니다.

Y1 총 비용 = 고정비용 700만 달러 + 변동비용 9,000만 달러

Y1 말 이익 = -700만달러

질문 3. Y2 매출은 얼마입니까?

모의 면접자에게 18만 고객이 모두 프로그램 가입을 유지한다고 말해 주세요. 더불어 18만 고객의 5%만큼 고객이 늘었습니다. 이 신규 고객은 경쟁업체에서 이탈하고 고객사로 옮겨온 경우입니다. 모의 면접자가 신규 고객의 유류비와 렌탈비를 프로그램의 최종 매출에 반영하는지 지켜보세요.

Y1 가입 고객 매출 : 180,000 x 500 = 9,000,000달러

Y2 가입 신규 고객 수 : 180,000 x 0.05 = 9,000명

(9,000명 x 500달러 = 4,500,000달러) + 9,000 x 출장 평균 렌트 비용 250달러 x 연평균 출장 횟수 20

(250 x 20 = 5,000) x 9000 = 45,000,000달러

Y2 총 매출 = 9,000만 + 450만 + 4,500만 = 1억 3,950만, 약 1억 4,000만 달러

질문 4. Y2 비용과 이익은 얼마입니까?

고정 비용 : 카니발라이제이션 비용 500만 달러

변동 비용 : Y1 가입 고객 - 유류비

180,000 x 500 = 9,000만 달러

Y2 가입 고객 - 유류비 및 렌탈비

유류비 : 9,000 x 500 = 450만 달러

렌탈비 : 모의 면접자는 9,000 x (250 x 0.6) x 20 으로 계산하거나, 좀더 빠르게 4,500만 달러 x 0.6 으로 계산하여 2,700만 달러를 구할 수 있습니다. Y2 가입 고객에 대한 렌탈 매출은 450만 달러이고 이익 마진은 40%이므로 비용은 60%입니다.

총 비용 : 1억 2,650만, 약 1억 2,700만 달러

카니발라이제이션 500만 달러

Y1 가입 고객 유류비 9,000만 달러

Y2 가입 고객 유류비 4,500만 달러

Y2 가입 고객 렌탈비 2,700만 달러

Y2 이익 = 1300만 달러

질문 5. 당신의 제안은 무엇입니까?

가장 이상적인 것은 모의 면접자가 별도의 종이에 아래 그림처럼 제안 내용을 정리하여 제시하는 것입니다. 다음 그림의 상단 부분이 바로 최종 슬라이드입니다. 출제자가 향후 2년 간의 매출과 이익을 원하고 정해진 목표치가 있다는 사실을 듣자 마자 그림과 같은 형태의 차트를 그려야 합니다. 제안 내용을 정

리한 종이를 출제자에게 돌려놓고 설명을 시작하면 됩니다.

네, 고객사는 신규 프로그램을 시행해야 합니다.

이유 : 신규 프로그램은 두 가지 목표를 모두 달성할 수 있습니다. Y2까지 목표치가 2억 2,000달러인 매출은 2억 3,000만 달러를 달성할 것입니다. 또한, 2년 동안 600만 달러를 벌어들일 수 있다는 점에서 수익성이 있습니다. 신규 프로그램은 최소의 초기 시행 비용으로 시작할 수 있는 혁신적인 프로그램이며, 프로그램 특유의 편리함은 소비자 충성도를 만들고 고객사 입장에서는 선불로 요금을 받을 수 있습니다. 나아가 더 많은 법인 고객을 끌어올 것입니다.

	Y1	Y2	목표	실제
매출	90	140	220	230
비용	97	127		
총합	-7	13	20	6

리스크   가능성   심각성
유가
모방/가격전쟁
신규 고객 수

유가 변동 리스크 후속 조치
단기   헷지
장기   하이브리드 차량

리스크 : 유가가 계속 변동될 것입니다. 그리고 신규 프로그램은 차량 반납 시 '렌터카 회사 급유'와 '소비자 급유'를 통해 발생하는 매출에 대해 카니발라이제이션을 일으킬 것입니다. 이 프로그램은 따라하기 쉽기 때문에, 경쟁업체가

유사 서비스를 출시하여 가격 전쟁을 시작할 수 있습니다. 그러나, 고객사는 카니발라이제이션으로 인한 손실이나 유류비로 인한 매출 감소보다 렌탈료를 통해 더 많은 수익을 낼 수 있습니다. 다른 리스크는 매출이 급증하게 만드는 Y2 신규 가입 고객 9,000명을 확보하지 못하는 것입니다.

▶ **후속 조치**
단기적 관점 : 유가 변동 리스크를 헷지하고 마케팅을 시작해야 합니다.

장기적 관점 : 보유 차량을 하이브리드로 바꾸세요. 현재 유류비 관점에서 손익분기점은 차량 운행 20회입니다. 만약 고객사가 보유 차량을 하이브리드로 바꾸면, 손익분기점을 차량 운행 25회 또는 30회로 확대할 수 있습니다. 또한, 자율주행차량이 렌터카 시장에 들어오면, 주유라는 행위가 급격하게 줄어들 것입니다.

프로그램을 시행하지 말아야 한다는 제안은 다음과 같습니다. 모의 면접자는 이렇게 제안할 때도 앞서 나온 차트의 상단 부분을 활용할 수 있습니다.

아니오, 고객사는 이 프로그램을 시행하면 안 됩니다.

아무리 고객사가 두 목표를 모두 달성할 수 있다고 분석된다 할지라도, Y2에 신규 고객 9,000명을 확보하지 못할 리스크가 있으며 이들이 연 20회 출장을 가도록 하는 것은 어렵습니다. 유가는 계속 상승할 것이고, 경쟁업체는 가격 전쟁을 시작할 것입니다.

리스크 : 고객사가 다른 경쟁업체와 차별화될 수 있는 기회를 놓칠 수 있습니

다. 매출은 계속 지지부진하게 유지될 것이고, 공유 차량 문화는 계속해서 고객사의 이익을 빼앗아 갈 것입니다.

후속 조치 : 고객사만의 공유 차량 서비스를 시작하면서 기존 공유 차량 서비스의 문제점을 제기하세요.

요약

최고의 제안은 최종 슬라이드를 설명하면서 하는 것입니다. 그러나, 이것을 기대하지 마세요. 최종 슬라이드를 만드는 학생은 극소수입니다.

잘 진행된 모의면접은 다음 사항을 포함해야 합니다.
- 문제를 요약하고 목표를 정리한 뒤 다른 목표가 있는지 확인해야 합니다.
- 파이 차트를 그려서 제안 내용을 시각화 해야 합니다.
- 계산 실수를 하지 말아야 합니다.
- 차트를 그리는 것을 포함하여 읽기 쉽고 잘 정리된 메모를 작성해야 합니다.

시사점 • 최종 슬라이드를 작성하는 것 이외에 모의 면접자는 유류비 손익분기점을 바꾸기 위해 보유 차량을 하이브리드로 바꾼다는 생각을 했습니까? 자율주행차 그리고 산업이 향후 8-10년 뒤에 어떻게 바뀔지 고려했습니까?

7

마무리
Final Analysis

7 : 마무리

중요한 것은 마음가짐입니다. 지원자가 면접장에 가져갈 수 있는 가장 큰 자산은 자신감과 자존감 그리고 전날 푹 자두는 것뿐입니다. 인터뷰 과정은 지원자를 주눅 들게 하고 사람들은 대체로 무서워 보이며 면접장 분위기는 긴장감이 감돕니다. 그러나, 스스로를 긍정적인 모습으로 무장시키기로 결심하면 어떤 어려움도 극복할 수 있습니다. 결국에는 당신이 맞고 틀렸는지가 중요하지 않습니다. 어떻게 당신을 보여주는지, 당신이 알고 있는 것 그리고 당신이 생각하는 방식이 핵심입니다. 이것들이야말로 컨설팅 펌이 찾는 능력이며, 인터뷰 과정에서 어떻게 해서든 찾아내려고 하는 것들입니다.

인터뷰에 앞서 철저하게 연습하세요. 준비운동 없이 경기에 나서는 운동선수는 없습니다. 당신도 마찬가지여야 합니다. 올바른 마음가짐을 갖추고 인터뷰에 들어가야 합니다. 여러 사이트에 들어가서 계산 문제도 풀어보고, 시장 규모 추정 문제를 풀어보거나 아니면 전체 케이스 면접을 연습해보세요. 커뮤니티에서 돌아다니는 문제들을 사용해서 케이스 문제 접근법을 연습해 보세요.

준비 없이 아무것도 모르는 채로 케이스를 푸는 것은 대단히 어렵습니다. 친구들과 함께 케이스 연습문제를 두세 개 풀어보면 두 번째, 세 번째 케이스 문제풀이에서는 훨씬 더 잘할 것입니다. 심지어 맨 처음 풀었던 것이 더 쉬운 문제였다고 할 지라도요. 철저하게 대비하세요. 인터뷰에서 받게 되는 케이스가 그 날 푸는 첫 번째 케이스가 아니길 바랍니다.

마지막으로, 당신은 홀로 문제에 맞서야 합니다. 이 책을 만든 우리가 당신 곁에 있어 드릴 수는 없습니다. 그러나, 당신이 자신감을 갖고 인터뷰를 즐길 수 있는 도구들을 드렸습니다. 당신이 만약 도전을 아랑곳 않고 인터뷰를 즐긴다면, 당신은 올바른 길을 선택한 것입니다. 만약 인터뷰에서 맞닥뜨리는 것들을 무서워한다면, 당신이 선택한 길에 대해 다시 한번 생각해봐야 합니다. 커리어를 만들어 가는 것에 대해 윈스턴 처칠은 이런 말을 남겼습니다. "당신이 좋아하는 일을 하라, 그리고 당신이 하는 일을 좋아하라." 재미를 느끼는 것이 가장 중요합니다.

컨설팅 펌은 당신이 일을 잘 할 수 있다는 사실을 알고 있다는 점을 잊기 쉽습니다. 그러나 당신이 성공적으로 업무를 수행해낼 수 없다고 생각했다면, 컨설팅 펌은 당신을 인터뷰하지도 않았을 것입니다. 이제 그들의 판단이 옳았다는 사실을 증명해 보일 차례입니다.

케이스 종결!

8

파트너 케이스 자료
Partner Cases

8 : 파트너 케이스 자료

A. 철강회사

철강 가격 추이 (톤 당 달러)

Y1	Y2	Y3	Y4	Y5	Y6	Y7	Y8
263달러	554달러	615달러	611달러	610달러	750달러	810달러	?

B. 스타틴 블루

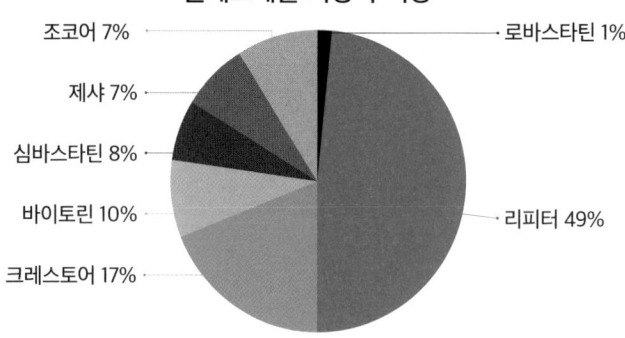

차트 1
콜레스테롤 처방약 시장

- 로바스타틴 1%
- 리피터 49%
- 크레스토어 17%
- 바이토린 10%
- 심바스타틴 8%
- 제샤 7%
- 조코어 7%

C. 생수

Y1	ED (판매업자)	고객사
제조원가	6000만달러	?
빌딩 관련 비용	N/A	600만 달러
장비 관련 비용	N/A	400만 달러
인건비	N/A	?
유지보수비	N/A	4만 달러
운송비	N/A	?
행정비	N/A	100만 달러
병당 비용	0.06달러	?

CASE IN
POINT
11th edition

초판 2쇄 발행일 2024년 9월 20일

지은이	마크 P. 코센티노 Marc P. Cosentino
옮긴이	안현진
감수	Abel (카페 아이컨 대표)

펴낸이	박형일
디자인	김영일, 임재연

펴낸곳	인사이트베이
출판등록	2019년 7월 15일 (신고번호 제 2019-000223호)
주소	서울 강남구 테헤란로 70길 14-8, 9층
연락	카카오톡 insightbay
홈페이지	http://www.insightbay.co.kr
ISBN	978-89-967045-6-0

번역 및 내용과 관련된 Q&A는 카페 아이컨의 케이스인포인트 게시판을 이용해주세요.
주소   http://cafe.naver.com/iloveconsulting

IB INSIGHTBAY